Franz Decker
Die neuen Methoden des Lernens

Franz Decker

Die neuen Methoden des Lernens

Spielerisch, kreativ, effektiv lehren und lernen

2., überarbeitete Auflage

Lexika Verlag®

Die Deutsche Bibliothek - CIP-Einheitsaufnahme

Decker, Franz:
Die neuen Methoden des Lernens : spielerisch, kreativ, effektiv lehren und lernen / Franz Decker. - 2., überarb. Aufl. - Würzburg : Lexika-Verl., Krick Fachmedien, 1999
1. Aufl. u.d.T.: Decker, Franz: Die neuen Methoden des Lernens und der Veränderung
ISBN 3-89694-258-1

Lexika Verlag erscheint bei Krick Fachmedien GmbH + Co., Würzburg

Druck: Schleunungdruck, Marktheidenfeld
Printed in Germany
ISBN 3-89694-258-1

Vorwort

Unser Wissen verdoppelt sich in immer kürzeren Abständen – so wird Lernen zur Daueraufgabe. Denn die Veränderung und damit das Lernen werden in einer Zeit des Umbruchs zur Regel: Entlernen, Umlernen, Neulernen. Um neue Wege zu gehen, sich selbst und die Organisation des Unternehmens zeitgemäß zu verändern, müssen die gewohnten Denk- und Verhaltensweisen, bestehende Überzeugungen und Glaubenssätze hinterfragt und notfalls geändert werden. Dazu sind neben die traditionellen Wissens- und Informationsverarbeitungswege kreativere Methoden des persönlichen Lernens, der Team- bzw. Organisationsentwicklung zu stellen.

Das rein kognitive, rationale Lernen reicht heute nicht mehr aus, so daß, um die Tiefenlernprozesse der Veränderung zu bewältigen, neue Mentalmethoden wie das Mentaltraining notwendig werden. Die Neurowissenschaft bzw. die neuere Gehirnforschung liefert uns Erkenntnisse über ein gehirnoptimierendes Lernen. Auch das führt zu neuen Methodenkonzepten, die sich das Unbewußte und Vorbewußte, z.B. über Mentaltraining und Suggestopädie, zunutze machen.

Ebenso können soziale Energien mit neuen Methoden genutzt und gefördert werden. Denn in der Bildungsarbeit müssen wir uns oft mit Lebensproblemen der Lernenden auseinandersetzen, bevor wir beginnen, Lernprobleme zu lösen. Lernen wird projektartig, interaktiv und selbstbestimmter.

Das vorliegende Buch stellt Methoden des NLP, der Kinesiologie, der Suggestopädie, gehirnoptimierende Methoden (z.B. Mindfitness) und des Mentaltrainings genauso dar wie die sozio-kommunikativen Methoden (z.B. Teamlearning, Lernstatt, Coaching) und die problemlösenden Methoden (z.B. Leittextmethode, Projektarbeit, vernetztes Denken). Als Methoden-Handbuch zeigt es Wege auf, wie man spielerisch, erfahrungs- und gehirnorientiert mit Wissen, Ideen, sozialen Problemen und Vorstellungen umgeht, sie nutzbar macht.

Seit der ersten Auflage des Buches vor vier Jahren haben die neuen Lernmethoden eine wesentlich größere Bedeutung gewonnen. Wir stehen am Anfang einer neuen Lernkultur mit einem veränderten methodisch-didaktischen Verständnis. Deshalb besitzt dieses Buch heute eine große Aktualität.

Ein solches Methoden-Handbuch wendet sich an alle pädagogischen Führungskräfte, an Lehrende, an Bildungsmanager, aber auch an Selbstlernende, die sich selbst und anderen das Lernen wirkungsvoller, spielerisch und energievoller gestalten wollen. Es bietet Hilfen für den Lernalltag in Schule, Aus- und Weiterbildung, in Volkshochschulen und der Erwachsenenbildung und basiert auf umfangreichen eigenen Erfahrungen des Autors. Das Buch knüpft an das neue Bildungsverständnis an, das der Autor unter dem Titel „Bildungsmanagement für eine neue Praxis“ dargestellt hat.

Ravensburg, im September 1999, Franz Decker

Inhaltsverzeichnis

Freund, so du etwas bist,
so bleib doch ja nicht stehen:
man muß aus einem Licht fort
in das andere gehn.
Angelus Silesius

1 Einleitung: Lernen heißt Verändern

1.1 Lernen als Weg

Es ist unbestritten und vielfach analysiert, daß wir uns in einer Zeit des rapiden Wandels befinden. Umbrüche, Veränderungen, Neuerungen, Umstellungen sind nur durch eine permanente Lernentwicklung zu bewältigen: durch Neu-Lernen, Um-Lernen, Ent-Lernen. Die Dynamik unserer Zeit fördert die Entwicklung zur Lerngesellschaft, in der sich einzelne Menschen, Partnerschaften, Teams, Organisationen und auch unsere Gesellschaft lernend weiterentwickeln. Vielfältiger und immer schnellerer Wandel im sozial-ökonomischen Umfeld, in den zwischenmenschlichen Beziehungen, in Organisationen wie Schule, Betrieb, Parteien sowie in Staat und Gesellschaft wird zu einer unausweichlichen Herausforderung. Wandel verunsichert zunächst, doch werden wir auf allen Ebenen Wandel als Chance und Lernen als Weg begreifen und aktiv angehen.

Umdenk- und Umlernprozeß durch gesellschaftlich-ökonomischen Wandel
Die Entwicklungen sind oft widersprüchlich, paradox und chaotisch. Alles ist im Fluß. Die Vielfalt des Wandels soll hier nur in einigen wenigen Stichworten skizziert werden.

Der gesellschaftliche Wandel ...

- ... vollzieht sich im Wertewandel und in der Pluralisierung von Erwartungen, Zielen, Vorstellungen im Privatleben, in Beruf und Gesellschaft.
- ... vollzieht sich in der Veränderung der Einstellungen zu Arbeit, Wachstum, Fortschritt.
- Der Individualismus schränkt Solidarität, Gemeinsinn und Sozialverhalten ein.
- Das Bewußtsein von der Knappheit der Ressourcen und der Schutzbedürftigkeit der Umwelt erhält zunehmend Bedeutung.
- Die Verabsolutierung der Vernunft, des Rationalen hat ihren Höhepunkt überschritten. Wissenschafts- und Technikgläubigkeit verblassen, Unbewußtes bzw. Vorbewußtes stößt auf Interesse.

- ... Die Erlebnis- und Freizeitgesellschaft breitet sich aus.
- ... Lebenslanges Lernen sowie Selbst-Entwicklung gewinnen an Bedeutung.

In Partnerschaften, Teams, Schulklassen, Betrieben werden wir lernen müssen, daß wir es mit selbstbewußteren, anspruchsvolleren und ich-bezogeneren Menschen zu tun haben. Beziehungspflege, Umgang mit Menschen, mit Mitarbeitern wird zu einem zentralen Lernfeld.

Der wirtschaftliche Wandel macht sich bemerkbar in ...
- ... gesättigten Märkten, Innovationsdruck,
- ... Zeit als Wettbewerbsfaktor,
- ... betrieblichem Strukturwandel (z.B. schlanke Organisation, Informatisierung, neue Technologien, Team-Working, neue Wege der Produktivität und der Mitarbeiterführung),
- ... stärkerer Ausrichtung auf Kundenbedürfnisse.

Betriebe werden sich in ihrer Organisation weiterentwickeln müssen, um dem Veränderungsdruck standzuhalten. „Organisational lernen" erhält eine zentrale Bedeutung; Qualifizierungsbedarf entsteht nicht nur im sachlichen Wissensbereich, sondern insbesondere in den Schlüsselfähigkeiten wie Lernen lernen, in Zusammenhängen denken, Team-Working, Kreativität, Kommunikation.

Der persönlich-soziale Wandel zeigt sich in ...
- ... dem wachsenden Bedürfnis nach Selbstentwicklung und Persönlichkeitsentfaltung,
- ... zunehmender Orientierungs- und Sinnkrise, Verunsicherung und Verängstigung des einzelnen,
- ... störanfälligen Beziehungen und Partnerschaften mit vielfältigen Verletzungen,
- ... der Sprunghaftigkeit des Lebens mit unterschiedlichen Lebenskrisen (Persönlichkeits-, Partnerschafts-, Gesundheits-, Berufskrisen).

Lernen wird zur Veränderung von Einstellungen und Verhaltensweisen, zum Persönlichkeits- und Beziehungslernen, zum Weg, sein Leben ständig neu einzujustieren. Lebenslernen erweitert das traditionelle Wissenslernen.

Arbeiten ist Lernen – Lernen ist Arbeit

Arbeit wird zum Lernprozeß; ein Großteil der betrieblichen Arbeit besteht aus Lernen (z.B. Weiterqualifizierung, Lernstatt- und Qualitätszirkel, Organisationsentwicklung).

Die Sachgestaltung, das mechanistische Tun verliert an Bedeutung, dafür wird in einer Zeit des Wandels der Arbeit, der Märkte und der Technik das Mentale wichtiger. Arbeit wird sich – wie Shoshana Zuboff in *„In the Age of the Smart Machine"* schreibt – grundsätzlich in lebenslanges und mentales Lernen umwandeln. Arbeit ist Lernen. Lernen ist Arbeit. In „Psychologie Heute“ wird dieser Trend wie folgt beschrieben:

„Die zukünftige Arbeit wird dadurch immer mehr bestimmt werden durch Monitoring-Qualitäten des individuellen und des kollektiven Wahrnehmens. Das sind aber typisch mentale Prinzipien. Wie die Brain-Forschung derzeit zeigt, ist diese Form des Wahrnehmens und des Entlernens (Reprogrammierung) ein Prozeß der Formung von Geist (Spirit) durch den persönlichen Geist (Mind). Wenn die Märkte immer fließender und zugleich paradoxer werden, dann wird die Wirtschaft auf die Beschleunigung des Bewußtseins-Wandels umschalten. Deshalb beginnt jetzt der Mentalismus.“ (aus: Psychologie heute, September 1991)

Aber nicht nur die Mitarbeiter müssen im Verlauf von Arbeit lernen, sondern auch Teams und Organisationen.

1.2 Lernen in einer Zeit der Veränderung

Wir entwickeln uns zu einer allumfassenden Lerngesellschaft. So wie der Lebenszyklus vieler Produkte, Werte, Meinungen, aber auch Gewohnheiten immer kürzer wird, so schrumpft auch die Halbwertzeit des einmal erworbenen Wissens. Es finden unglaubliche Umwälzungen statt. Wir müssen uns immer wieder neu einstellen, umstellen, unsere persönlichen Profile ständig abrunden, erweitern, unseren Lebenskurs permanent neu justieren. Die Veränderung ist zur Regel geworden. Lebenslanges Lernen und das Sich-Entwickeln wird zu einer zentralen Lebensaufgabe.

Lernanlässe sind z.B.
- Fertigkeiten des Alltagslebens lernen, z.B. Autofahren, Skifahren,
- sich neu einstellen, umstellen, verändern,
- an der eigenen Persönlichkeit arbeiten, z.B. kreativer werden,
- neue berufliche Fähigkeiten erwerben,
- sich Wissen aneignen, eine Sprache lernen,
- alte Gewohnheiten ablegen, neue aufbauen,
- unbewußte Programmierungen auflösen, ihre Bedeutung verändern (Reframing),
- sein Bewußtsein erweitern, entwickeln,
- Unsicherheiten und Widersprüche aushalten,
- Konflikte ertragen, vermeiden, bewältigen,
- Verantwortung übernehmen,
- seine Identität (wieder)gewinnen.

Trotz allen Fortschritts – das Lernen blieb weitgehend unverändert

Der Begriff des Lernens ist bei vielen Menschen stark negativ besetzt. Viele Erwachsene leiden unter Schultraumata, die Erfahrung hat manche zu „Schulgeschädigten" gemacht. Pauken, Büffeln, Druck und Angst waren immer präsent. Lernen wird verbunden mit der Angst vor dem Versagen, dem Verbauen von Lebenschancen. Ein fremdbestimmter Vorgang, dieses Lernen – ohne Chance, für die eigene persönliche Entwicklung Wesentliches zu lernen.

Angesichts der explosionsartigen Vernetzung des Wissens sowie der emanzipatorischen und zeitbedingten Ansprüche der Menschen entstehen neue Formen und Methoden des Lernens. Da das Wissen sich in immer kürzeren Abständen verdoppelt, benötigen wir die neuesten Informationstechnologien, um mit der Informations- und Faktenflut Schritt zu halten. Das Lernen in Schule, Aus- und Weiterbildung ist jedoch weitgehend unverändert geblieben, die Lernmethoden allzu oft immer noch ausschließlich auf rational-kognitive Informationsverarbeitung ausgerichtet. Mühevoll kämpfen sich Lernende durch den immer umfangreicher werdenden Stoff. Neuere Methoden finden nur wenig Anwendung.

Wandel in Betrachter- und Lernperspektive – Abkehr vom reinen Wissenslernen

Vielfach haben Schüler und auch Erwachsene Lernen als reine Aneignung von vergangenheitsorientiertem Wissen ertragen müssen. Selbst heute bleibt oft die Aktualität ausgespart, von persönlichen Lernbedürfnissen, Lernen von Fähigkeiten und Verhaltensweisen, dem Ändern von Gewohnheiten oder dem Erfinden von Zukunft ganz zu schweigen. In einer Zeit des Umbruchs muß Lernen andere Perspektiven, Methoden und Ziele erhalten.

Das einzige, was in unserer modernen Welt
als Ziel der Erziehung überhaupt einen Sinn haben kann,
ist die Fähigkeit zur Veränderung und dabei mehr dem Prozeß
als dem statischen Wissen zu vertrauen.
(C. Rogers)

Für das Lernen im Wandel ist die Lernperspektive, die Zukunftsorientierung (prospektives Lernen) von großer Bedeutung. Eine positive Einstellung zum Wandel fördert die zukünftige Lebens- und Arbeitsgestaltung und stellt lernpsychologisch einen Lernerfolgsfaktor dar.

Man muß ins Gelingen verliebt sein,
nicht ins Scheitern.
(E. Bloch)

Je früher wir uns dem Wandel lernend stellen, je aktiver wir ihn suchen, desto geringer ist der Veränderungsdruck und desto größer sind alle Frei- und Mitgestaltungsfreiräume. Lernen sollte sich in Zeiten des Wandels also stärker an der Zukunft bzw. der Erfindung von Zukunft orientieren.

Wer zu spät kommt, den bestraft das Leben
oder dem sind zumindest die Möglichkeiten schon beschränkt.
(M. Gorbatschow)

Wie wir gesehen haben, bezieht sich das neue Lernen nicht mehr schwerpunktmäßig auf Wissenslernen. In Anlehnung an *Robert Dilts* läßt sich das neue Lernen in folgender Lernpyramide verdeutlichen (Abb. 1).

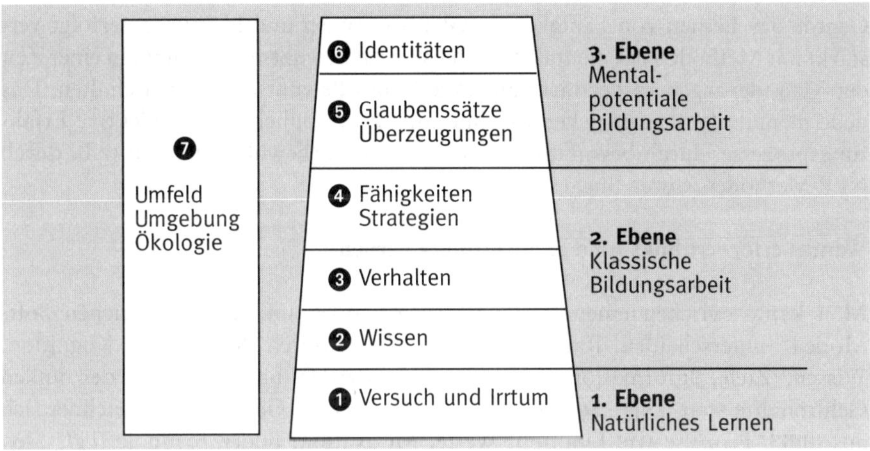

Abb. 1 Pädagogische Lern-Lehr-Ebenen nach R. Dilts (Sieben-Schichten-Modell)

Jedes Lernen verfolgt also sieben Ebenen. Wie die Kinder werden auch Erwachsene heute und morgen durch Versuch und Irrtum lernen, weil kein klares Ziel bzw. kein klarer Weg vorhanden ist.
Wissen und Informationen sind nach wie vor „materieller Rohstoff" des Lernens. Wichtiger werden aber in Zukunft die höheren Ebenen der Lernpyramide, bei denen Wissen „unterlegt" werden muß. Um den Wandel zu bewältigen, die Arbeit ständig neu lernend zu gestalten, müssen neue Verhaltensweisen und Strategien entwickelt (z.B. Schlüsselfähigkeiten wie Lernfähigkeiten, in Zusammenhängen denken und handeln, Kreativität, Konzentration, Entspannung), bzw. bisherige entlernt werden.

Für eine solche Lernebene sind neue Methoden notwendig, die über die Wissensverarbeitung hinausgehen. In einer Zeit des Wandels und der Selbstentwicklung müssen aber auch von einzelnen wie von Organisationen und Betrieben Glaubenssätze geändert werden, wenn sie sich als hemmend erwiesen haben, denn Glaubenssätze hindern uns oft daran, etwas Neues in Angriff zu nehmen. Andererseits können sie Lernen fördern, z.B. wenn der Glaubenssatz lautet: *Ich bin für alles Neue aufgeschlossen.*

Auch die Entwicklung des Selbstwertgefühls und der Identität stellt sowohl für den einzelnen wie für Teams und Organisationen eine zukunftsbedeutsame Aufgabe dar. Die Einflüsse des Umfelds und die Abstimmung der Lernergebnisse mit dem Umfeld (z.B. des Betriebs, der Familie) werden immer wichtiger (Ökologie des Lernens).

Gerade das Lernen von Fähigkeiten, Glaubenssätzen und Identitäten erfolgt verstärkt mit Methoden des mentalen Lernens durch Bewußtseinsbildung. In einer Zeit der Veränderungen ist verstärkt auf „fließendes Bewußtsein“ umzuschalten. Das neue mentale Lernen ist gekennzeichnet durch persönliche und kollektive Erfahrungsprozesse, durch bewußtes und unter- bzw. vorbewußtes Lernen (z.B. durch NLP-Methoden, durch Suggestopädie).

Wandel erfordert links- und rechtshirniges Lernen

Man kann zwischen einem rationalen Lernmodell und einem „weichen Soft-Modell“ unterscheiden. Rationales Lernen kann durch Begriffe wie Kognition, Wissen, Ziele, Information gekennzeichnet werden und findet in der linken Gehirnhälfte statt. Das „Soft-Modell“ (in der rechten Gehirnhälfte) zeichnet sich aus durch Prozesse wie Emotion, Werte, Motivation, Bilder, Symbole *(vgl. dazu Kap. 3)*. Bestimmte Lernaufgaben, bspw. Fakten aneignen, lassen sich besser linkshirnig lösen. Je turbulenter die persönliche und gesellschaftliche Entwicklung, desto wichtiger werden die mentalen, weichen, irrationalen und emotionalen Elemente (Entwickeln und Verändern von Gefühlen, von Überzeugungen, von Fähigkeiten und Verhaltensweisen). Erfolgreiches Lernen bedeutet physisches, psychisches und mentales Lernen. Die mechanistische Sichtweise genügt nicht. Konzentration auf die planbaren harten Fakten und Wissensbestände bewirkt keine Veränderung, kein Lernen von Unbestimmbarkeiten. Aus der neuen Kognitionsforschung wissen wir, daß solche mentalen und emotionalen Lernziele am besten erreicht werden durch die Verlagerung des Lernens auf die unbewußten Wahrnehmungs- und Verarbeitungsprozesse.

Selbstgesteuertes Lernen

Selbständigkeit gilt als hoher Wert der heutigen Menschen. Deshalb sollte auch Lernen selbstbestimmter werden in Ziel, Ort, Zeit, Methoden. Die Verschiedenartigkeit der Lernenden (z.B. in Gehirnsozialisation, in Lern- und Berufserfahrung) verlangt nach selbstgesteuertem Lernen, auch weil es sonst nur unzureichend gelingt, das Gelernte auf die Lösung der Alltags- und Berufsprobleme zu übertragen. Die Veränderung von Denkmustern und Verhaltensweisen, also das mentale Lernen, sollte immer primär dem Lerner selbst überlassen sein. Je größer der Wandel und die Notwendigkeit zu lernen, zu entlernen, umzulernen, desto mehr wird selbstbestimmtes Lernen sinnvoll, weil es zudem noch effizienter ist. Selbstgesteuertes Lernen bzw. der höhere Grad der Selbststeuerung durch den Lernenden bedeutet

- Lernen ohne Lehrer (z.B. mit Medien),
- Übertragung von traditionellen Lernfunktionen auf den Lernenden (z.B. Lernziele, Lernorganisation, Lernaktivitäten, Lernprozeßgestaltung).

Selbstgesteuertes Lernen ist jedoch erst dann effizient, wenn der Lernende über ausreichende Kompetenzen verfügt, z.B.

- im Erkennen des Lernbedarfs,
- in der Lernorganisation, d.h. im Planen und Durchführen von Lernschritten,
- in den entsprechenden mentalen Lernfähigkeiten (z.B. Konzentration, Visualisieren, Selbstmotivation, bewußtes und unbewußtes Verarbeiten).

Selbstlernmethoden und Selbstlernmedien (z.B. Selbstlern-Studienbriefe, Audio- und Videocassetten, Computer-Lernprogramme) sind Grundlagen solcher selbstgesteuerten Lernprozesse.

Wandel erfordert Team- und Organisationsentwicklung

Das persönliche Lernen führt in der Gruppe, im Team, in der Organisation noch nicht zu einem sozialen Lernfortschritt, zu einer gemeinsamen Kultur und zur Entwicklung der Gruppe bzw. Organisation. Wir brauchen aber in Zeiten des Wandels lernende Teams, Organisationen, lernende Unternehmen. Die entsprechenden Methoden für ein sozialkommunikatives Lernen werden in Kapitel 4.3 dargestellt.

Lernen erfordert Streßabbau

Neue Untersuchungen weisen nach, daß wir im entspannten Zustand besser lernen. Wir bewältigen Wandel und Lernprozesse um so besser, je entspannter wir sind. Deshalb sollten alle Lernprozesse von Entspannungsmethoden begleitet werden. Entspannung ist das Tor zum Unterbewußten. Prä-Kognitives lernen wir nur im Entspannungszustand. Die entsprechenden Methoden werden ab Kapitel 5 dargestellt.

Lernen als mentaler Prozeß

Wir kommen nicht als ausgereifte Menschen zur Welt, vielmehr haben wir die Aufgabe, uns zu entwickeln, zu wachsen. Das Leben ist ein dauernder Lernprozeß. Vor allem ist damit das geistige und seelische Wachsen gemeint. Lernen ist die Fähigkeit, sich zeit seines Lebens zu entfalten, sich darum zu bemühen, für Anregungen und Gelegenheiten offen zu sein. Je besser diese Fähigkeit (z.B. in einer ungestörten Kindheit) entwickelt ist, desto mehr lernt der Mensch, bzw. wächst er.

Bei diesem Lernprozeß handelt es sich um
- reines Wissen (bzw. Fachwissen), um sich intellektuell zu entfalten, oder um
- ein besseres Verständnis, um Einsichten und Einfühlungen, die dazu beitragen, sich selbst und anderen zu einem geistigen, erfolgreichen und zufriedenen Leben zu verhelfen (geistig-seelisches Wachstum).

Lernen bedeutet aber auch das Umsetzen, das Tun, die tägliche Arbeit an sich. Das Verwandeln der Idee, des Vorsatzes in die Tat, in etwas Neues; von der Überzeugung sich zu ändern zum wirklichen Tun.

Daraus läßt sich zusammenfassen:

Einsicht + Lernen + Verwirklichen = Wachstum

Wissen und die Zielabsicht allein genügen nicht.

Es ist vielmehr unsere Aufgabe,
- die Zielabsicht zur Einsicht, zu einer klaren Vorstellung,
- das Wissen zu Bewußtsein werden zu lassen, z.B. geistig-mentale Arbeit wie Besinnung, Visualisierung und
- die Ziele, die Einsichten über den Lernprozeß zu verwirklichen, um so neue Denkmuster, neue Verhaltensweisen, körperliche Reaktionen und Erfahrungen, aber auch geistige Zusammenhänge und Wissen zu erlangen.

Lernen ist also primär ein mentaler Prozeß:
- Unsere Gedanken führen zu Einsichten und Vorstellungen,
- setzen Energien und Kräfte frei, geistige und seelisch-psychische, um den Lernprozeß bis zum Ende zu führen,
- Gedanken und Vorstellungen bewirken Veränderungen, Umstellungen in uns,
- fördern und entwickeln soziale und gesellschaftliche Entwicklungen.

Lernen kann über ein ausgeführtes Wachstum zu einem erfolgreichen, vollen, ausgeglichenen Leben führen.

Lernen + Wachstum = Erfolg

Wandel und Lernen erfordern eine veränderte pädagogische Führung
Anspruchsvolle Lerner wollen möglichst wenig geführt werden. Die Turbulenz zwingt jedoch zu einer verstärkten anderen Führung, die sich von der Wissensvermittlung zur pädagogischen Führung verlagert, zur persönlichen und sozialen Förderung der Lernenden.

Aus Lehrern, den traditionellen Wächtern und Gestaltern des Lernfortschritts, werden Berater, Methodengestalter, die Hilfe zur Selbsthilfe anbieten, die den Lernprozeß moderieren, initiieren, beschleunigen, ja die die äußeren Bedingungen dazu schaffen. Berater sind Entwicklungshelfer für Körper, Geist und Seele auf dem psycho-neuro-mentalen und kommunikativen Weg zum Lernerfolg. Ein Weg, der streßfreier, angesehener und zugleich lernfreundlicher, effektiver und ganzheitlicher ist.

Pädagogische Führung verkörpert also ein indirektes Steuern, durch welches der Geist, die Fähigkeiten, d.h. die Ressourcen dorthin geleitet werden, wo die Lernenden sie situativ benötigen (autopoietischer Leader).

Spielraum lassen – Orientierung und Förderung anbieten!

Dieses könnte der oberste Grundsatz der neuen pädagogischen Führung sein *(vgl. F. Decker, Bildungsmanagement)*. Im Rahmen des selbstbestimmten Lernens, z.B. in der Projektarbeit, erhalten die Lernenden einen angemessenen, weiten Spielraum für flexible Lösungen und eigenverantwortliches Lernen und Handeln.
Einer solchen pädagogischen Führung liegt das Menschenbild vom engagierten, selbständigen und leistungsbereiten Lerner zugrunde. Der Lehrende versteht sich nicht mehr als „Macher“, sondern als „Coach und Mentalberater“.

Mentalberater, psycho-neuro-kommunikative Experten,
- helfen das notwendige gehirnoptimale Methodenarsenal einzusetzen,
- schaffen ein anregendes, stimulierendes und entspannendes Ambiente,
- stellen sich als personverträgliche Förderer und Wegbereiter zur Verfügung,
- wenden ihre gehirnoptimierenden Fähigkeiten an und transferieren sie auf ihre Mitarbeiter bzw. Lernenden.

Instrumente einer solchen pädagogischen Führung sind die neue Methoden des Lernens, die im folgenden dargestellt werden.

TEIL I: GRUNDLAGEN DES NEUEN LEHR-LERN-VERSTÄNDNISSES

Neue wissenschaftliche Erkenntnisse, aber auch das Bemühen, Einseitigkeiten (Reduktionismus) beim Lernen zu ändern, sowie ein Wandel im Zeitgeist und zivilisatorischer Fortschritt schaffen neue Grundlagen für ein neues, zeitgemäßes Lernen und Lehren.

Im folgenden sollen deshalb
- die neuen Erkenntnisse in der Gehirnforschung,
- Neurolinguistisches Programmieren,
- Ansätze einer Mentalpädagogik

als Wege zu wirkungsvollem Lernen sowie
- Telekommunikation und computergestütztes Lernen

als Grundlagen neuen Lehrens und Lernens dargestellt werden.

2 Ergebnisse der Gehirnforschung

Vor allem die modernen Erkenntnisse der Gehirn- und Bewußtseinsforschung verändern das Lern- und Lehrmanagement und damit auch die Methoden des Lernens und Lehrens. Bisher haben wir unser Gehirn bzw. Teile davon nur für das Lernen, die Bewußtseinsbildung und -veränderung genutzt. Aufgrund neuer Erkenntnisse können wir jetzt unser Gehirn bzw. die Lernprozesse bewußt gestalten. Wir entwickeln uns zunehmend vom Gehirn-Nutzer zum Gehirn-Gestalter und bewußten Programmierer.

Die Aufgaben unseres Gehirns sind komplex. Sie sind jedoch trotz vieler neuer Forschungsmöglichkeiten noch lange nicht vollständig erforscht. Gehirnforschung, Computertomographie, Kernspintomographie, Elektroenzephalogramm haben uns in den letzten Jahren eine Reihe neuer Erkenntnisse gebracht.

Das Gehirn als Steuerungs- und Überwachungssystem

Das Gehirn stellt eine zentrale Steuerungs-, Überwachungs- und Gesundheitsinstanz dar. Mentale Gestaltungsarbeit (Mentaltraining) und mentalorientierte Gesundheitstherapie (Mentalberatung) erhalten von dort her ihre Bedeutung.

Da flehen die Menschen die Götter an um Gesundheit
und wissen nicht, daß sie die Macht darüber selber besitzen.
Demokritos (griechischer Philosoph)

Gesundheit, Erfolg und Wohlbefinden hängen wesentlich mit der Art und Weise zusammen, wie wir unsere Wirklichkeit konstruieren, also wie wir denken. Keine Förderung durch andere, kein Therapeut, kein Medikament kann soviel bewirken, wie die eigene geistige Einstellung und Kraft.
Das Gehirn stellt eine Steuerungsinstanz für die gesamte persönliche Entwicklung dar. Es steuert alle biologischen, körperlichen, geistigen und psycho-energetischen Prozesse im Menschen. Die Psychoneuroimmunologie, eine noch junge ganzheitliche Wissenschaft, hat uns dazu wertvolle Erkenntnisse geliefert. Wir denken uns gesund. Durch falsches Denken entstehen letztlich Krankheiten. Alle Menschen tragen ihren Dirigentenstab und ihren Heiler in sich.
Ein Überwachungssystem ist das Gehirn, weil es über vielfältige Regelkreis- und Feedback-Mechanismen verfügt. Das sind bewußte und auch unbewußte Selbstüberwachungsvorgänge. Bei Streß und Bedrohung von außen reagiert unser Körper, und unser Gehirn sendet Aktivierungs- bzw. Kampfhormone aus. Wenn Sie z.B. den Atem anhalten, werden Sie bald von einer inneren Zentrale genötigt, weiterzuatmen. Unser Körper, bzw. das Gehirn löst Signale, Botschaften, Gefühle, Bedürfnisse aus, z.B. Hunger, Durst, aber auch Schmerzen, die uns zum Reagieren veranlassen sollten. Leider hören wir heute viel zuwenig auf unsere bewußten und unbewußten Signale, aber auch auf Symptome unseres Körpers. Das Gehirn ist ein teilautonomes System. Es geht mit Körper und Seele einen engen Verbund ein, eine Arbeitsgemeinschaft, die Tag und Nacht tätig ist.

2.1 Das Gehirn als Denk- und Bewußtseinszentrum

Das Gehirn ist das Zentrum der geistigen Kraft, der Gedanken und Vorstellungen. Hier werden Informationen, geistige Entwürfe, Ziele und Vorstellungen entwickelt, Gedanken visualisiert und in Sprache umgesetzt. Informationen und Gedanken formieren sich zu Bewußtsein.

Bewußtseinsbildung wird gerade in einer Zeit der Informationsüberflutung zu einer wichtigen Aufgabe. Würde unser Gehirn die vielen Informationen nicht abklären und ordnen, wären wir leicht zu entfremden und würden die Ordnung in unserem Gehirn verlieren.
Das Gehirn, oder besser die Großhirnrinde, ist das Zentrum der Sinne, des Sehens, Hörens, Riechens und Schmeckens, der Motorik und der Emotionen. Hier werden die Reize von außen wahrgenommen und verarbeitet. Das Gehirn ist ein Informationsverarbeitungs- und Lernzentrum. Es bilden sich die Erfahrungen, und Informationen werden im Gedächtnis gespeichert.

Das Gehirn ist aber auch das Zentrum der Gesundheit. Unsere Gesundheit, unser Wohlbefinden und unsere Leistungsfähigkeit hängen entscheidend davon ab, in welchem Zustand sich unsere Gehirnareale befinden und in welchem energetischen Verhältnis sie zueinander stehen. Gehirnpflege, -versorgung und -gestaltung sind wichtige Wege zur Gesundheit. Die noch junge Wissenschaft der Psychoneuroimmunologie findet immer neue Beweise dafür, daß unsere Gedanken, unsere Vorstellungen über die Gesundheit und die Heilung selbst von schweren Krankheiten, wie z.B. Krebs, entscheiden. In und mit Gedanken heilen, lautet die Devise. Gedanken sind der Ausgangspunkt von Veränderungen, also auch von Gesundheit und Krankheit. Durch Gedanken führen wir uns zur Entspannung, zur psycho-energetischen Regulation und zu einer Veränderung unserer Lebensweise, z.B. unserer Ernährungsweise. All das gehört zu einer vollen geistigen, psycho-energetischen und mentalen Gesundheit.

Das Gehirn ist trainierbar und lernfähig

Wir haben lange geglaubt, das Gehirn sei nicht zu gestalten, zu trainieren. Aber unser Gehirn, das Bewußtsein und auch das Unterbewußtsein werden sowohl von außen (Gehirn-Sozialisation), z.B. durch Massenmedien, Ernährung, Lebensweise und andere Menschen, als auch von innen durch uns selbst, durch mentale Selbstgestaltung beeinflußt. Die Fähigkeiten unseres Gehirns sind ausbaufähig. Je mehr wir das Gehirn z.B. bemühen, sich an Vergangenes, Abgespeichertes zu erinnern und diese Erinnerungen wieder neu, in andere Zusammenhänge einzubeziehen, desto besser entwickelt sich die Informationsverarbeitungs- bzw. Lernfähigkeit. Ein solches Training gilt aber auch für andere mentale Fähigkeiten, z.B. die Vorstellungs- und Entspannungsfähigkeit sowie für die energetisch-emotionale Regulation. Unser Gehirn ist lern- und entwicklungsfähig, ist formbar, manipulierbar, fühlt mit, ist stimulierbar, ist reizbar. Weitere Informationen finden sich in *Franz Decker, Alles beginnt im Kopf – Mindfitness für jedermann.*

Die enorme Plastizität und Vielgeistigkeit des menschlichen Gehirns machen es möglich, daß wir unser Gehirn und damit uns selbst entwickeln, ja heilen können. Nach *Willis Harman* entsteht ein neues Paradigma: Der Geist steht über dem Gehirn und ist somit in der Lage, das Gehirn zu formen. Auch der *Nobelpreisträger Dr. Roger Sperry* kommt zu solchen Ergebnissen: *„Die gegenwärtige Vorstellung von der Beziehung zwischen Geist und Gehirn stellt einen völligen Bruch mit der althergebrachten materialistischen und behavioristischen Doktrin dar, die jahrzehntelang die Neurowissenschaft beherrschte. Statt das Bewußtsein abzulehnen oder zu ignorieren, wird in dieser neuen Interpretation die Vorrangigkeit des inneren Bewußtseins als kausale Realität voll anerkannt.“* (in: Radar für Trends, Heft 9/1988)

Für das Lernen bedeutet das:

- Auch unser Gehirn ist lernfähig. Gedanken lösen solche Lernprozesse aus. *„Ich bin und kann, was ich denke"*.
- Es entsteht im „Verständnis der inneren Räume" ein inneres Lernen, z.B. durch mentales Training, durch unbewußtes Lernen (z.B. Subliminal-Lernen), durch Visualisieren.
- Lernen ist nicht mehr primär das Aneignen und Verarbeiten von Informationen, sondern Bewußtseinsbildung und -erweiterung. Nicht die Fülle von Informationen, die vermittelt werden, ist wichtig, sondern das zugrundeliegende Bewußtsein.

Gefühls-Kultur und emotionales Führen

Im Rahmen der Neurowissenschaften bekommt das Forschungsgebiet „Emotional Brain" immer größere Bedeutung. Man erkennt, wie Gefühle entstehen, beherrscht und transformiert werden können.

Ein Teil unserer Zukunftsprobleme entsteht aus der Angst vor Neuem. Deshalb erhält die Transformation unserer Gefühle zentrale Wichtigkeit. Unerwartete und neue Situationen im Leben, in Beruf und Bildungsarbeit verlangen ein emotionales Einstellen. Wie der Neurologe und Psychiater *Robert Robinson* herausgefunden hat, werden Gefühle sowohl von der rechten wie von der linken Gehirnhälfte beeinflußt (gestaltet und gesteuert). Beide Hemisphären sind für spezielle emotionale Erfahrungen zuständig und verantwortlich. Negative Emotionen werden bevorzugt von der rechten vorderen Hemisphäre gestaltet, positive Emotionen vorwiegend von der linken vorderen Gehirnhälfte. Trotz der Funktionsschwerpunkte stellte der Neuro-Psychologe *Harald Sackein* fest, daß beide Gehirnhälften gemeinsam die Emotionen abchecken und ausbalancieren. Das bedeutet: Jede Hemisphäre kontrolliert die andere, zumindest, was die Gefühle betrifft.

Für das Lernen bedeutet das:

- Durch eine höhere Gefühls-Kultur können beide Gehirnhälften wesentlich besser koordiniert und synchronisiert sowie Gesundheitsstörungen, Krankheiten, Konflikte, Beziehungs- und Lernstörungen vermindert bzw. verhindert werden.
- Lernen bedeutet auch emotionales Lernen, lernen, seine Gefühle zu entwickeln, zu fördern, zu kanalisieren. Emotions-Training wird eine zunehmende Bedeutung erlangen.
- Lernen ist in erster Linie emotional bedingt. Energie, Engagement, Motivation und auch Lernerfolg hängen primär von der entsprechenden emotionalen Kultur und der Stimmung ab.
- Auch für die Selbstführung und das Führen in der pädagogischen bzw. betriebli-

chen Situation stellt die Entwicklung einer optimalen Gefühlskultur eine zentrale Aufgabe dar. *„Denn Führen heißt morgen auch, die Gefühle zu führen."* (G. Eggetsberger: Kopftraining macht gesund)

Das Nervensystem

Unser Nervensystem besteht aus dem Zentralnervensystem und dem peripheren, vegetativen oder autonomen Nervensystem. Unser Denken, Fühlen und Handeln wird erst durch das zentrale und vegetative Nervensystem, also durch Gehirn, Rückenmark- und Nervenbahnen möglich.

Neocortex	größter Teil der Gehirnmasse (auch Neu- bzw. Großhirn); sitzt direkt unter der Schädeldecke.
Hirnrinde	äußere Hülle des Großhirns.
Limbisches System	liegt direkt unterhalb des Großhirns. Die einzelnen Strukturen des LS steuern die Emotionen und Triebe.
Thalamus und Hypothalamus	sind Teile des LS. Hier werden alle vegetativen Prozesse (wie z.B. Durst, Hunger, Schwitzen, Aggressionen, Flucht- und Angriffsreaktionen, Stoffwechsel, Körpertemperatur) gesteuert.
Stammhirn	umfaßt Mittelhirn, verlängertes Mark und Rückenmark.

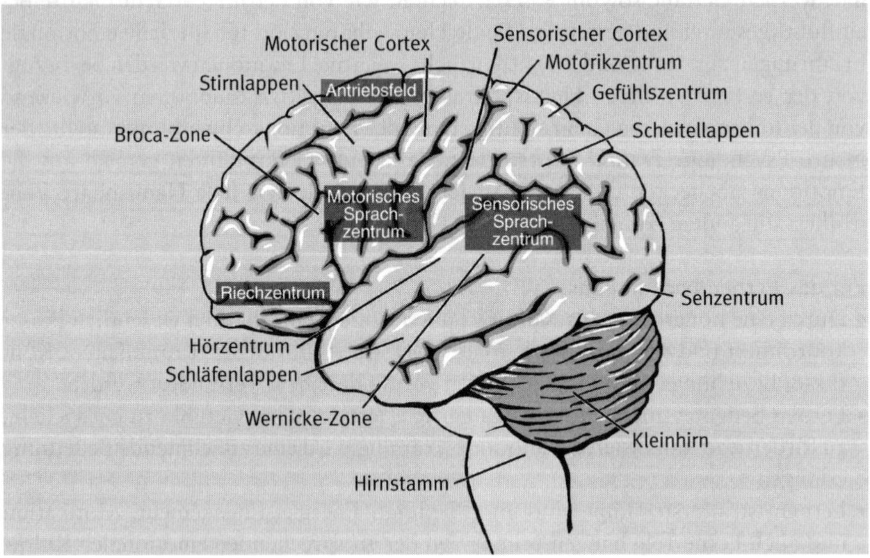

Abb. 2 Das Gehirn als Zentrum der Sinne, des Sehens, Hörens, Riechens und Schmeckens, der Motorik und der Emotionen

Das Zentralnervensystem (ZNS)

Das ZNS stellt die sinngebende Verbindung zwischen unserem Umfeld, der Außenwelt und unserer Persönlichkeit, der Innenwelt dar. Reize unseres Umfeldes, die von unseren Sinnesorganen wahrgenommen werden, gehen über sensorische Nervenbahnen zum Gehirn. Das Zentralnervensystem setzt sich zusammen aus dem Gehirn (supra-spinaler Anteil) und dem Rückenmark (spinaler Anteil).

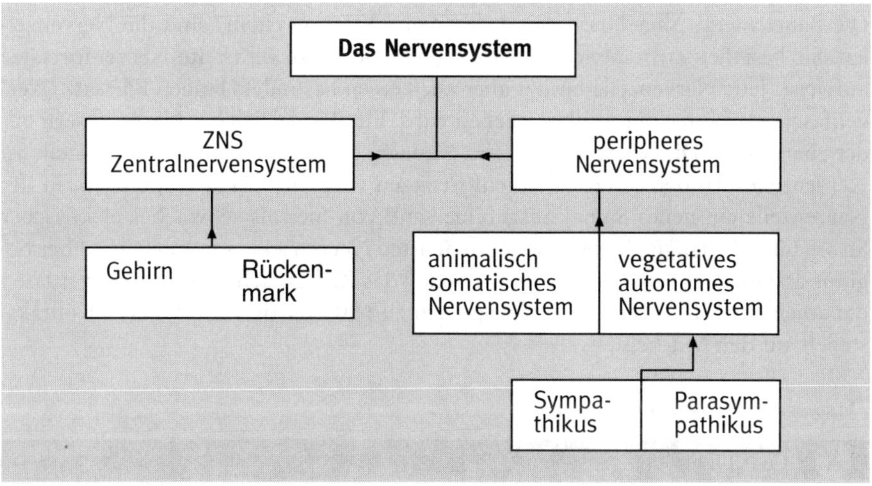

Abb. 3 Das Nervensystem

Das Rückenmark erhält über Haut und Muskeln all unsere Informationen und erteilt motorische Befehle. Es fungiert als eine Art Relaisstation (Zwischenstelle zur Weiterleitung von Impulsen) zwischen dem Gehirn und dem peripheren Nervensystem außerhalb des ZNS. Das Rückenmark erhält von den sensibel-sensorischen Fasern des peripheren Nervensystems Informationen, die es verarbeitet. Diese verlaufen über sensorische Nervenbahnen über die Formatio reticularis zum Hypothalamus, zum Kleinhirn, in die Großhirnrinde. Überall wird geschaltet, selektiert, gesperrt, gehemmt, weitergeleitet, interpretiert. Die Infos gehen dann als Antwort des Gehirns über motorische Nervenbahnen als Reaktion zurück zur Peripherie.

Im Zentralnervensystem werden Reize verarbeitet und gegebenenfalls durch entsprechende Antworten über die motorischen Nervenbahnen an die Organe weitergeleitet, d.h. es werden Bewegungen ausgelöst (Sprechen, Bewegung von Augen und Gliedmaßen, aber auch Impulse an Herz, Kreislauf, Organe).

Nerven sind Leitungskabel unseres Körpers. Sie nehmen Reize von außen, z.B. Licht-, Druck-, Lärmreize, wahr und setzen sie in Reaktionen um. Die Signale der verschiedenen Sinnesorgane gelangen jeweils auf eigenen Nervenbahnen zum Gehirn. Diese Nervenbahnen zum Gehirn heißen Empfindungsnerven.
Die entgegengesetzt verlaufenden Nervenbahnen, auf denen die Signale von Gehirn und Rückenmark zu den Erfolgsorganen geleitet werden, heißen Bewegungsnerven. Sie enden in den Muskeln.
Die Bauelemente aller Nerven und des Zentralnervensystems sind die Nervenzellen. Sie bestehen aus einem Zellkörper, der viele kurze verästelte Nervenfortsätze aufweist. Jede Nervenzelle besitzt aber auch einen besonders langen Fortsatz (Nervenfaser), der von einer Hülle umgeben wird. Ein Bündel solcher Nervenfasern bildet einen Nerv. Die Weiterleitung von Signalen erfolgt jeweils von Nervenzelle zu Nervenzelle. An den kurzen Nervenfortsätzen wird ein Signal empfangen, in der Nervenzelle ein neues Signal ausgebildet und von hier als schwacher elektrischer Strom über die lange Nervenfaser zur nächsten Nervenzelle weitergeleitet. Hier beginnt der Vorgang von neuem, bis das Signal das Ziel erreicht hat. Die Nervenfaser, die an einem Muskel endet, verzweigt sich zu plattenartig verarbeiteten Kontaktstellen auf den Muskeln.

Das vegetative Nervensystem

Beispiel

Frau Peters hatte Angst, im Dunkeln allein nach Hause zu gehen. Ihr Herz fing an, schneller und kräftiger zu schlagen, als sie vor sich eine dunkle Gestalt sah. Die Hände wurden feucht und sie verspürte ein „komisches Gefühl in der Magengegend". Sie mußte heftig atmen. Der Schweiß stand ihr auf der Stirn.

In bestimmten Situationen reagiert unser Körper völlig selbständig. Je nach körperlicher Notwendigkeit wird z.B.

- unser Herzschlag beschleunigt bzw. verlangsamt,
- die Atmung vertieft oder abgeflacht,
- Magen- und Darmtätigkeit angeregt oder gehemmt.

Diese lebenswichtigen Vorgänge steuert unser vegetatives Nervensystem, das sich mit unserem Willen nicht beeinflussen läßt. Es arbeitet auch im Schlaf oder während einer Ohnmacht. Ein Teil seiner Nervenstränge verläuft außerhalb der Wirbelsäule. Es ist mit Gehirn und Rückenmark verbunden. Doch können seelische Vorgänge (wie Angst, Streß, Freude, Glück) Einfluß ausüben, fördernden oder hemmenden. Das ve-

getative Nervensystem bewirkt also völlig autonom eine Erregung bzw. Beruhigung unserer Organe im Körper. Auch dieser Vorgang ist für das Lernen wichtig.
Neben dem Zentralnervensystem existiert also ein zweites, das vegetative Nervensystem. Das vegetative Nervensystem ist autonom, d.h. es funktioniert vom Willen unabhängig und ist nur mittels psycho-mentaler Techniken (z.B. Entspannungs- und Programmierungsmethoden) zu beeinflussen. Das vegetative Nervensystem kontrolliert alle lebenswichtigen Körperfunktionen wie

- Atmung,
- Blutkreislauf,
- Stoffwechsel,
- Wärme- und Körperhaushalt.

Es besteht aus zwei Teilen:

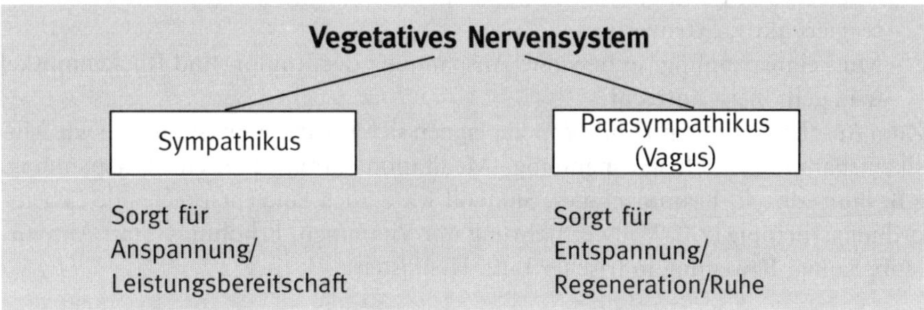

Abb. 4 Die autonomen Teile des vegetativen Nervensystems

- Das *sympathische Nervensystem* ist das System der Aktionen, der Sofortreaktionen. Es leitet in akuten, stressigen Situationen, bei Gefahr alle erforderlichen Prozesse des Körpers zur Auseinandersetzung mit dem Problem, der Gefährdung ein.

- Das *parasympathische Nervensystem* aktiviert im Gegensatz dazu die Entspannung, die Regeneration. Es dient dabei der Verdauung und dem Aufbau, besonders von Energie, und der Verlangsamung von Funktionen.

Beide Systeme sollten möglichst harmonisch zusammenarbeiten, d.h. in Gleichklang sein, damit die einzelnen Funktionen reibungslos ablaufen können. Grundsätzlich ist in uns ein ausgewogenes Nervensystem angelegt. Äußere Einflüsse, z.B. Dauerstreß, Ängste, Erziehungsdruck, Hektik, Aufregung, Konflikte stören die Ausgewogenheit beider Nervensysteme. Ist z.B. das sympathische Nervensystem durch Streß zu stark aktiviert, kann eine Entspannungstherapie für Ausgleich sorgen.

Die beiden Nervenreaktions-Typen
Je nachdem, welches Nervensystem am stärksten aktiviert ist, kommt es zu typischen Reaktionsweisen beim Menschen.
Man unterscheidet zwei unterschiedliche Reaktionstypen:

- Der **Sympathikotoniker** ist ein Mensch, der ständig gereizt, nie entspannt ist. Typische Merkmale für den Sympathikotoniker sind:
  - eher linkshirnig orientiert,
  - häufig angespannt, gereizt,
  - neigt zu Bluthochdruck, Kopfschmerzen,
  - Unruhe, Nervosität, feuchte Hände,
  - Konzentrationsprobleme durch Überaktivität,
  - Schlafschwierigkeiten, Herz-/Kreislaufprobleme,
  - reagiert in Streßsituationen häufig aufbrausend, aggressiv, geht in die Luft,
  - reagiert aktiv, extrovertiert,
  - Muskelanspannung: unbewußte Anspannung der Rumpf- und Rückenmuskel u.a., geht meist aufrecht.

Zum Ausgleich für Sympathikotoniker eignen sich Entspannungsübungen wie Musikentspannung, Tiefenentspannung, Meditation, braintechnische Entspannung, z.B. Biofeedback, Brainmachines. Sinnvoll wäre auch eine entsprechende Lebensordnungstherapie (z.B. Vollwertnahrung mit Vitaminen, Erholungs- statt Aktivurlaub, Sauna, Bewegung in frischer Luft, Heilfasten).

Positiv wirkt sich auch der Kontakt mit ruhigen, entspannten Menschen aus, das Meiden von Streß, Konflikten und Aufregungen *(„Reg dich nicht über Kleinigkeiten auf“)*. Eine Mental-Therapie könnte neben der Entspannung zu einem veränderten Bewußtsein, zur Änderung von Gewohnheiten und Glaubenssätzen führen.

- Der **Vagotoniker** ist ein Mensch, bei dem der Parasympathikus (Vagus) stärker ausgeprägt ist, der zuviel entspannt, gedämpft ist, der ständig im Trance-Zustand herumläuft.
  Typische Merkmale des Vagotonikers sind:
  - eher rechtshirnig orientiert,
  - wirkt meist betont ruhig und beherrscht,
  - innere Konflikte frißt er oft in sich hinein. Folge: Magen-Darm-Störungen,
  - Kopfschmerzen durch Blutdruckabfall, Blutleere im Kopf,
  - Konzentrationsprobleme durch Unterversorgung des Gehirns,
  - Schwindelgefühl, Benommenheit, Müdigkeit,
  - er versucht sich ständig zu dämpfen. Entspannungstechniken daher ungeeignet,

– erscheint lethargisch, fast depressiv, introvertiert,
– unbewußtes Anspannen von Nacken, Schultern, Arm- und Beinmuskeln (Muskelpanzer). Eher gebückte Haltung.

Zum Ausgleich für Vagotoniker eignen sich Stimulationsprogramme für Körper und Geist (z.B. Sport, Mentalstimulierung mit Beta-Programmen), Lebensordnungs-Programme (anregende Ernährung mit vielen Gewürzen, aktive Beziehungen).

Die Einteilung in diese Reaktionstypen ist so absolut im Leben nicht gegeben. Die Menschen sind immer nur vorwiegend einem Typ zuzuordnen. Da auch die Zivilisation mit Hektik, Streß und Anspannung ihren Einfluß ausübt, tendieren die meisten Menschen allerdings zum Sympathikotoniker.

Die unterschiedlichen Teile des Gehirns

Wie sieht nun das Gehirn, die Steuerungs- und Schaltzentrale des Menschen, in seiner Struktur aus? Seinen Aufbau kann man mit einem Baum vergleichen:

Wurzel des Baumes:	Stammhirn
Baumstamm:	Zwischenhirn
Baumkrone:	Großhirn
linker Teil der Krone:	linke Gehirnhälfte
rechter Teil der Krone:	rechte Gehirnhälfte.

Alle Teile haben unterschiedliche Aufgaben und Bedeutung, arbeiten aber dennoch eng zusammen.

• ***Stammhirn***

Hier geht es um die Steuerung der biologischen Vorgänge. Das Stammhirn ist der entwicklungsgeschichtlich älteste Teil des Gehirns. Man bezeichnet es auch als Reptiliengehirn, da es dem Gehirn eines Reptils sehr verwandt ist. Es besteht aus drei Teilen:
– dem verlängerten Rückenmark,
– der Brücke und
– dem Mittelhirn

und steuert die wichtigen biologischen Vorgänge, die wir zum Überleben brauchen:
– Stoffwechsel,
– Blutkreislauf,
– Herzschlag,
– Atmung,
– Schlaf.

„Artspezifische“ Verhaltensprogramme werden vom Stammhirn reguliert:
- Nahrungssuche,
- Fortpflanzung,
- Brutpflege und
- territoriale Ansprüche.

Dieser Teil des Gehirns ist die Steuerungsinstanz für das vegetative Nervensystem und damit weitgehend der Kontrolle des Bewußtseins entzogen. Zugang erfolgt nur über das Unterbewußtsein.

• ***Das verlängerte Rückenmark***

Dort, wo das Rückenmark in den Hirnstamm eintritt, verbreitert es sich in einen fingerbreiten Streifen, die Medulla (Mark). Durch diese Medulla oblongata gehen alle Nervenfasern ins Rückenmark über, und in ihr überkreuzen sich die Nervenfasern. Das erklärt die Tatsache, daß eine Gehirnhälfte die gegenüberliegende Körperhälfte kontrolliert. Im verlängerten Rückenmark liegen mehrere lebenswichtige Zentren des autonomen Nervensystems, die Atmung, Herzschlag, Darmfunktion beeinflussen.

Die Formatio Reticularis, die sich vom verlängerten Rückenmark bis zum Zwischenhirn zieht, ist eine netzförmig komplexe Struktur, die wesentlich an der Verarbeitung von Sinnesreizen und deren Weiterleitung an die Hirnrinde (Großhirn) beteiligt ist. Sie ist ein reticulares Aktivationssystem, eine Art „Alarmglocke des Gehirns“ und hat analog dem Radio zwei „Knöpfe“: einen Aktivierungsknopf, der sich seine Frequenz sucht, vergleichbar mit dem Sendersuchlaufknopf des Radios, und einen Lautstärkeregler. So läßt z.B. das leise Weinen des Babys die Mutter hochschrecken und ein gewaltiger Donner sie weiterschlafen.
Auch die psychische Ausgeglichenheit scheint mit dem Stammhirn/Hirnstamm zusammenzuhängen. Weiter stellt der Hirnstamm das Kreislaufblutdruck- und Herzrhythmus-Kontrollzentrum dar.

Die Brücke (Pons)

Es ist der zweite Teil des Hirnstammes, oberhalb der Medulla. Ein breites Faserband stellt eine Brücke zwischen Großhirn und Kleinhirn dar. Der Pons geht über in das Zwischenhirn.

• ***Zwischenhirn***

Beim Bild des Baumes entspricht der Stamm dem Zwischenhirn. Es ist ein entwicklungsgeschichtlich junger Teil des Gehirns und wird Säugerhirn genannt, weil es mit dem Gehirn von Säugetieren vergleichbar ist (mit Hund, Pferd, Kuh).

Das Zwischenhirn übernimmt Aufgaben der Überlebenssicherung, also Instinkte und Reflexe, wie Hunger und Durst, Angriff und Flucht, Sexualität. Der Verhaltens- und Erfahrungsspielraum des Zwischenhirns ist gegenüber dem des Stammhirns wesentlich größer. Primäre Aufgabe des Zwischenhirns ist die Steuerung der Emotionen durch das Limbische System.
Das Limbische System ist das Zentrum der Steuerung von Emotionen. An diesem hängt die winzig kleine Hirnanhangdrüse (Hypophyse), die für die Hormonproduktion des gesamten Körpers zuständig ist. Die Hypophyse wird allerdings durch den Hypothalamus gesteuert.

Der Hypothalamus ist ein dichtes, reich mit Gefäßen und Blut versorgtes netzartiges Geflecht mit Gruppen von Nervenzellen, der die Hypophyse ständig mit Impulsen und Befehlen versorgt. Der Thalamus ist das Verbindungsglied zwischen
- dem Limbischen System,
- dem Stammhirn und
- der Großhirnrinde.

Er ist der Dirigent des mentalen Orchesters, bettet das Großhirn mit seinen beiden Hemisphären ein und ist die Sammelstelle für die Sinnessysteme (außer Geruch), daher ist er das „Tor zum Bewußtsein".
Die verschiedenen Sinnesimpulse des Körpers wie
- der Arme und Beine,
- des Gesichtsfeldes,
- der Geschmacksnerven,
- der Augen und Ohren,

werden im Thalamus einer gründlichen Aussortierung unterzogen.

Zwischenhirn mit Limbischem System und der Thalamus sind rund 300 Millionen Jahre alt. Unsere Schaltzentralen im Kopf haben also eine unvorstellbar lange Entwicklung mitgemacht.

• *Kleinhirn*

Am Stamm unseres Baumes sehen wir eine kleine Verknotung. Diese entspricht dem Kleinhirn, das für die Koordination und Regulation unserer Motorik zuständig ist, d.h. für die willkürlichen und unwillkürlichen Körperbewegungen von den Reflexen bis hin zu den komplizierten Bewegungsabläufen.

• *Großhirn*

Alle „höheren" Aufgaben unserer Daseinsbewältigung erfüllt das Großhirn. Es ist entwicklungsgeschichtlich der jüngere Teil des Gehirns, der sich vor etwa 200 Mil-

lionen Jahren entwickelte. Bei unserem Baum läßt sich das Großhirn mit der Krone vergleichen. Es unterscheidet uns als Menschen von allen anderen Lebewesen und übernimmt folgende Aufgaben:
– Verstand und Logik,
– Informationsverarbeitung,
– Gedächtnis,
– Abstraktionsfähigkeit,
– Gefühle,
– Kreativität u.a.

• ***Zwei-Hemisphären-Modell: Linke und rechte Gehirnhälfte***
Auch unser Bild vom Baum hat zwei Hälften in der Krone: links die klar geordnete, strukturierte Hälfte – rechts die verästelte Hälfte mit Früchten aller Art. Das entspricht einer Teilung der Aufgaben im Gehirn, wie wir sie heute kennen.
Es ist keine Erkenntnis unserer Zeit, daß das Großhirn des Menschen in eine linke und eine rechte Hälfte aufgeteilt ist und beide Seiten durch einen Balken (corpus callosum), einen Nervenstrang aus vielen Millionen Fasern, miteinander verbunden sind. Bereits die alten Ägypter stellten eine solche Teilung fest. Sie gingen von einer Zentrenlehre in der Funktionsverteilung des Gehirns aus und erstellten Gehirnkarten, um Zuordnungen, z.B. von Verhaltensweisen vorzunehmen. Sie glaubten, daß z.B. Aggression und Zerstörungswut in einem spezifischen Gehirnfeld angesiedelt seien. Heute wissen wir, daß die Theorie von den eingegrenzten Zentren falsch ist.

Der Durchbruch für die Zweiteilung des Gehirns ging in den sechziger Jahren von Dr. Roger Sperry aus. Er trennte bei Patienten beide Gehirnhälften und fand heraus, daß jede Hälfte des menschlichen Gehirns ihren eigenen Ablauf bewußter Gedanken und ihr eigenes Gedächtnis hat. Die Denkweisen beider Gehirnhälften sind jedoch fundamental verschieden. Das linke Gehirn denkt in Worten, das rechte unmittelbar in Bildern.

Heute glaubt man, daß jede Gehirnhälfte spezielle Funktionen und Fähigkeiten entwickelt hat. Die linke Hälfte ist mehr für das Logisch-Verstandesmäßige, die rechte mehr für das Kreativ-Emotionale, das Ganzheitliche zuständig. Jedoch neuere Theorien sehen mehr als zwei Gehirnareale. „Multi-Mind“ gilt als neue Theorie.

Das Zusammenspiel aller bisher dargestellten Teile läßt sich mit einem permanenten Teamwork vergleichen. Jeder Beteiligte bringt seinen Anteil, seine Fähigkeiten und Leistungen ein. Ein Koordinator, das ist das Großhirn, versucht, eine ganzheitliche Leistung herzustellen.

Die linke Gehirnhälfte wurde in der Bildungsarbeit, aber auch insgesamt in der Gesellschaft stark überbewertet (kognitives Lernen, analytisches Denken, verbale Fähigkeiten, sequentielles Denken, Reduktionismus). Heute brauchen wir jedoch mehr denn je die integrativen, kompensatorischen Fähigkeiten, das Kreative, Bildhafte, die großen Zusammenhänge, das ganzheitliche, sinnstiftende Denken und Lernen. Unsere Welt ist so komplex und vernetzt geworden, daß sie sich nicht mehr linear begreifen läßt.

Lernverhalten	
Der linkshemisphärisch Lernende	**Der rechtshemisphärisch Lernende ...**
... nutzt seine Fähigkeiten beim Erfassen einzelner Wörter.	... braucht Bilder, damit er sich die Realität vorstellen kann.
... analysiert vom Teil zum Ganzen.	... analysiert vom Ganzen zum Teil.
... kann sich die Wirklichkeit anhand eines gelesenen Textes vorstellen.	... will die Wirklichkeit erfahren, bevor er darüber liest.
... liest das Buch vor dem dazugehörigen Film.	... betrachtet den Film, bevor er das Buch liest.

Für das Lernen bedeutet das:
Um unsere heutige Welt zu verstehen, brauchen wir mehr rechtshirniges, ganzheitliches Lernen. Das alte Maschinen-Paradigma des Lernens geht von einem falschen Menschenbild aus. Lernen vollzieht sich wie das Leben nicht nach mechanistischen Input-Output-Gesetzen, bei denen der Kern, die innere Realität außer acht gelassen wird. Die alte Lernphilosophie baute auf diesem Reduktionismus auf. Ein solches Weltbild, ein solches Paradigma stellt die Menschen, aber auch die Wissenschaften (z.B. die Schulmedizin) vor unlösbare Fragen und erzeugt bei der Bewältigung komplexer Probleme bzw. Krankheiten – durch die Abspaltung von Geist, Spiritualität, Innenwelt-Denken, Sinn – Hilflosigkeit.
Ganzheitliches Lernen bedeutet die Vernetzung von Kopf, Herz und Hand, von Person, Sache, Beziehung (Gruppe), es ist ein interdisziplinäres Lernen. In einer Zeit, in der die Kompatibilität der Computer eine zentrale Aufgabe darstellt, brauchen wir auch in der Bildungsarbeit Komplexität und Vernetzung von Gefühl und Verstand, ebenso eine Vernetzung von Personen, Lernumwelt und Lernprozeß.

Mit der zunehmenden Entwicklung der Informationsgesellschaft wird sich die unaufhaltsame Fülle der Informationen bald nicht mehr auf übliche Art und Weise bewältigen lassen. Doch unser Gehirn verfügt nach den Erkenntnissen der modernen Gehirnforschung über phantastische Kapazitäten, um die Mega-Strömungen und die Muster höherer Ordnung, die großen Zusammenhänge, die sich hinter der Fülle einzelner Informationen verbergen, erkennen zu können.

Mind-Mapping ist ein erster Weg, um strukturierte Muster über die Einzelinformationen herzustellen und den Sinn und Kern der vielfältigen Einzelfakten zu erkennen. Eine solche Vernetzung und Strukturierung kann vor allem die rechte Gehirnhälfte leisten, weil sie z.B. während kreativer Prozesse eher assoziativ als linear arbeitet. Gerade in der Informationsgesellschaft brauchen wir neue Brain-Kompetenz der Musterbildung und Frühwarn-Erkennung (weak signals).

Optimierung der Lernbedingungen und -voraussetzungen
Für ein optimales Lernen ist es notwendig – rein biologisch betrachtet – eine Atmosphäre der Entspannung, des Wohlempfindens und der Vertrautheit um sich zu haben. In der Realität des Schul-, aber auch des Alltagslernens, wird Lernen jedoch oft zu einem „verkrampften Lernen“. Mit dem Lernvorgang sind z.B. Erwartungshaltungen verbunden, die zu Versagensängsten oder zu Prestigekämpfen führen; die Lernumwelten von der Ergonomie über das Raumklima bis zu den psycho-sozialen Bedingungen wirken sich zu oft negativ aus.

Die grundlegenden Erkenntnisse der Neurophysiologie, der Lernbiologie, -ökologie und -psychologie werden noch zu wenig berücksichtigt. Ganzheitliches Lernen bedeutet aber auch die Optimierung der Lernbedingungen und -voraussetzungen durch Berücksichtigung von
- Körper, Geist und Psyche des Lernenden,
- die Einbeziehung der Lernumwelt, einer Wellness-Atmosphäre und
- die Verknüpfung mit dem Lernvorgang.

2.2 Der Einfluß des Unterbewußtseins

Immer wieder fand die Psyche das Interesse der Wissenschaft, und doch wissen wir bisher nur wenig von ihr. Eines wissen wir allerdings:
Alle Wahrnehmungen und alles, was wir erleben im Laufe unseres Lebens, prägt unser Bewußtsein und Unterbewußtsein.

Unser Bewußtsein verdrängt seelische Inhalte, die seinen Ansprüchen, seiner Zensur nicht genügen. In unserem Unterbewußtsein ist jedoch alles gespeichert, Positives wie Negatives, alle Informationen, alle Probleme, alle Gefühle. Von dort steigt

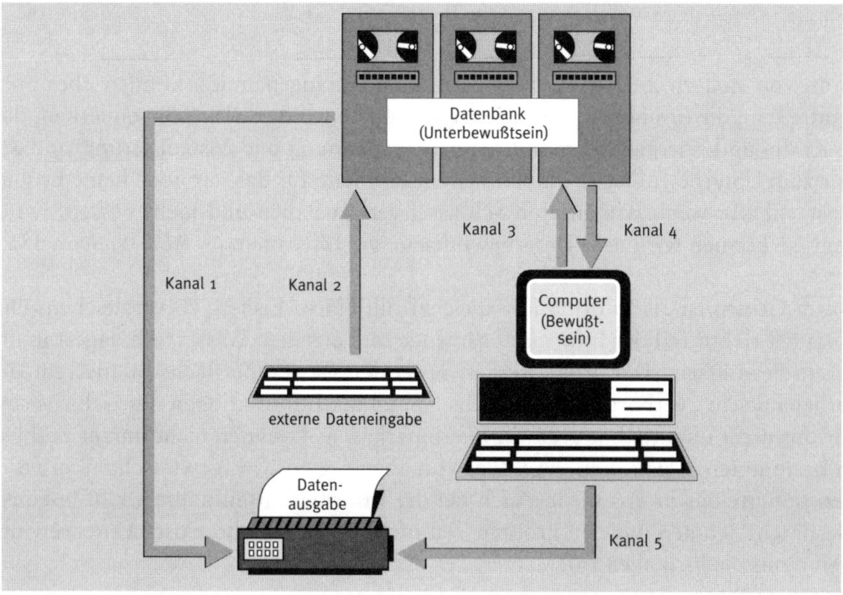

Abb. 5 Computermodell des Gehirns

Das Unterbewußtsein
wird als Datenbank dargestellt, in der alle im Leben aufgenommenen Informationen, bewußt oder unbewußt wahrgenommen, abgespeichert werden.
Speicherung des Unterbewußtseins
Unser Unterbewußtsein (Datenbank) erhält Informationen
– über das Bewußtsein, Kanal 3, und
– über externe Eingaben über Kanal 2.

Das Bewußtsein
ist als Computer mit seinen Steuerungsprogrammen dargestellt.
Das Bewußtsein (Kanal 3) sortiert seine Daten sorgfältig aus. Die Datenmenge, die über externe Eingaben (Kanal 2) in unser Bewußtsein geht, ist sehr groß und wird vom Bewußtsein nicht zensiert. Sie besitzt aber einen großen Einfluß auf unsere Gefühle und damit auf unser Verhalten.

Neustrukturierung unbewußter Daten
Das Bewußtsein (Computer) hat die Möglichkeit, im Unterbewußtsein abgelegte Daten wieder abzurufen, diese neu zu strukturieren und über Kanal 3 wieder einzugeben.

Steuerung unseres Verhaltens
Über die Kanäle 1 und 5 wird unser Verhalten durch die dort gespeicherten Daten gesteuert. Es sind vor allem Erfahrungen, Wissen, Werte, Glaubenssysteme, Bedürfnisse, Triebe, also sowohl das Bewußte wie das Unterbewußte, die einen Einfluß ausüben. Die bewußte Steuerung erfolgt über Kanal 5 und die unbewußte über Kanal 1. Im entspannten Zustand und durch Visualisierung der Informationen können wir unser Unterbewußtsein direkt erreichen, ohne Kontrolle des Bewußtseins. Von daher kann man auch den Einfluß z.B. der Massenmedien und anderer Menschen auf unser Unterbewußtsein erklären.

dann von Zeit zu Zeit etwas hoch: das kann Unangenehmes, können aber auch Kräfte sein, die uns helfen, z.B. wieder gesund zu werden. Wir müssen lernen, diese Kräfte und Energien zu mobilisieren. Entspannung und Visualisierung sind das Tor zum Unterbewußtsein. Haben wir ein Problem, für das wir noch keine Lösung besitzen, z.B. wenn wir unseren Schlüssel verlegt haben und nicht wissen, wo er liegt, so können wir unser Unterbewußtsein zu Hilfe rufen. *(S. Abb. 5, Seite 35)*

Unser Gehirn ist als Informationsspeicher mit einem Eisberg zu vergleichen. Nur etwa der siebte Teil der Informationsmenge ragt aus dem Wasser, d.h. lagert in unserem Bewußtsein. Der große Rest ist unter der Wasseroberfläche in unserem Unterbewußtsein „verborgen“, d.h. sechs Siebtel der Informationen des Gehirns sind für uns nicht unmittelbar greif- bzw. erinnerbar. Es kommen nicht immer und nur in bestimmten Situationen die Bilder von abgefragten bzw. gewünschten Situationen unmittelbar in uns hoch. Auch bei der Informationsaufnahme, z.B. in einem Gespräch, nehmen wir den größten Teil nicht bewußt wahr. Unser Unterbewußtsein nimmt jedoch alles auf.

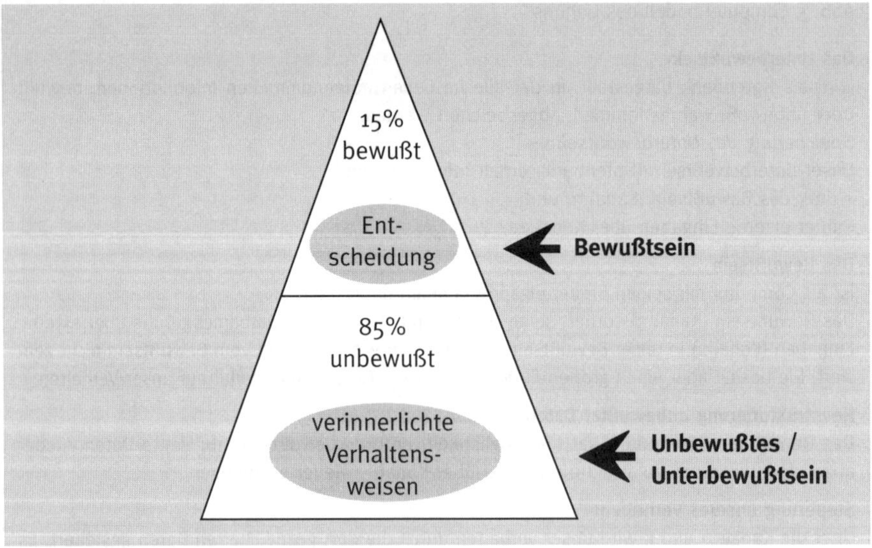

Abb. 6 Das Eisbergmodell

Ähnlich verhält es sich mit dem Sehen, Hören und Fühlen; vieles wird uns nicht bewußt. Direkt vom Unterbewußtsein wird u.a. auch die Körpersprache eines Gesprächspartners und unsere eigene aufgenommen; sie geht am Bewußtsein vorbei.

Die bewußt und unbewußt aufgenommenen Informationen verbinden sich im Unterbewußtsein zu Bild-, Ton-, Geräusch- und Gefühlsmustern. So ist es zu erklären, daß das Unterbewußtsein einen so großen Einfluß auf unser Denken, Verhalten und Handeln, auf unsere Einstellungen und Gefühle hat.

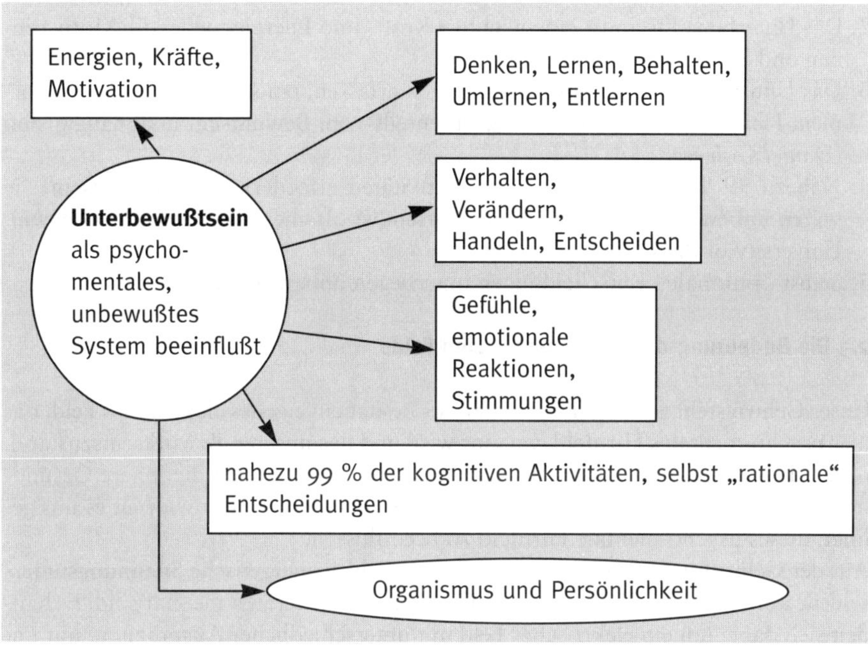

Abb. 7 Der Einfluß des Unterbewußtseins auf Organismus und Persönlichkeit

Unser Unterbewußtsein als ein solch psychisch vernetztes System hat uns programmiert, auf eine bestimmte Art und Weise zu handeln, ohne daß wir bewußt darüber nachdenken. Es blockiert uns aber oft auch:

- Wir können uns nicht erinnern, weil wir blockiert sind.
- Wir können nicht bewußt und klar denken und lernen, weil wir im Streß sind.
- Wir wollen keine Neuerungen akzeptieren, weil das Unterbewußtsein mit Ängsten reagiert.

Das Unterbewußtsein ist also eine entscheidende Instanz unseres Denkens, Lernens und Handelns. Veränderungen, Umstellungen, Neu- und Umlernen erfolgen nur durch Änderungen unserer bisherigen Denkmuster und Gewohnheiten im Unterbewußtsein.

Die Bedeutung des Unterbewußtseins läßt sich thesenförmig wie folgt zusammenfassen:

1. Das Unterbewußtsein als ein mental unbewußtes, vernetztes System beeinflußt unser Denken, Lernen, Verhalten, unsere Gefühle und Stimmungen. Wir werden weit mehr vom Unterbewußtsein geleitet, als wir wissen.
2. Das Unterbewußtsein ist eine wichtige Kraft- und Energiequelle, die Motivationen und Engagement freisetzt.
3. Das Unterbewußtsein kann Bedeutungen erfassen, emotionale Reaktionen formen, Handlungen einleiten, die größtenteils vom Bewußtsein unabhängig sind (*Daniel Goleman*).
4. Nahezu 99 % unserer kognitiven Aktivitäten erfordern kein Bewußtsein. Sie wären unbewußt möglich. Das Bewußtsein ist oft eher hinderlich (*E. Donchin*, University of Illinois).
5. Selbst „rationale" Entscheidungen unterliegen unbewußten Prozessen.

2.3 Die Bedeutung des psycho-mentalen Felds

Unser Gehirn steht ständig unter Strom. Es besitzt ein eigenes elektrisches Feld, das hier psycho-mentales Hirnfeld genannt wird und das unseren Bewußtseinszustand, unsere Leistungsfähigkeit, Kreativität, Entspannung und auch die innere Gesundheit beeinflußt. Es ist entscheidend für unsere Lebensqualität, inwieweit es uns gelingt, dieses psycho-mentale Hirnfeld zu beeinflussen.

Aus der Gehirnforschung wissen wir, daß im Gehirn energetische Spannungsunterschiede auftreten, die z.B. mit dem EEG und anderen Geräten meßbar sind. Es handelt sich dabei um ein elektrisches Feld mit unterschiedlicher Ausprägung, mit unterschiedlichen Frequenzen, welches die Gehirngewebeumgebung und die Nervenzellen dieser Hirnregion in ihrem elektrischen Verhalten und damit auch die Aktivität, das Bewußtsein des gesamten Organismus, beeinflußt. Das psycho-mentale Hirnfeld ist in seiner Struktur in der Regel konstant. Es reagiert jedoch auf Aktivitätsänderungen von innen und außen, z.B. auf Denkvorgänge und äußere Reize wie Streß, Bedrohung, Lärm und Hektik.

„Nach intensiven Untersuchungen liegt der Schluß nahe, daß man diese Feldschwankungen, ja dieses Feld an sich, als Indikator für alle Vorgänge im gesamten Organismus betrachten kann. Diese Vorgänge sind beispielsweise an Geschehen wie Lernen, Gesundheit, Krankheit und emotionalen sowie psychischen Prozessen beteiligt. Ein stark bewegliches Feld weist auf eine emotionale ‚explosive' Person hin, die schnell reagiert. Ein starres Feld zeigt starre Eigenschaften, gedämpftes Verhalten und geringe Flexibilität." (G. Eggetsberger: Kopftraining macht gesund).

Ein solches psycho-mentales Feld wirkt sich nicht nur auf die psycho-mentalen Vorgänge im Körper aus, sondern kann auch psycho-mental, z.B. durch Mental-Arbeit, beeinflußt werden. Es beeinflußt einerseits die Schaltvorgänge und die Aktivitäten im Gehirn, andererseits erregen jede Aktivität in und um die Zellen und die Reize von außen ebenfalls dieses Gehirnfeld. Es beeinflußt auch die Reaktionsweise einer Person auf Reize von außen.

Gehirnaktivitätsmuster

Das pulsierende, leicht schwankende elektrische Feld in unserem Gehirn stellt sich in unterschiedlichen Frequenzbereichen bzw. Gehirnaktivitätsmustern dar. Im Schlaf durchlaufen wir z.B. alle Zustände. Beim Einschlafen wechseln die Muster zunächst vom Beta-Zustand in den Alpha-Zustand, um im weiteren Verlauf zyklisch zwischen REM, Theta und Delta zu wechseln. Was bedeuten nun die einzelnen Gehirnaktivitäts-Muster?

• ***Beta-Zustand***

Unser Gehirn befindet sich in hellwachem und vollkonzentriertem Zustand, z.B. bei anstrengenden Tätigkeiten, wenn wir gespannt zuhören, bzw. bei Streß. Dieser besitzt einen leicht meßbaren Frequenzbereich von 12 bis 35 Hertz (Maß für Schwingungen pro Sekunde).

• ***Alpha-Zustand***

Sind wir in einem Zustand des entspannten Wachseins, also statt voll aufgedreht entspannt und doch bei der Sache, so spricht man vom Alpha-Zustand. Der Frequenzbereich liegt bei 8 bis 12 Hertz. In diesem Zustand sind wir kreativ und geistig aktiv. Mit Hilfe von Entspannungstechniken (z.B. progressive Muskelentspannung, mentale Entspannung) oder durch tägliche Loslaß-Praktiken (z.B. warmes Bad, gedankenverlorener Blick zum Fenster hinaus) können wir vom Beta- in den Alpha-Zustand wechseln und den Organismus beruhigen.

• ***REM-Zustand***

REM ist die Abkürzung für die englischen Worte Rapid Eye Movement (schnelle Bewegung der Augäpfel). Es handelt sich hier um die 1. Traumphase, um eine Gehirnaktivitätsphase, die man an den schnellen Bewegungen der Augäpfel erkennen kann. Die Frequenz beträgt unter 12 Hertz. Gekennzeichnet ist dieser Gehirnaktivitätszustand durch eine starke innere Konzentration. Für unsere Gesundheit ist ein solcher Zustand wichtig, weil in dieser ersten Schlafphase wichtige Veränderungen und Abspeicherungen von alltäglichen Eindrücken stattfinden. In dieser Phase träumen wir.

- ***Theta-Zustand***

Hierbei handelt es sich um eine tiefere Schlaf- und Entspannungssphäre mit einer Frequenz von 4 bis 7 Hertz. In dieser Phase finden oft aktive Körperbewegungen statt. Organe kontrollieren die Blutzirkulation. Damit durch zu langes Liegen auf einer Stelle keine Zirkulationsstörungen auftreten können, wälzt sich der Körper in eine andere Schlafposition.

- ***Delta-Zustand***

Über diesen Zustand wissen wir am wenigsten. Bekannt ist, daß in ihm Wachstumszustände und Organaktivierungen ablaufen. Es ist die tiefste Schlafphase, in der wir Alpträume haben können.

Von den fünf Gehirnaktivitätszuständen lassen sich besonders drei (Alpha, REM, Theta) für ein bewußtes Herbeiführen von Entspannung, für mentale Programmierungen und für ein wirkungsvolles Lernen nutzen. Eine solche Möglichkeit zur Veränderung der Gehirnfrequenz kann auch in der Gesundheitstherapie und beim Lernen genutzt werden.

Von besonderer Bedeutung für Lernen, Leistung und Gesundheit ist der Alpha-Zustand, ein dynamischer Zustand zwischen Wachen und Schlafen. Der Körper erfährt verschiedene Veränderungen:

- der Blutdruck sinkt,
- der Atem geht langsamer,
- die Stoffwechselaktivität nimmt ab,
- die im Organismus vorhandenen Streßhormone verringern sich,
- die für die Immunabwehr wichtigen Lymphozyten im Blut vermehren sich,
- die Wahrnehmung verändert sich,
- die Funktionen des Gehirns werden beeinflußt.

Die linke Gehirnhälfte, die im Wachzustand dominiert, die uns logisch denken, vernünftig analysieren und bewerten läßt, wird vorübergehend „entmündigt“. Die rechte Gehirnhälfte dominiert.

- Regeln und Ansichten, die uns oft blockieren, werden vorübergehend außer Kraft gesetzt.
- Emotionen – in der rechten Gehirnhälfte – können empfunden werden.
- Kreativität, das Bildhafte und Erlebte werden aktiv.
- Das Unbewußte und seine Fähigkeiten und Wahrnehmungen werden aktiviert.

Diese Ressourcen der rechten Gehirnhälfte gilt es im Alpha-Zustand zu nutzen. In diesem Zustand ist das Unterbewußtsein dem störenden Einfluß des Bewußtseins entronnen, so daß die heilenden Kräfte des sonst passiven Unterbewußten tätig werden können.

Für das Lernen bedeutet das:
Von den dargestellten Gehirn-Aktivitätsmustern nutzen die neuen Lernmethoden besonders den Alpha-, REM- und Theta-Zustand, um produktiver zu lernen, zu verarbeiten und sich zu entspannen.
Das Beta-Lernen bei voller Konzentration, oft unter Streß und Druck, war bisher das einzig zulässige Lernmuster. Aber auch in einem entspannten Zustand (z.B. Alpha) oder gar im Schlaf findet Lernen statt. In der Regel sind diese Lernprozesse effektiver und auch schneller. Die unterschiedlichsten neuen Lernmethoden wie Superlearning/Suggestopädie, Subliminal-Lernen, aber auch Lernen im Schlaf oder Lernen mit Mind-Machines, verwenden diese neuen Erkenntnisse der Gehirn- bzw. Neurowissenschaft. Mit den zunehmenden Erkenntnissen der Brain-Forschung entdeckt man, daß Höchstleistungen beim Lernen, bei Musikern, Sportlern, Künstlern und Denkern nicht im Zustand hoher emotionaler Erregung erreicht werden, sondern in einem Zustand „aktiven Abschaltens", im Alpha-Zustand. Die Analyse von Hirnwellen ergibt, daß hohe Brain-Leistungen eine Form „innerer Sammlung" verlangen.

Gehirn-Sozialisation
Unser Gehirn ist in der mentalen Gesellschaft, in der wir heute leben, starken und vielfältigen Reizen ausgesetzt. Oft werden diese unkoordinierten, paradoxen Reize von unserem Gehirn „reizgeil" aufgenommen. Unser Gehirn wird also von außen beeinflußt.
Jede Zeit prägt das Denken und das Gehirn der Menschen in spezifischer Weise, bewußt und unbewußt. Es kommt zu einer Gehirn-Sozialisation. *Prof. H. Wässle* vom Frankfurter Max-Planck-Institut für Gehirnforschung: *„Das Gehirn organisiert sich seit einigen Jahren neu. Es verarbeitet bestimmte Informationen an anderer Stelle, hat seine rhythmischen Muster, das Zusammenspiel der Nervenzellen geändert und speichert Inhalte anders ab als früher."* (in: Radar für Trends, 13/1992). Vor allem jüngere Menschen (nach 1965 geboren) besitzen ein solches verändertes Gehirn. Der Münchener Psychologe und Gehirnforscher *Henner Ertel*: *„Wenn die Entwicklung in diesem Tempo weitergeht, leben bereits in fünfzig Jahren völlig andere Menschen auf der Erde."* (in: Brain Tech). Die rasant-wachsende Informations- und Bilderflut läßt das Gehirn schneller denken und schalten. Es braucht aber auch ein höheres Erregungsniveau. Vor allem Jugendliche haben nach Prof. Wässle ein

Gehirn, das einen permanenten Bedarf an Info-Stressen und instabiler Kommunikation aufweist. Es besteht bei ihnen eine Nachfrage nach stark wechselnden Informationen. Mit traditionellem Informieren läßt sich dieses Erregungsgehirn immer weniger befriedigen.
Das Gehirn der 35- bis 60jährigen verändert sich ebenfalls. Forscher sprechen von einem Interimsgehirn. Auch bei ihm besteht ein größerer Bedarf an wechselnden, kurzen, chaotischen Informationen. Brauchen wir daher auch beim Lehren und Lernen einen neuen Info-Stil?

Es steigt also der Bedarf an Selbstprovokation, und damit ändert sich auch das klassische Modell von Stimulus und Response. Auch Lerninhalte benötigen deshalb ein höheres Erregungs-, Stimulus- und Motivationsniveau, um Aufmerksamkeit zu bewirken und verarbeitet zu werden. Das moderne Gehirn ist weniger an Klarheit durch Reduktion interessiert. *„Ganz im Gegenteil: die Gehirnforschungen des Max-Planck-Instituts zeigen, daß die Jugendlichen ihre Sensibilität dadurch erhöhen, daß sie sich mehr Information aussetzen, als sie decodieren können. Sensibilität durch Info-Stresse und Zuwendung durch Ungewißheit. Wenn ein Gehirn mehr Signale haben möchte, als es mental verarbeiten kann, dann entsteht Unklarheit und Ungewißheit. Und in der Tat ist das gerade das wichtigste Kennzeichen des post-modernen Gehirns: Es ist fasziniert vom Unbestimmten und vom Paradoxen.“* (Henner Ertl, Brain Tech)
Das neue Gehirn ist also in erster Linie ein Erregungsgehirn. Das bedeutet für Lernen und Informationsaufnahme:
Nur durch eine intensive Stimulierung der mentalen Innenwelten öffnet sich das moderne Gehirn für die äußere Wirklichkeit bzw. Wahrnehmung.

Damit verändert sich auch das Konzept für Erlebnisse und Motivation. Motivation bedeutet Erregung, Erzeugung von Info-Streß, von Paradoxien, von Provokation.
Stimulation wird also zu einem wichtigen Lern- bzw. Erfolgsfaktor; alles, was von außen kommt, muß intensiver und provozierender sein. Die Umstellung des Gehirns auf permanente Selbsterregung verändert den gesamten Lebensstil. Zunehmender Streß ist die Folge. Doch ohne Streß keine Aufmerksamkeit, Wahrnehmung und Befriedigung.
Wir haben als unsere eigenen Lernmanager die Aufgabe, die von außen auf uns zuströmenden chaotischen Reize aufzuarbeiten, zu ordnen und in die eigenen Gedanken zu integrieren bzw. loszulassen und uns auf die Lernarbeit zu konzentrieren. Abblocken, Unverarbeitetes und Störendes liegenlassen und das Gehirn bzw. Bewußtsein und Unterbewußtsein zur Rumpelkammer entarten zu lassen, führt

nicht aus dem Chaos heraus. Lernen verlangt ein aufgeräumtes Chaos. Psycho-mentale Probleme und Belastungen lassen kein wirkungsvolles Lernen zu. Wir brauchen also vor und während des Lernens Synchronisation und Balancing.

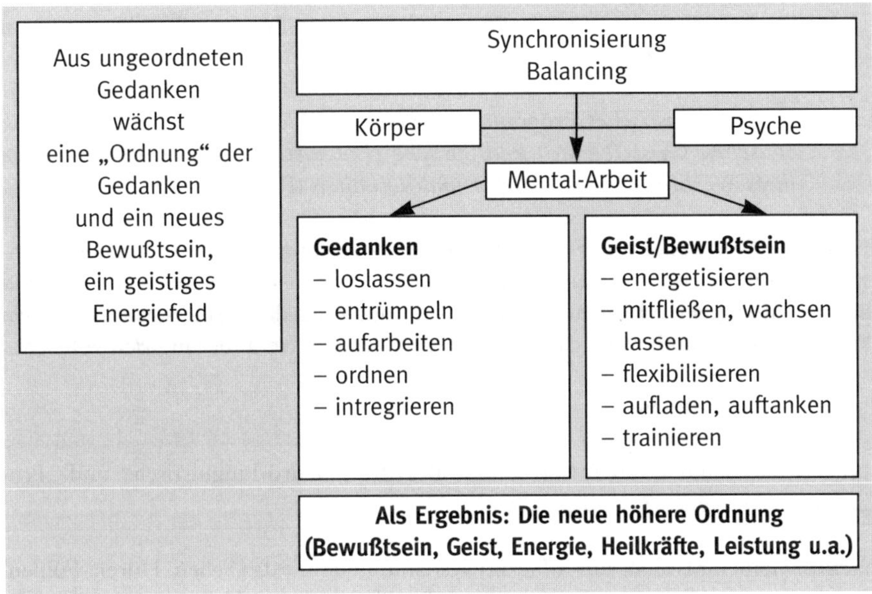

Abb. 8 Synchronisation u. Balancing als Antworten auf die zunehmenden chaotischen Gehirnreize

Lernen als mentaler Selbstmanagement-Prozeß, bei dem die vorhandenen Ressourcen, die Fähigkeiten und Motivationen aktiviert und Störendes, Belastungen sowie externe, negative Einflüsse und Ängste u.a. abgebaut werden, erfordert Lehrende sowie pädagogische Führungskräfte, die diesen Selbstlernmanagement-Prozeß begleiten und fördern.

3 Neurolinguistisches Programmieren (NLP) als Grundlage moderner Bildungsarbeit

Unser Denken, Verhalten und Lernen wird von neurolinguistischen Programmen gesteuert, die in der Regel unbewußt sind.

> *Neurolinguistisches Programmieren beschreibt die grundlegende Dynamik zwischen Geist (Neuro) und Sprache (Linguistik) und die Auswirkungen ihres Wechselspiels auf Körper und Verhalten (Programmieren).*

NLP stellt Werkzeuge und Fertigkeiten zur Entwicklung von Wahrnehmung, Kommunikation, Lernen und Verändern zur Verfügung, um so erfolgreich zu leben und sich zu entwickeln. NLP geht aber auch von Annahmen darüber aus, was Menschen sind, was Kommunikation ist und wie der Prozeß der Veränderung sich vollzieht.

3.1 NLP – Was ist das?

NLP ist ein Bündel von Ansätzen. Die Begriffe „Neuro-Linguistisch“ und „Programmieren“ verkörpern dieses System.

Neuro: Gemeint ist hier unser Nervensystem und damit das Sehen, Hören, Fühlen, Riechen, Schmecken, das Erinnern und das Phantasieren. Unsere ganze sinnliche Erfahrung wird im NLP angesprochen.
Linguistisch: Gemeint ist damit unsere Sprache, mit der wir unsere Erfahrung ständig codieren, austauschen und zu „geistigen Landkarten“ verknüpfen. Zu dieser Sprache gehört nicht nur

- die Sprache der Worte, sondern auch
- die Körpersprache (der Augen, Gesten, Symbole, alles, was uns Botschaften übermittelt).

Programmieren: Hiermit ist der Prozeß des Lernens durch sinnvoll aufeinander aufbauende Erfahrungen gemeint. *„Das Lernen, um das es hierbei geht, ist stets die Ergänzung bekannter Wege durch neue, hilfreiche und lebensfördernde. Es meint mehr Wahlmöglichkeiten zur Lebensgestaltung anstelle von Eingrenzung, von der es ja in unserer Erfahrung genug gibt.“* (Bernt Isbert in NLP aktuell 2/94)

Insgesamt läßt sich also sagen: Mit NLP werden alle Sinne aktiviert, Erfahrungen und Gedanken so erweitert, daß jeder neue Sichtweisen und Wahlmöglichkeiten bei sich entdecken kann. Hierfür benutzt man Sprache, Ausdruck, Vorstellungskraft sowie Situations- und Rollenwechsel. Es ist das Verdienst des NLP, solche Veränderungsprozesse auf eine neue Art bewußt und damit verfügbar gemacht zu haben. Deshalb kann man NLP übersetzen mit „Natürliche Lebensprozesse".

Entstehung des NLP

Eine Zeit des Wandels ist oft auch eine Zeit des Suchens. So ging es auch den Naturwissenschaftlern *John Grinder* und *Richard Bandler*, die sich aufmachten, um große Therapeuten kennenzulernen und die Wirksamkeit ihrer Therapien zu erforschen. Sie modellierten – ihre Art zu lernen – auf diese Weise u.a. *Milton Erickson*, den bekannten Hypnotherapeuten, *Fritz Perls*, den Begründer der Gestalttherapie, *Virginia Satir*, die Mutter der systemischen Familientherapie, und nicht zuletzt *Gregory Bateson*, den Erforscher des menschlichen Geistes. Grinder und Bandler untersuchten sowohl das äußere Verhalten als auch die innere Vorstellungswelt, die Einstellungen und Wahrnehmungen ihrer Lehrmeister. Daraus entwickelten beide das NLP. Ihre Erkenntnisse veröffentlichten sie Anfang der 70er Jahre in *„Die Struktur der Magie"* und *„Therapeutische Muster von Milton Erickson"*. Sie gaben ihrer Arbeit den Namen „Neurolinguistisches Programmieren".

NLP kann man auch mit den Worten „Neue Lebens-Perspektiven" umschreiben. *„Kein Wunder, denn bisherige Überzeugungen und Verhaltensweisen erwiesen sich den Herausforderungen unserer Zeit oft nicht mehr gewachsen. Aus dieser Suche heraus wurde, beginnend in den 70er Jahren, in den USA eine neue Philosophie des Lernens und der Kommunikation geboren."* (Bernt Isbert in NLP aktuell 2/94).
NLP ist also eine neue Art des Lernens und der Kommunikation.

Philosophie und Annahmen des NLP

NLP beruht auf einigen Grundannahmen und Überzeugungen, die der humanistischen Psychologie und Pädagogik entnommen sind und von ihren Begründern John Grinder und Richard Bandler sowie anderen weiterentwickelt und systematisiert wurden. Die wichtigsten Grundannahmen sind:

1. Jeder Mensch ist einzigartig

Jeder Mensch nimmt am Universum teil, nimmt es wahr, allerdings durch codierte Deutungen seiner Umwelt. Das geschieht durch unsere individuellen Repräsentationssysteme: Sehen, Hören, Fühlen, Schmecken, Riechen. Diese Wahrnehmungen werden an das Zentralnervensystem zur Verarbeitung weitergegeben. Es werden jedoch nicht alle empfangenen Signale weitergeleitet, das wären viel zu viele; die Sinnesorgane wirken wie Filter. Diese werden in ihrer spezifischen Art vom einzelnen Menschen aufgrund seiner Geschichte, von Denkperspektiven und Glaubenssätzen gebildet bzw. gelernt. Jeder Mensch entwickelt durch diese persönlichen Filter ein Modell von der Welt, eine Landkarte, die ihm hilft, sich ein Bild von der Welt, eine Konstruktion seines Umfelds zu machen. So assimilieren und organisieren wir unsere Erfahrungen.

2. Die Landkarte ist nicht das Land

Die Landkarte, die ich von der Welt habe, ist für mich zwar sehr wichtg, damit ich mich in dieser Welt orientieren kann, sie unterscheidet sich jedoch von der realen Welt. Sie stellt nur ein begrenztes Abbild dar. Die Landkarten bzw. Denk- und Weltmodelle anderer kann ich immer nur begrenzt kennenlernen. *„Es sind unsere neurolinguistischen Landkarten der Wirklichkeit, die bestimmen, wie wir uns verhalten, und die diesen Verhaltensweisen Sinn geben, nicht die Wirklichkeit selbst. Es ist generell nicht die Wirklichkeit, die uns beschränkt oder befähigt, sondern unsere Landkarte der Wirklichkeit.“* (Robert Dilts). Das NLP vergrößert die Möglichkeiten, die Landkarten anderer Menschen besser kennenzulernen.

3. Unser Verhalten ist das Ergebnis des Zustandes, in dem wir uns befinden

Wir erfahren alle unterschiedliche neurophysiologische Zustände: solche, die uns beflügeln (Vertrauen, Liebe, innere Stärke, Freude, Begeisterung, Motivation), und solche, die uns lähmen (Verwirrung, Depression, Furcht, Angst, Trauer u.a.). Letzterer Zustand nimmt uns jede Kraft und Energie.
Unser Verhalten ist das Ergebnis unseres inneren Zustandes. *„Wir machen immer das Beste mit den Ressourcen, die uns zur Verfügung stehen, aber manchmal befinden wir uns in einem Zustand, in dem wir einfach über keine Ressourcen verfügen.“* (Anthony Robbins, Grenzenlose Energie)
Ein innerer Zustand ist die Summe der millionenfachen neurologischen Prozesse, welche in unserem Körper stattfinden. Die meisten Zustände entstehen ohne unsere bewußte Steuerung und bestimmen unser Verhalten.

Wir sehen z.B. etwas und reagieren durch einen bestimmten Zustand darauf. Ein solcher Zustand kann hilfreich und nützlich sein, aber auch blockieren und einengen. Wir sollten uns bemühen, unsere Zustände unter Kontrolle zu bringen.

Der Unterschied zwischen Menschen, die ihre Ziele im Leben nicht erreichen, und solchen, die sie erreichen, besteht darin, daß jene sich nicht in einen hilfreichen Zustand versetzen können und diese beständig Zustände herstellen können, die sie in ihren Bemühungen unterstützen. Die Fähigkeit, sein eigenes Leben zu steuern, besitzt nur derjenige, der weiß, wie er seine Zustände steuern und einsetzen kann. *„Der Schlüssel, um seine Zustände erfolgreich nutzen und herstellen zu können,* *liegt in der Fähigkeit, die eigene Gehirnaktivität steuern zu können.*" (Anthony Robbins, Grenzenlose Energie)

Jeder Zustand hat zwei Hauptbestandteile:
1. Unsere inneren internalen Repräsentationen und
2. der Zustand und Gebrauch unserer physiologischen Vorgänge.

Was wir uns in einer Situation vorstellen und die Art und Weise, wie wir es tun, bestimmen unseren Zustand und letztlich unser Verhalten.

4. Jeder Mensch ist lernfähig

Auch diese NLP-Grundannahme hängt mit dem Verständnis der Wahrnehmung zusammen. Die Landkarte der Welt – die Filter, mit denen wir wahrnehmen – haben wir im Lauf des Lebens gelernt. Wir können sie auch wieder ent-lernen, d.h. verändern. Ein Optimist findet ein Glas „noch halb voll". Ist er depressiv, findet er es schon „wieder halb leer". Dieser Wahrnehmungsfilter schneidet ihn von seinen Ressourcen ab, die ihn glücklich machen können. Günstig wäre es, die Wahl zu haben, die Welt so zu sehen, wie man es der Situation entsprechend möchte. NLP möchte die Wahrnehmungsmöglichkeiten erweitern und Wahlmöglichkeiten für das Handeln schaffen. Ein Postulat des NLP: Für jedes Problem gibt es mindestens drei Lösungsmöglichkeiten.

„Die Leute, die am erfolgreichsten sind, sind diejenigen, die Landkarten besitzen, die erlauben, die größtmögliche Anzahl verfügbarer Wahlmöglichkeiten und Sichtweisen wahrzunehmen. NLP ist ein Weg, die Wahlmöglichkeiten, die Sie in der Welt um sich herum besitzen und wahrnehmen, zu bereichern. Hervorragende Leistung entsteht aus vielfältigen Wahlmöglichkeiten." (Robert Dilts)

Ein solches Lernen ist jedoch nicht in erster Linie ein Nachahmen von äußerem Verhalten, sondern nach Bernt Isbert „das Durchlaufen von inneren und äußeren Prozessen". Fähigkeiten, die sich lohnen, mit NLP zu entwickeln, sind z.B.

- die Kunst, gut und konstruktiv zu kommunizieren,
- leichtes und spielerisches Lernen, sich zu verändern,
- die Fähigkeit, persönliche Konflikte und traumatische Erfahrungen zu verarbeiten,
- Kreativität, Ausdruckskraft und Effizienz.

NLP nimmt an, daß alles Gelernte, also jedes Verhalten oder jeder Glaubenssatz, ursprünglich eine positive Funktion besaß, auch wenn das später nicht mehr erkennbar war. Entwicklung bzw. Lernen bedeutet dann im NLP, diese bisherige Funktion zu respektieren und auf eine neue Art zu ergänzen.

Wenn Menschen Schwierigkeiten mit sich selbst haben, neigen sie dazu, andere, ihre Vergangenheit oder sich selbst anzuklagen, oder auf ihrem Standpunkt zu beharren. Aus der Sicht des NLP geht es ausschließlich darum, die inneren Landkarten zu aktualisieren und fortzuschreiben. Die eingetragenen Wege sind nicht mehr gangbar, gute neue Wege sind noch nicht eingetragen. *„Wie mag es einem Autofahrer gehen, der mit dem Stadtplan von Rom in Berlin seinen Weg sucht? Der Stadtplan von Rom ist deshalb nicht falsch, er wird ihn verteidigen, doch für diesen Zusammenhang ist er eben nicht gerade sinnvoll."* (Bernt Isbert, Baum des NLP, in: NLP aktuell 2/94)

Lernen und Kommunizieren werden oft durch Worte erschwert. Mißverständnisse entstehen, denn das gleiche Wort bedeutet für den Partner etwas ganz anderes. Erst wenn wir von Begriffen zu konkreten Bildern, Klängen und Gefühlen kommen, beginnen wir wirklich zu verstehen und uns mit anderen auszutauschen, von ihnen zu lernen. *„Beziehungen jeder Art gedeihen dann, wenn alle Beteiligten dabei gedeihen. Austausch kann auf verschiedenen Ebenen geschehen: Wertschätzung, Sicherheit, Fähigkeiten, Aktivitäten, materielle Werte, aber auch Liebe ..."* (Bernt Isbert).

3.2 Methoden und Modelle des NLP

Alles, was wir erkannt haben und in uns besitzen (Potentiale), will sich auch im Leben in unserem Handeln umsetzen. So versteht sich der methodische Weg des NLP, dessen wichtigste Methoden folgender Überblick zeigt:

1. Die Kunst, Menschen wahrzunehmen
Hierbei handelt es sich um die für die Bildungsarbeit wichtige Fähigkeit, den Zustand und sogar die inneren Prozesse eines lernenden Menschen aus dessen körperlichen Signalen, z.B. Augenbewegungen, zu erkennen. Für die pädagogische Arbeit sind von besonderer Bedeutung:

• Beachten bevorzugter Wahrnehmungskanäle (Repräsentationssysteme):
Jeder Mensch nimmt auf unterschiedliche Weise wahr und bevorzugt in seiner Wahrnehmung bzw. der Verarbeitung derselben bestimmte Kanäle oder Modalitäten. Wenn dies auch schon lange bekannt ist, so hat das NLP zur Differenzierung dieser Tatsachen erheblich beigetragen.
Die Wahrnehmung von Lernenden erfolgt bevorzugt
– visuell: mit den Augen, durch Sehen,
– auditiv: durch Hören,
– kinästhetisch: durch Bewegen, Berühren.

Das bedeutet, daß Lernende beim Lernvorgang unterschiedliche Teile des Gehirns aktivieren:

- Visuell orientierte Lerner können Gesehenes regelrecht „abfotografieren“ und erhalten dann innere Bilder. Sie sehen z.B., wie ein Wort geschrieben wird.
- Auditiv orientierte Lerner reagieren stark auf Stimme, Tonfall, Lautstärke, Musik, Rhythmus. Sie erinnern sich an Gesprochenes und können gut mit Walkman bzw. mit Gesprochenem auf Kassette arbeiten, sie sind stark durch Musik beeinflußbar.
- Kinästhetisch orientierte Lerner benötigen Bewegungen, z.B. der Hände, des Körpers, um etwas wirklich zu begreifen. Sie müssen z.B. etwas aufschreiben, mit Schritten ablaufen, an den Fingern zählen, bevor sie sich etwas merken.

Selbstverständlich benutzen alle Menschen – vorausgesetzt, sie sind nicht blind, taub oder gelähmt – alle Sinneskanäle. Bei der Unterrichts- und Seminararbeit sollten also alle Sinneskanäle angesprochen werden, damit die Lerngruppe die Informationen auf mehreren Kanälen erhält (Multisensorisches Lehren und Lernen).
Es gibt äußere Anzeichen (Indikatoren) dafür, mit welchem Sinneskanal bzw. mit welchem Gehirnteil (visuell, auditiv, kinästhetisch) ein Mensch bzw. Lernender gerade arbeitet.
Die folgende Übersicht zeigt, welche neurologischen Vorgänge beim Lernenden ablaufen. Menschen mit spezifischen Wahrnehmungen zeigen in der Regel auch entsprechende Verhaltensweisen.

Verhaltensindikatoren

visuell orientierter Lerner:	**auditiv orientierter Lerner:**	**kinästhetisch orientierter Lerner:**
Braucht Überblick, bildhafte Vorstellung von Details.	Führt Selbstgespräche und externe Dialoge; probiert vorab Alternativen aus.	Lernt durch Tun, Handeln, Ausprobieren.
Erinnerung: Erinnert sich an Gesehenes.	**Erinnerung:** Erinnert sich an Gesprochenes.	**Erinnerung:** Erinnert sich an einen Gesamteindruck.
Unterhaltung: Braucht das vollständige Bild, eine schöne Umgebung.	**Unterhaltung:** Ist redselig, liebt Diskussionen, neigt zu Gedankensprüngen und weitschweifenden Darstellungen, leidet unter akustischen Umweltstörungen (Geräusche, Mißklänge).	**Unterhaltung:** Einfühlsam, mit vielen Gesten und Bewegungen, benutzt Wörter, die aktives Tun beschreiben (z.B. bewegen, anrühren, Druck machen).

Quelle: M. Grinder, NLP für Lehrer, Freiburg 1991

• Beobachtung verwendeter Begriffe:
Man kann anhand der Sprache der Lernenden bzw. Teilnehmer feststellen, welchen Wahrnehmungskanal sie gerade benutzen.
– Visuell orientierte Menschen benutzen Begriffe, die sich auf Visuelles beziehen: *„Ich sehe das so ...“*, *„Ich stelle mir vor ...“*, *„Ich sehe das klar ...“*
– Auditiv orientierte Menschen sagen: *„Ich höre ...“*, *„Das klingt wie ...“*
– Kinästhetisch orientierte Menschen benutzen handlungsorientierte Wörter wie *„Ich schaffe es ...“*, *„Das packst du nicht ...“*, *„Ich kann es nicht fassen“*.
Wer die bevorzugten Wahrnehmungskanäle seiner Mitmenschen kennt, kann
– ihnen das Lernen erleichtern, indem er ihnen hilft, den eigenen bevorzugten Wahrnehmungskanal zu finden (man beobachtet deshalb die Seminarteilnehmer einzeln),
– besser mit ihnen kommunizieren, Bewußtsein bilden, weil er über den entsprechenden Kanal (z.B. visuelle Wortwahl) besser Zugang zum Gesprächspartner (z.B. visuell) finden kann,
– Informationen und Unterrichtsmaterialien entsprechend präsentieren und aufarbeiten,
– seine Seminar- bzw. Unterrichtsgestaltung mehr auf die Lernenden abstimmen. Das kann dazu führen, daß der Lehrende seinem eigenen Wahrnehmungstyp entgegen handelt. Die Übersicht auf der nächsten Seite konkretisiert dies.

• Beachten der nonverbalen Kommunikation:
Ein Großteil der Kommunikation zwischen Menschen läuft nonverbal, also nichtsprachlich ab. Mit der Körpersprache sprechen wir die rechte Gehirnhälfte bzw. rechtshemisphärische Lerner besonders an. Lächeln, Gestik und Mimik wie Stirnrunzeln, gezielt anschauen, sich auf einen (sprechenden) Teilnehmer konzentrieren u.a. sind wirksame Methoden, um gezielt Botschaften zu senden bzw. zu verstärken.
Nonverbale Botschaften können sein:
– visuell: z.B. Stirn runzeln, Arm heben
– auditiv: z.B. die Stimme heben, singen
– kinästhetisch: z.B. auf jemanden zugehen, gestikulieren, handauflegen

2. Die Kunst des Fragens (Meta-Modell)
Eine zweite wichtige NLP-Methode besteht darin, zu lernen, die richtigen Fragen zu stellen, nämlich solche, die auf den Punkt kommen, die Verallgemeinertes konkretisieren oder Phantasiertes erkennen.

3. Kontakt und Vertrauen
Hierbei handelt es sich um Methoden, andere Menschen dort abzuholen, wo sie stehen, sich selbst an deren geistige Welt bzw. physische Befindlichkeit anzugleichen. Ein Beispiel ist die Methode des Rapports.

Unterrichtsstile: Kennzeichen der Unterrichtsgestaltung		
visuell	**auditiv**	**kinästhetisch**
spricht schnell	spricht rhythmisch	spricht eher langsam
Einsatz visueller Hilfen (Tafel, Overheadfolien)	liebt Diskussionen in der Klasse	benutzt „handgreifliche" Dinge (Handzettel, praktische Arbeiten)
erarbeitet viel Stoff	Lehrer oder Schüler lesen den Text laut vor	liebt Schülerprojekte (Aufführungen, szenarische Darstellungen)
Form ist wichtig (Grammatik, Rechtschreibung, Gliederungspunkte)	paraphrasiert Bemerkungen der Schüler	die Idee ist wichtig (Grammatik und Rechtschreibung weniger)
glaubt an Leistungsbeurteilung durch visuelles Feedback (Tests)	diszipliniert die Schüler im Gespräch, oft mit der gleichen Predigt „Wie oft ...?"	beurteilt, was Schüler tun (was sie gestalten, was sie demonstrieren)
hält den Zeitplan ein	läßt sich leicht vom Thema ablenken (z.B. erzählt Kriegsgeschichten)	läßt an der Tafel arbeiten, fördert Arbeit in Teams
	nutzt kaum visuelle Hilfsmittel, begleitet alles mit Kommentaren oder Lauten (z.B. „Okay", „Aha")	benutzt zahlreiche Formen des Vorführens

4. Angleichen und Führen
bedeutet, Menschen, z.B. Lernende, behutsam zu begleiten, mit allen Sinnen neue Erfahrungen zu erleben und ihnen Feedback zu geben.

5. Eigene Erfahrungen integrieren
Mit positiven Ressourcen bzw. Erfolgskräften können negative Erfahrungen (z.B. des Versagens) ausgeglichen werden.

6. Sich Ziele setzen
Ziele sind im Leben, beim Lernen und Arbeiten wichtig. Ziele, die ich mir setze, sollten positiv formuliert, selbst erreichbar und für alle Beteiligten (für mich selbst, das Umfeld und die inneren Widersacher) ökologisch sein. Zur Erreichung der Ziele werden Strategien entwickelt und dabei der eigene Standort auf dem Wege erkannt, z.B. beim Planen einer Lerneinheit.

7. Umdenken (Reframen)
Darunter versteht man die Kunst, Erlebnissen, Gedanken, Erfahrungen neue lebensfördernde Bedeutungen zu geben (z.B. einen sinngebenden Zusammenhang, neue Wahlmöglichkeiten).

8. Win-Win-Austausch
Hierbei handelt es sich um ein Verhandlungs-Reframing, d.h. um die Fähigkeit, zwei sich widersprechende Partner oder Persönlichkeitsteile durch Würdigung und Austausch von Ressourcen zu versöhnen und zu beiderseitigem Nutzen kooperieren zu lassen, z.B. wenn ein Mensch anders will, als er soll.

9. Bewußte Wahrnehmungsveränderung
Hierbei handelt es sich um die Methode, Bilder, Farben, Töne, Gefühle in ihren Submodalitäten, d.h. innerlich, so zu verändern, daß sie uns unterstützen. Der Abstand von einem ehemaligen negativen Lernerlebnis macht den Weg z.B. frei für besseres Lernen in der Gegenwart, Angst zu vermindern und Konsequenzen aus früheren Fehlern abzuleiten. Auch Licht, Klänge und Bewegungen lassen sich zu Energiequellen entwickeln.

10. (Lebens-)Wegtherapie (Timeline, Reimprinting)
Hierbei handelt es sich um Methoden, wichtige Erlebnisse und Erfahrungen auf dem eigenen Lebens-, Berufs- oder Betriebsweg aufzufinden und dabei zu erkennen, was damals fehlte. Dabei können Veränderungen aus blockierenden Erfahrungen möglich und neue Ressourcen „eingepflanzt“ werden.

11. Entwicklungsebenen beachten
Hierbei handelt es sich um die neurologischen Ebenen von Dilts *(vgl. Kap. 3.1)*. Es geht darum, auf welcher Ebene ich ansetzen soll bzw. wo die Entwicklung abläuft: auf der des Umfeldes, der Verhaltensweisen, Fähigkeiten, Einstellungen, Glaubenssätze u.a.

12. Hypnotische Grundfähigkeiten
Hierbei handelt es sich um eine primär therapeutische Methode, nämlich um die Kunst, so zu sprechen, daß die Partner die Worte mit eigenem Inhalt füllen und so unbewußte kreative Kräfte aktivieren können. Bei dieser Methode handelt es sich um die respektvolle Kommunikation mit dem Innern in Form der Selbsthypnose oder Fremdhypnose.

3.3 Anwendungsbereiche des NLP

NLP ist sowohl innengerichtet als auch außengerichtet:

- Die NLP-Methoden ermöglichen die Erweiterung der inneren Erlebnis- bzw. Erfahrungswelt von Menschen, der inneren „Landschaftsgestaltung“. Ein solches Innengerichtetsein bezieht sich besonders auf die Persönlichkeitsentwicklung, die Lebens- und Lerngestaltung und Zielverwirklichung.
- NLP-Methoden stellen aber auch wichtige Fähigkeiten für Ausdruck, Kommunikation und Zusammenarbeit zur Verfügung. Dieses „außengerichtete“ NLP kann unsere Sensibilität und Kompetenz in der persönlichen und beruflichen Kommunikation verbessern.

Solche Prinzipien, Methoden und Modelle lassen sich auf verschiedene Lebens- und Arbeitsbereiche anwenden:

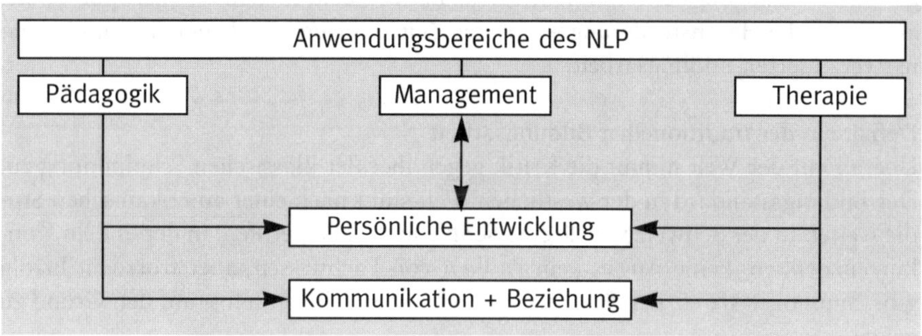

Abb. 9 Anwendungsbereiche des NLP

- Pädagogik: Hier kann NLP bei der Zielfindung, der Selbstmotivation, der Entwicklung neuer Fähigkeiten, von Lernstrategien und Kommunikation sowie bei Beziehungsproblemen in Lehr- und auch Lernsituationen helfen.

- Management: NLP kann Kommunikation, Menschenführung und Wahrnehmungsfähigkeit verbessern, Kontakt- und Vertrauen zwischen Partnern (z.B. Führung und Mitarbeiter) aufbauen und damit Verhandlungen erleichtern.

- Therapie: Die therapeutischen Anwendungsbereiche sind vielfältig, z.B. bei Veränderung einschränkender Prägungen, bei Lebensweg-Therapien, Phobien, Suchtverhalten und Psychoimmunologie.

4 Mindfitness – Ansätze einer neuen Mentalpädagogik

Die Erkenntnisse der Gehirnforschung, der Neurowissenschaften, aber auch des Neurolinguistischen Programmierens wirken sich auf die Pädagogik aus und führen zu Ansätzen einer neuen Mental-Pädagogik, der es um die bewußte und unbewußte, pädagogisch-didaktische und psychologisch-methodische Gestaltung und Steuerung von Lernqualifikationen und geistig-mentalen Fitneßfaktoren (Mindfitness) geht. Solche mentalen Qualifizierungsprozesse sind sowohl Voraussetzung wie auch Ziel der Lernentwicklungs- und Problemlösungsprozesse.

4.1 Mindfitness als Antwort auf veränderte Lernansprüche

Schule und Unterricht als Ort des traditionellen Lernens wird zunehmend in Frage gestellt. Defizite der herkömmlichen Lehr-Lern-Arbeit, ungenutzte Lernpotentiale, aber auch die Herausforderungen unserer Zeit zwingen zum Umdenken und zu einer veränderten Bildungsarbeit.

Defizite in der traditionellen Bildungsarbeit
Überall auf der Welt nimmt die Kritik gegenüber der klassischen Schulbildung zu. Der Bildungsstandard in der westlichen Welt sinkt nach einer amerikanischen Studie weiter. In der Schweiz wurde eine Schule ins Leben gerufen, in der es kein Konkurrenzdenken, keine Angst, kein Pauken von Fachwissen, aber trotzdem Erfolg gibt. Sinnvoll wäre es, den Schülern zu helfen, den Dingen selbst auf den Grund zu gehen.

Übermächtige Wissensvermittlung ist out. Denken lernen ist gefragt. Die Schule von morgen und übermorgen wird in erster Linie Denk- und Lernstrategien, Mindfitness, die Fähigkeit, das eigene Bewußtsein zu formen, den Geist flexibel und effektiv zu machen und von hier aus ein ganzheitliches Körper-Geist-Psyche-Konzept des Lernens sowie einen individuellen Lern-, Gestaltungs- und Bewältigungsstil entwickeln müssen. Auch Frederic Vester kritisiert *„die Katastrophe der schulischen Praxis, die unbiologische Lernstrategie von Psychologie und Pädagogik“* (Frederic Vester, Denken, Lernen, Vergessen).
Die Lernbarrieren und ungenutzten menschlichen Potentiale, ob körperlich, psychoenergetisch oder geistig-mental, sind zu groß. Die körperlichen Vitalkräfte, die Energiereserven des Unterbewußtseins, die Selbstwertgefühle und Fähigkeiten der Entspannung des gesamten Gehirns werden zu wenig genutzt und gefördert. Statt dessen dominieren Stoffvermittlung und abstrakte Unterrichtsgegenstände. Ängste, Streß, Minderwertigkeitsgefühle sind alles Lern- und auch Lebensbewältigungskiller.

4.1.1 Die psycho-mentalen Herausforderungen unserer Zeit

Die „Verfallszeit“ des gelernten Wissens wird immer kürzer. Hohe Flexibilität wird gefordert. Unsere Sinne werden *„überflutet, auf kurze, schnelle Stimulation programmiert. Wir werden in der Zukunft an einem Tag mit mehr Informationen konfrontiert als Großvater in einem Jahr“* (F. Gampe). Informationen müssen ständig verarbeitet, gelernt und verlernt, in Bewußtsein verwandelt werden; das bedeutet in erster Linie Bewußtseinsmanagement: das Wissen ist mental zu vernetzen, Beziehungen und Zusammenhänge sind zu programmieren (mentale Synergien).

Die Forschung hat erkannt, daß unser Geist eine bunte Mischung ganz verschiedener mentaler Fähigkeiten und Haltungen ist, die in der traditionellen Schulbildung in keiner Weise berücksichtigt wird. Anstelle des Lehrens von Wissen sollte die Schule dazu übergehen, die mentalen Bausteine zu entwickeln, die zu neuem Denken, Verhalten und Verändern führen. In der Informationsgesellschaft brauchen wir nicht nur andere Fähigkeiten (Schlüsselqualifikationen), sondern auch die Flüssigkeit des Denkens, also möglichst viele Ideen, Bilder, Assoziationen, eine neue Flexibilität, um Ordnungen und Ebenen jederzeit blitzschnell zu wechseln. Unser Vorrat an passenden Antworten auf die Probleme des Lebens und Lernens geht zu Ende. *(S. Abb. 10, Seite 56)*

Leben-Lernen, Arbeiten-Lernen, Beziehungen-Lernen, Psycho-Lernen, Persönlichkeit-Werden, Entwicklungs-Lernen werden zunehmend zu Gegenständen der Bildungsarbeit.

„Lernen ist die neue Form der Arbeit. Es ist keine separate Tätigkeit mehr, die entweder vor Beginn des Arbeitslebens oder in abgelegenen Klassenzimmern stattfindet … Lernen ist das Herz produktiver Tätigkeit.“ (Shoshana Zuboff, In the age of the smart machine).

Mit Streß, Hektik und psychosomatischen Störungen fertigzuwerden, sich zu entspannen, Durchblick zu haben, sich auf etwas Neues einzulassen u.a. werden die Lerninhalte der Zukunft sein. Nur so kann vermieden werden, daß die kulturpessimistische Aussage Albert Camus' Wirklichkeit wird: *„Die meisten Menschen sind unfähig, in einer Welt zu leben, wo der ausgefallenste Gedanke in Sekundenschnelle Wirklichkeit werden kann.“*

Die neuro-mentalen, soziologischen, medizinischen und philosophischen Aspekte des Lernens werden zunehmend wichtiger. Eine Verlagerung von der reinen Phy-

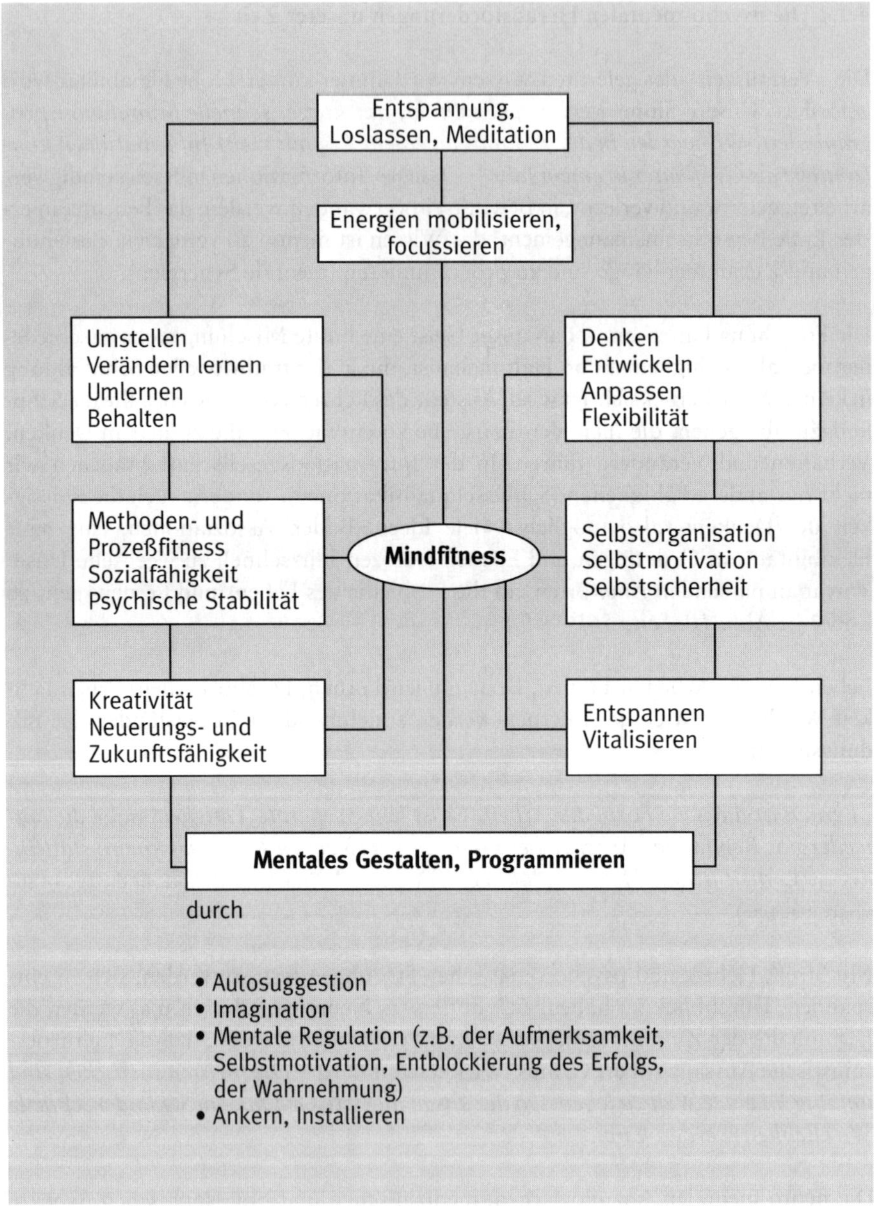

Abb. 10 Die neuen mentalen Fähigkeiten in turbulenten Zeiten

siologie des Gehirns zur mentalen Arbeit des Gehirns, von der Gehirnbenutzung zur Gehirngestaltung durch Lern- und Formungsprozesse bahnt sich an.

Das Spektrum des Lernens weitet sich noch in einer anderen Hinsicht, in Richtung Mentalpädagogik aus. *Robert Dilts*, einer der Väter des NLP, hat in einer Bildungspyramide Lernebenen entwickelt *(vgl. S. 15)*.

Das Umlernen von Verhaltensmustern und Fähigkeiten, welches sich in der modernen Informationsgesellschaft vollzieht, macht neue Formen des Lernens, des Mentaltrainings notwendig. Hier geht es primär um Persönlichkeitslernen, d.h. um persönliche Veränderungen. Das Entwickeln und Verändern von Glaubenssätzen, von Werten und Identitäten kann nur durch mentales Selbstprogrammieren erfolgen. Der Bildungsmanager, der den Lernenden bei diesem Prozeß begleitet, wird sein Mentalberater und Change Agent. Stoffvermittlung erhält dabei eine sehr untergeordnete Bedeutung. Als Mentalberater helfen Lehrende, Prozesse wie das Entwickeln von Glaubenssätzen zu initiieren. Bei diesem Modell von Dilts handelt es sich um ein komplexes, ganzheitliches Lernen. Selbst die Ebenen sind miteinander stark vernetzt. Ein gelernter bzw. veränderter Glaubenssatz wie *„Ich schaffe mit entsprechender Mühe jede Lernaufgabe“* stellt nicht nur ein Glaubensmuster dar, sondern wirkt sich auch auf die Verhaltens- und Fähigkeitsebene aus.

4.1.2 Mindfitness als zeitbedingtes Lernkonzept

Das Lernen von Denk- und Glaubensmustern, das Aktivieren von inneren Fähigkeiten wie Aufmerksamkeit, Flexibilität, Selbstmotivation, von neuen Lernfähigkeiten auf der geistig-mentalen Ebene, aber auch von psychischer Stabilität und Wohlbefinden, sind Aufgaben des mentalen Lernkonzepts. Je fitter ich mental bin (je größer die Mindfitness), desto besser kann ich mich selbst programmieren und gestalten.

Mindfitness ist die zentrale Schlüsselfähigkeit zur Bewußtseinsbildung und zur Nutzung und Programmierung unterbewußter Vorgänge und Energien, um so die zentralen Mindfähigkeiten wie Denk- und Glaubensmuster, Motivationen, Verhaltensweisen zu entwickeln, zu programmieren und zu verändern. Ein solcher ganzheitlicher, autogener Prozeß der Gehirngestaltung erhöht die Wirksamkeit des Lernens und öffnet die Möglichkeit für neue, bisher verdeckte Seiten des Lernens.

Ziele eines solchen mentalen Selbstlern- bzw. Selbstgestaltungsprozesses sind:

1. Bewußtseinsbildung
   einschließlich der Entwicklung von Denk- und Glaubensmustern.

2. Ordnungs- und Sinndenken
   Aus dem pluralistischen Chaos unserer dynamischen Zeit stets neue mentale Ordnungen, Sinnvorstellungen, Perspektiven, Erfolgswege zu suchen und zu verstärken, unbewußte Vorstellungen und Energien bewußt zu machen und zu nutzen.

3. Lernfähigkeit
   Traditionelles Lernen wirkungsvoller zu machen (z.B. durch Entspannung, Selbstmotivation, Imagination) und neue Lernziele zu ermöglichen (z.B. zu lernen, Angst abzubauen und Selbstbewußtsein aufzubauen).

4. Wandlungsfähigkeit
   Sich selbst weiterzuentwickeln, an seiner Persönlichkeit zu arbeiten, sich zu verändern, die eigene Vergangenheit bzw. Geschichte loszulassen, bisherige Denkmuster und Verhaltensweisen umzudeuten.

5. Anpassungsfähigkeit
   Auf dem neuesten Stand zu sein, zukünftige Ziele und Entwicklungen zu suchen, zu simulieren und mental einzuüben.

6. Mentale Stärke
   In sich zu ruhen, entspannt und geistig wach, kreativ zu sein, psychische Stabilität und Selbstwertgefühle zu entwickeln, persönliche Energiepotentiale zu „heben“ und zu einem Energiefeld zu entwickeln, Streß abzubauen.

Ein solches Mindfitness- bzw. Mentaltraining wird bereits von vielen Sportlern angewandt und gilt dort als probates Mittel zur Steigerung von Lernerfolg, geistiger Fitneß und sportlicher Leistung. Das Lernziel wird immer zuerst im Geist erreicht. Dies gelingt aber nur, wenn man fit ist und geistige Bilder (Visualisation, Imagination) in der Vorstellung bzw. im Unterbewußtsein mitlaufen läßt. Entspannungs- und Konzentrationstechniken, Visualisierungsübungen, Autosuggestion und Erfolgsregulation sind z.B. wesentliche Grundlagentechniken dieses neuen ganzheitlichen Lernens.

Bei der Durchführung eines Mindfitness-Trainings sind Lernende überfordert. Sie brauchen Hilfe zur Selbsthilfe, ein begleitendes, nicht-direktives Führen durch den Lehrer. Seine Aufgaben sind:

1. Pädagogisch-psychologische und didaktisch-methodische Anleitung und Begleitung zur mentalen, ganzheitlichen Entwicklung,
2. Hilfe zur Selbsthilfe bei der bewußten und unterbewußten Mentalgestaltung.

Unser Unbewußtes bestimmt zu einem Großteil unser Denken, Fühlen und Handeln. Mentalberatung will dazu beitragen, auch unsere unbewußten Kräfte und Muster zu nutzen, zu verändern und zu ergänzen.

Abb. 11 Das Unbewußte ist maßgeblich für das menschliche Verhalten

Eine solche Mentalpädagogik geht über die bisherigen Lehr-Lern-Konzeptionen hinaus. Sie verkörpert das System von Mindfitness und Mentalberatung.

4.1.3 Die mentalpädagogische Lerntheorie

Eine Vielzahl von wissenschaftlichen Erkenntnissen stellt die Grundlage für eine mentalpädagogische Lerntheorie dar:

Frederic Vester hat bereits 1978 im Rahmen seiner lernbiologischen Untersuchungen erläutert, welches psychophysische Geschehen durch mentale Prozesse, durch Gedankenarbeit, durch Bemerkungen von Wahrnehmungen initiiert wird.
Auch die von „*Georgi*“ *Lozanov* initiierte bzw. beeinflußte „Suggestologie“ bzw. Suggestopädie liefert seit den 70er Jahren wertvolle Hinweise für wirkungsvolleres

Lernen, vor allem durch den Einfluß von Entspannung und die Lernrelevanz des Unterbewußtseins. Lozanov u.a. haben nachgewiesen, daß Lernen und Arbeiten in entspannter Atmosphäre bessere Erfolge bringen als unter Anspannung *(vgl. Stumme/Reinhardt, Supertraining)*. Hierauf baut auch das von *Ostrander* und *Schroeder* sogenannte Superlearning auf. Hier werden zuerst mentale Blockaden abgebaut, um so die Lernfähigkeit zu optimieren.

Neuere Untersuchungen zeigen, welche Lerneffekte durch die Förderung und Nutzung des Unterbewußtseins wirksam werden können. So hat der amerikanische Biofeedback-Experte *Thomas Budzynski* festgestellt, daß Theta-Aktivitäten (= Gehirnfrequenzbereiche), die z.B. durch Meditationsmusik, mit Atemtechnik, mit Biofeedback-Geräten oder Mind-Machines induziert werden können, in Verbindung mit dem über Kopfhörer eingespielten Lernstoff hohe Erfolgswerte/Behaltwerte erreichen. Das Theta-unterstützte Lernen übergeht die „kritische Kontrollinstanz" unseres Bewußtseins und führt das Gehörte unmittelbar in das Unterbewußtsein bzw. Langzeitgedächtnis. Diese Technik läßt sich mit Sicherheit auch für das Lernen von Erfolgsgewißheit, von neuen Überzeugungen benutzen. Der Psychologe *Lloyd Glaubermann* benutzt diese Technik dazu, therapeutische Metaphern über eine Kassette ins Unterbewußtsein zu transportieren (Hypno Peripheral Processing).

Lernen wird nach anderen Untersuchungen von Budzynski erheblich erleichtert, wenn die linke Gehirnhälfte mit einfachen Aufgaben überladen wird. Eine sinnlose Zahlenreihe oder eine einfache Geschichte wird z.B. über Kopfhörer über das rechte Ohr eingespielt. Der Lernende soll diese Inhalte wiederholen. Gleichzeitig wird der eigentliche Lernstoff parallel über das linke Ohr der rechten Gehirnhälfte zugeführt. Das Bewußtsein gerät durch dieses rechtsohrige „Beschallen" in eine Art Hypnose, in eine Überladung; die kritische Kontrolle entfällt und der eigentliche Lernstoff kann ungehindert in das Unterbewußtsein bzw. das Langzeitgedächtnis „fließen". Je besser die Mindfitness des Lernenden und die Fähigkeit des Lehrenden zur Mentalberatung ist, um so besser lassen sich die neuen Erkenntnisse umsetzen und aufgrund von gehirnoptimierenden Lernmethoden größere und nachhaltigere Lernerfolge verzeichnen. Durch Mindfitness läßt sich das bewußte und unbewußte Lernpotential optimal entwickeln und effizienter nutzen. Mindfitness fördert auch die anderen Bereiche der „Multiplen Intelligenzen", die bisher in der Schule vernachlässigt wurden, z.B. räumliche, intra- und interpersonale Intelligenz.

Auch das Megateaching nach *K. Nagel*, basierend auf dem Konzept des Neurolinguistischen Programmierens, kann die Mentalpädagogik bzw. das mentale Lernen wesentlich bereichern, z.B. durch die Art der Wahrnehmung und deren Speicherung, aber auch durch die Nutzung der mentalkommunikativen Prozesse.

Insgesamt läßt sich sagen, daß eine Fülle von neuen Erkenntnissen die mentalpädagogische Lerntheorie bereichern.

4.2 Übungsprogramm: Entwickeln Sie Ihre Mindfitness!

Man kann den Geist (Mind) in gewisser Weise mit dem Körper vergleichen. Nur durch Bewegung, durch Training wird er fit, bei fehlender Betätigung werden der Geist bzw. spezielle „Denkmuskeln" schwach und steif. *„Wenn unser Gehirn immer nur untätig herumsitzt, ohne jemals in Schweiß zu geraten, werden unsere Denkmuskeln träge. Die fehlende Kondition kann zu festgefahrenen Ansichten, Gedankenkreislaufstörungen, vermehrtem mentalem Gehirnspeck, übermäßiger Spannung, Langeweile und in besonders schlimmen Fällen sogar zu geistiger Verstopfung führen."* (Tom Wujec, Schneller schalten als andere).

Auch schulisches Lernen fördert einseitig nur bestimmte Gehirnmuskeln und vernachlässigt ganze Gehirnregionen, z.B. emotionales Lernen, unbewußtes visuelles Lernen, Kreativität, soziales Lernen, ganzheitliches Lernen. Auch hierfür gilt: Sobald wir bestimmte Gehirnmuskeln nicht beanspruchen, werden sie geistig abgebaut. Für unsere geistig-körperlich-psychische Entwicklung, für ein ganzheitliches und effektives Lernen brauchen wir aber alle Gehirnmuskeln.
Um wirklich geistig fit, d.h. lernfit zu sein, sollten wir auch in der Schule alle Denkmuskeln, z.B. auch den Konzentrations-, den Ausdauer- und Flexibilitätsmuskel nach einem gut durchdachten Programm ansprechen und trainieren.

Um das Lernen wirkungsvoller, ganzheitlicher und qualifizierter zu machen, um die Schüler in die Lage zu versetzen, die zeit- bzw. zukunftsnotwendigen Schlüsselfähigkeiten und ihre Körper-Geist-Seele-Verfassung weiter zu entfalten, dient folgendes Mindfitness-Programm. Es handelt sich dabei um ein integriertes Programm zum Lernen. Lernaufgaben werden nur ganzheitlich angegangen. Die folgende Abbildung zeigt den Prozeß der Lernentwicklung in einem Sechs-Stufen-Programm.

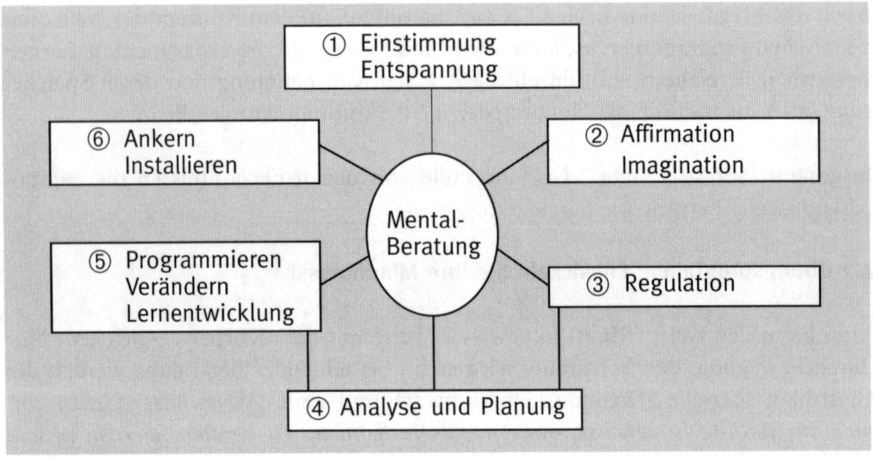

Abb. 12 Sechs-Stufen-Programm der Mentalgestaltung und des Lernens

Mentaloptimaler Unterricht

Einem gehirn- und mentaloptimalem Unterricht geht es sowohl um die Entwicklung und Förderung der Mindfitness-Faktoren der Lernenden (Inner-Training) als auch um die Berücksichtigung von Brain-Sozialisationsfaktoren, jener Umwelteinflüsse, die auf das Gehirn und seine Funktionsfähigkeit wirken. Solche Faktoren sind z.B.:

- Licht, Farbe
- Akustische Stimulation
- Optische Stimulation
- Physisch-motorische Stimulation
- Ernährung, Luftionisation.

4.2.1 Einstimmung und Entspannung beim Lernvorgang

Jeder Lernvorgang, jede Unterrichtsstunde sollte mit einer Einstimmung, einem Umschaltvorgang beginnen, und zwar körperlich, mental und psychisch. Es geht darum, die Lernenden an die neue Lernsituation, die neuen Lerninhalte heranzuführen, die bisherigen Verbindungen, Gedanken, Belastungen „abzuschütteln". Diese Einstimmung kann folgende Elemente umfassen:

- *Warming up:*

Der Lehrende sollte den Schüler „anwärmen", seine Gedanken bündeln, ihm Umstellungshilfen bieten, ihn zielgerichtet aktivieren. Das kann z.B. geschehen durch

Bewegungsübungen, durch Gymnastik, aber auch durch das Schaffen von Atmosphäre (durch Musik, durch ein peripheres Ambiente), durch ein anwärmendes Gespräch, durch Eingehen auf den Lernenden. Möglich ist auch eine Mentalreise mit Musik zur Einstimmung.

Der Lehrer liest mit entsprechender Musik z.B. folgenden Text langsam vor:

Ich schlage vor, daß du dir einen Moment Zeit nimmst, um deine Energien zu sammeln, all die Fäden, die dich noch mit dem Tag dort draußen verbinden, wahrzunehmen ... um dann langsam loszulassen ... und dir zu erlauben ... immer mehr hier anzukommen.

Und während du deinen Atem wahrzunehmen beginnst ... und deinem Atem erlaubst ... tiefer ... und tiefer zu werden ... und wahrzunehmen, wie deine Füße festen Kontakt mit der Erde haben ... und der Stuhl, auf dem du sitzt, dein Gewicht sicher trägt ... und wahrzunehmen, wie die Rückenlehne deinen Rücken sicher abstützt ... beginnst du vielleicht, ein Gefühl zunehmender Entspannung und Ruhe zu spüren ... du nimmst noch einmal alle Gedanken ... Unruhe ... Sorgen ... einfach wahr ... und läßt sie mit dem nächsten Ausatmen los ... verwehen wie eine luftige Wolke am blauen Himmel ... und wie vielleicht mit jedem Einatmen eine Welle beruhigender Energie in dich einzuströmen beginnt ... jetzt ... und hier ... und wie du dir erlauben kannst, tiefere Ebenen deines eigenen Ichs wahrzunehmen ... wie du bei dir selbst ankommst ... und dich dabei ganz entspannt fühlst ... ganz wach und entspannt ... entspannt und wach ... ganz da ... und bereit, mit deinem ganzen Wesen zu antworten ... mit deinem Zentrum ... in dir ruhend ... und vielleicht ganz neugierig, Neues kennenzulernen ... neue Erfahrungen zu machen ... um sie dann auszuprobieren ...

Musik: Largo, Barockmusik.

• ***Entspannung als Voraussetzung für optimales Lernen und Behalten:***
Jeder Lernvorgang sollte mit einer Entspannungsübung beginnen. Sie dient der Lernförderung, der besseren Wahrnehmung, der optimaleren Verarbeitung und dem besseren Erinnern. Entspannung ist Voraussetzung für produktive und kreative Gehirnarbeit.

Durch Entspannung kann sich
– der Lernende besser konzentrieren,
– seine Leistung verbessern,
– ruhig und gelassen, ermutigt und bestärkt werden,

– Zugang zu seinem Unterbewußtsein finden,
– Belastungen abbauen und sich zentrieren.

Es gibt eine Vielzahl von Entspannungsübungen, die mit Lernenden durchgeführt werden können, als
– einstimmende Entspannung,
– Intervall-Entspannung (d.h. zwischendurch),
– permanente, laufende Entspannung.

Eine bestimmte Alpha-Musik (z.B. Stücke aus dem Barock) kann als Hintergrundmusik zum Lern- und Lehrvorgang laufen. Sie fördert Wachheit und Entspannung.

• ***Zielaffirmation und -imagination:***
Ergänzend zur traditionellen Zielklärung und Zielsetzung geht es im Prozeß der mentalpädagogischen Zielentwicklung um eine Verankerung der Ziele im Unterbewußtsein, um so eine größere „Zielkraft“ zu erreichen. Das kann geschehen durch Bilden von Affirmationen (entsprechend dem Ziel) und durch Imagination, d.h. die Bildung einer Vorstellung von der Zielsituation.

Affirmationen sind kurze positive Formeln zu den Zielen. Sie stehen in der Gegenwart, so daß der Eindruck entsteht, das Ziel sei bereits erreicht,
z.B. *„Ich bin ganz ruhig“* anstelle: *„Ich will nicht mehr unruhig sein“* oder *„Ich werde demnächst beim Vortrag ruhig sprechen“*.
Eine solche Affirmation stelle ich mir bildhaft vor und spreche sie engagiert aus.

Imagination bedeutet:
Ich bilde mir eine Vorstellung vom Ziel: visuell, auditiv, kinästhetisch, olfaktorisch.

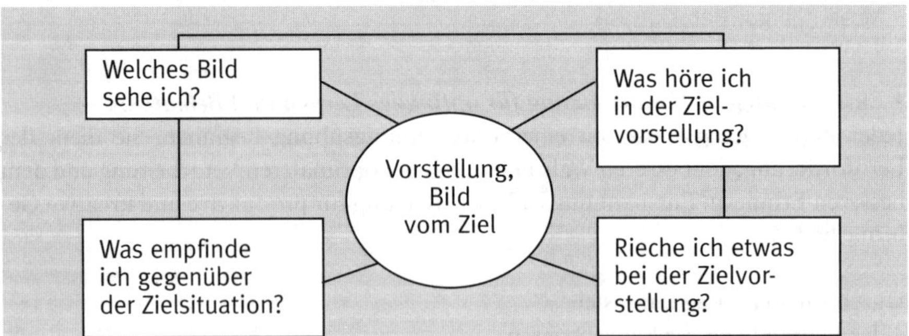

Abb. 13 Imagination

4.2.2 Regulation zur Optimierung des Lernvorgangs

Die Regulationsmethoden wollen die Lernenden optimal auf den Lernvorgang vorbereiten. Körperliche, psychologische und mentale Disharmonien, Regulations- und Synchronisationsstörungen sollen jetzt ausbalanciert, einjustiert werden. Die Lernenden sollen sich z.B. konzentrieren, ihre beiden Gehirnhälften synchronisieren, Streß und Lernblockaden bzw. -barrieren abbauen. Störungen in einzelnen Bereichen haben Störungen im ganzen System zur Folge. Eine wichtige Funktion bei der körperlichen und psychischen Regulation übernehmen die Prozesse, die im Kopf ablaufen, z.B. die Vorstellungen und Phantasien. Eine solche Regulation von Körper-Geist-Psyche-Prozessen setzt ein regelmäßiges und intensives Üben voraus und bezieht sich auf folgende Bereiche:

1. Körperregulation:
Hier geht es um die Aktivierung des Körpers, um die Förderung von Durchblutung und Stoffwechsel, um eine bessere Gehirnversorgung, die man für die geistige Arbeit des Lernens notwendig braucht. Mindfitness setzt Körperfitness voraus. Hierbei handelt es sich um einen Energetisierungsvorgang, der nicht nur die Lerneffektivität, sondern auch das Wohlbefinden fördert. Neben Gymnastikübungen, die auch Spaß machen sollen, eignen sich die folgenden Brain-Gym-Übungen aus der Kinesiologie:

- **Gehirn-Aktivierungs-Übungen**

durch Anti-Blockier-Übungen im Nackenbereich. Nackenübungen entspannen den Hals, lösen Blockaden, machen den Weg ins Gehirn frei und fördern die Synchronisation zwischen linker und rechter Gehirnhälfte.

Übung 1

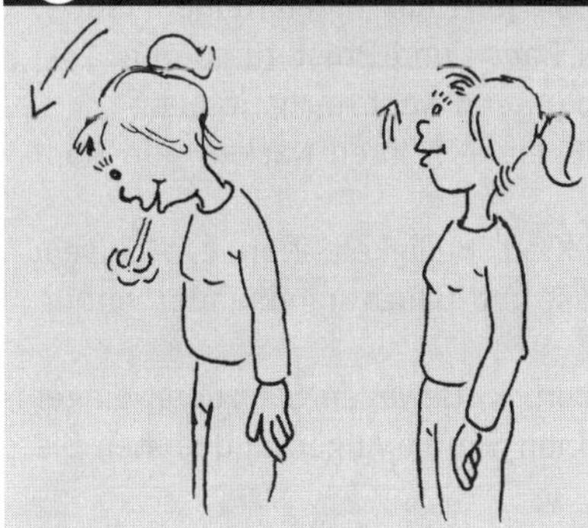

Bewegen Sie den Kopf aus der normalen aufrechten Position langsam nach unten. Atmen Sie dabei aus.

Heben Sie den Kopf dann wieder bedächtig hoch und atmen dabei ein, bis Sie Ihre normale aufrechte Stellung erreicht haben.

Diese Übung insgesamt 3 bis 5mal durchführen.

Übung 2

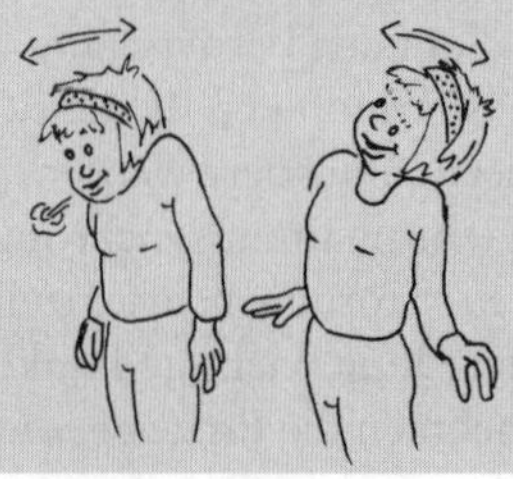

Lassen Sie den Kopf mit hochgezogenen Schultern nach vorn hängen und rollen ihn hin und her. Dabei entspannt ausatmen. Den Kopf nicht ganz runddrehen.
Das Ganze 3 bis 5mal durchführen, dann alles mit hängenden Schultern noch einmal wiederholen.

- **Energie schöpfen**

Ziel: Sie entspannen sich, können die eigene Vitalität spüren und erleben sich als Einheit von Kopf, Brust und Bauch.

Übung: Energie schöpfen durch Entspannung

- Setzen Sie sich entspannt hin. Kopf und Rücken gerade aufrichten.
- Schließen Sie die Augen und machen Sie es sich bequem. Holen Sie einige Male tief Luft, angenehm und leicht.
- Stellen Sie sich vor, daß Sie in sich unterhalb Ihres Bauchnabels eine Kammer haben, woher Ihre Kraft kommt (aus dem Sonnengeflecht).
- Stellen Sie sich diese Stelle ganz hell und warm vor, als Zentrum Ihrer Energie. Spüren Sie diese Stelle ganz tief in sich.
- Atmen Sie nun durch die Nase tief ein und lassen Sie den Atem in Ihr Energiezentrum einfließen. Es wird immer größer und voller. Mit jedem Atemzug größer. Atmen Sie eine Minute lang immer mehr Energie in Ihr Kraftzentrum hinein.
- Jetzt haben Sie so viel Energie angesammelt, so daß Sie auch den Brustraum noch mit Energie auffüllen können. Atmen Sie jetzt hier hinein (eine Minute).
- Es ist sicher für Sie angenehm, Energie in Bauch und Brust zu spüren. Lassen Sie deshalb auch noch Energie in Nacken und Kopf hochströmen.
  Atmen Sie langsam und entspannt auch Energie in Ihren Nacken und Kopf (eine Minute).
- Spüren Sie jetzt einmal nach, wie Energie, Kraft, Helligkeit, Wärme, Wohlsein durch Ihren Körper strömen und Kopf, Brust und Bauch miteinander verbinden (eine Minute).
- Kommen Sie nun aus Ihrem Energiefeld zurück. Bewegen Sie zuerst Finger und Zehen ein wenig, dann Ihre Beine. Öffnen Sie die Augen und stehen Sie auf, erfrischt und entspannt.

Auch die richtige Ernährung – eine vitamin- und mineralstoffreiche Vollwerternährung – dient der Körper-, Lern- und Mindfitness.

2. Gehirnregulation für besseres Lernen:
Wir haben in Schul- und Erwachsenenbildung bisher zu einseitig linkshirnig, d.h. kognitiv-rational an „harten Lernfakten" orientiert gelernt. Das hat in vielen Fällen zu Lernstörungen, z.B. zu Legasthenie und gestörter Gehirnintegration geführt. Gehirnregulation bedeutet ganzhirniges Lernen, die Synchronisation von linker und rechter Gehirnhälfte, von bewußtem und unbewußtem Lernen. Mit Gehirn-Synchronisationsübungen aus der EDU-Kinästhetik kann man Kindern und Erwachsenen helfen, einseitiges Lernen zu verhindern. *(vgl. Paul und Gail Dennison, EK für Kinder).*

Gehirnregulation kann aber auch bedeuten:
- Gehirnaktivierung durch andere kinesiologische und Bewegungsübungen,
- gehirnoptimierende Ernährung (z.B. Vitamin A und E),
- andere Wege der ganzheitlichen Gehirn- und Lernoptimierung.

3. Psycho-Regulation:
Hierbei handelt es sich um den Abbau von Streß (z.B. vor der Klassenarbeit, vor Prüfungen), aber auch um den Abbau von Blockaden. Immer mehr Kinder haben Angst vor der Schule, Streß bei bestimmten Lehrern und Fächern. Diese Angst tritt schon bei bestimmten Wörtern wie „Prüfung" oder „Mathe" auf. Körperlich und geistig-seelische Lernblockaden spielen dabei eine kaum zu unterschätzende Rolle. Durch Kinesiologie und NLP können Kinder und Erwachsene schon in kurzer Zeit mehr Selbstbewußtsein, Freude und Erfolg beim Lernen gewinnen. *(Übungen beinhaltet folgende Literatur: F. Decker, Den Streß im Griff; Cora Besser-Siegmund, Magic Words. Der minutenschnelle Abbau von Blockaden.)*

4. Mentale Regulation:
Die mentale Regulation dient der Optimierung der eigenen Fähigkeiten, der Mobilisierung von geistigen Vorgängen beim Lernenden. Zur mentalen Regulation gehören folgende Qualifizierungen:
- Aufmerksamkeit sammeln,
- Konzentration entwickeln,
- Denken in Bildern, multisensorische Lernentwicklung, Vorstellungsregulation,
- Einstellungsregulation,
- Energetisieren, Selbstmotivation.

Aufmerksamkeit sammeln bedeutet, sich geistig zu lockern, sich von dem Drang zu befreien, jedem einzelnen Gedanken, der uns in den Sinn kommt, nachzugehen. Lernende müssen lernen, Gedanken passieren zu lassen und sich dann auf die Lernarbeit zu konzentrieren. Es ist also ein „geistiges Aufräumen" und dann Konzentrieren unter Einschaltung aller Sinne auf das Lernen. Wichtig ist auch, daß die Einstellung zum Lernen positiv, der Lernende vom Lernerfolg überzeugt ist *(„Ich schaffe es")* und er über die notwendige Energie verfügt. Zur mentalen Regulation eignen sich folgende drei Übungen *(aus: Tom Wujec, Schneller schalten als andere):*

Übung

Geistige Kaffeepausen
Legen Sie einen kleinen Gegenstand, also beispielsweise einen Stift, ein Geldstück oder eine Büroklammer, vor sich auf den Tisch. Konzentrieren Sie sich fünf Minuten lang auf diese Sache. Jedesmal, wenn Ihr Geist zu etwas anderem abschweift, führen Sie ihn behutsam zum Gegenstand zurück. Merken Sie sich, wie oft sie abgeschweift sind.

Streß abschütteln
Sie stehen aufrecht mit leicht gespreizten Beinen. Nun beginnen Sie den ganzen Körper, besonders Arme und Beine, zu schütteln. Alle Belastungen, negativen Gedanken, Ärger und Sorgen dürfen abgeschüttelt werden. Mit kräftiger hörbarer Ausatmung unterstützen.

King Kong
Wie der Riesenaffe King Kong aus dem gleichnamigen Film stehen Sie aufrecht mit leicht gespreizten Beinen, spannen alle Muskeln an und trommeln sich mit beiden Fäusten auf die Brust. Dazu stoßen Sie „Aah"- oder „Ooh"-Laute aus.

4.2.3 Analyse und Planung des Lernvorgangs

Auf den bewußten, traditionellen, didaktisch-methodischen Planungsvorgang, der für das Lernen nach wie vor wichtig ist, soll nicht eingegangen werden. Hier geht es mehr um die individuelle Mindfitness-Anlayse und -Planung. Der Lernende führt am Beginn des Lernvorgangs einen persönlichen Mentalstatus und einen mentalen Prozeßstatus durch, um auf diese Weise zu analysieren und zu planen.

Der persönliche Mentalstatus führt zu
- Geistiger Stärke
- Geistiger Flexibilität, Kreativität
- Geistiger Ausdauer
- Geistiger Koordination
- Belastbarkeits- und Erregungskontrolle

Der mentale Prozeßstatus umfaßt
- Mentale Lern- bzw. Veränderungsmethode (Methodenplanung), z.B. Autosuggestion, Mentalgestaltung, Mentaltraining, Suggestopädie u.a., mentale Stimulation
- Mentale Kernmedien (Medienplanung), z.B. Mindmaps, Musiktherapie, peripheres Ambiente
- Ablaufplanung, Zeitplanung, Engpaßplanung, Schwierigkeiten

Persönlicher Mentalstatus
- **Geistige Stärke**

Geistige Stärke ist die Fähigkeit, ein Problem, eine Lernaufgabe offen und kraftvoll, mit Energie anzugehen. Zuerst geht es darum, geistige Energien zu entwickeln. Wie soll das geschehen, mit welchen Übungen? Wieviel Energie brauche ich insgesamt? Wie gehe ich das Problem an? Bin ich offen, eingefahren, halte ich die Konfrontation mit dem Lernproblem aus? Wie organisiere ich den Weg zur Problemlösung? Zur geistigen Stärke gehören dann Fähigkeiten wie „innere Ordnung schaffen" (*Was will ich?*), spielerisches und logisches Denken. *(vgl. Rolf Herkert, Die 90-Sekunden-Pause).*

Übung „Ich-bin-top-fit"

Eine alte tibetische Aktivierungsformel, eingedeutscht und im Vierer-Takt ausgeführt, gibt Ihnen neue Energien:
Stehen Sie aufrecht mit leicht gebeugten Knien, beugen Sie sich dann nach vorn und schlagen zunächst mit den Handflächen auf den Boden. Dann richten Sie sich langsam auf, schlagen sich zuerst auf die Oberschenkel, schließlich auf die Brust. Strecken Sie dann die Arme hoch über den Kopf. Dazu rufen Sie „Ich bin top-fit" genau in dem Rhythmus, in dem Sie aufklatschen.
Diese Übung 3- bis 4mal wiederholen und jedesmal etwas schneller werden.

→

„Eeh jaa"
Sie stehen aufrecht, atmen ein und heben dabei die Arme über den Kopf. Mit der Ausatmung gehen Sie langsam mit einem langgezogenen „Eeh" in die Hocke und senken die Arme vor dem Körper. Dann schnellen Sie mit einem kräftigen „Jaa" hoch und werfen die Arme über den Kopf nach oben.
3- bis 4mal wiederholen.

- **Geistige Flexibilität:**

Für innovative und kreative Aufgaben benötigen wir als Lernende elastische und geschmeidige Denkmuskeln. Wie kann ich geistig beweglich werden, aus meinen traditionellen Denkmustern herauskommen, kreativ werden? Geistige Flexibilität ist eine Mischung aus Artistik, holistischem Denken, Kreativität und Brainstorming, gewürzt mit einer Prise Meditation. Auch die Methode des Reframings, das Hineinsetzen des Problems in einen anderen Perspektivrahmen, kann helfen. Dazu folgende Übungen *(aus: Tom Wujec, Schneller schalten als andere):*

Übung „Stimmt das?"

Überdenken Sie die folgenden Aussagen. Nehmen Sie zunächst an, daß sie wahr sind, und liefern Sie drei plausible Erklärungen dafür. Nehmen Sie dann an, daß sie nicht stimmen, und liefern Sie dafür ebenfalls drei Begründungen.

- ☐ **An Samstagen geschehen mehr Morde als an allen übrigen Wochentagen.**
- ☐ **Die Stellung der Planeten im Augenblick Ihrer Geburt beeinflußt Ihr Schicksal.**
- ☐ **Die Menschen stammen vom Affen ab.**
- ☐ **Fernsehen ist Kaugummi für die Augen.**
- ☐ **Alle Menschen haben unter den richtigen Umständen übersinnliche Fähigkeiten.**
- ☐ **Fleisch essen ist schlecht.**
- ☐ **Es ist gesund, negative Emotionen zu unterdrücken.**

Übung „Umschalten“

Im allgemeinen stufen wir Erfahrungen als „gut“ oder „schlecht“ ein und reagieren deshalb in den entsprechenden Situationen in vorhersagbarer Weise. Versuchen Sie bei den folgenden Situationen nun einmal genau das Gegenteil von dem zu denken, was Sie normalerweise in diesem Fall gedacht hätten.

- ☐ **Sie sind gefeuert worden. Zählen Sie fünf für Sie positive Auswirkungen dieser Situation auf.**
- ☐ **Sie haben eine Million gewonnen. Zählen Sie fünf für Sie negative Auswirkungen dieses Ereignisses auf.**
- ☐ **Sie haben einen wichtigen Termin verpaßt. Was könnte Gutes für Sie daraus erwachsen?**
- ☐ **Sie haben durch einen Fernsehauftritt Berühmtheit erlangt. Welche Nachteile erwachsen Ihnen daraus?**

- **Geistige Ausdauer**

Sollen die Ideen und Ziele, die Lösungsvorstellungen in die Tat umgesetzt werden, brauchen wir geistige Ausdauer, Durchhaltevermögen und Selbstmotivation. Lernende brauchen die Fähigkeit, auch langwierige Aufgabenstellungen zu bewältigen, ohne sich ablenken und entmutigen zu lassen. Sich mental zu motivieren, sich den Erfolg der vollendeten Leistung vorzustellen, stellen wichtige Übungen dar. Möglich sind auch autosuggestive Aussagen (Affirmationen) wie: *Ich schaffe es.*

- **Geistige Koordination**

Dazu gehört die Fähigkeit, eine Aufgabe präzise und zum richtigen Zeitpunkt zu bewältigen. Geistige Koordination ist exaktes Timing, Balance und Gewandtheit. Es ist die Fähigkeit, seine Gedanken so aufeinander abzustimmen, daß man ohne Streß mehrere Dinge gleichzeitig erledigen kann.

- **Belastbarkeits- und Erregungskontrolle**

Zur Problemlösung gehört zentral die Fähigkeit zu erkennen, was man sich zumuten kann, festzustellen, ob die Belastung und das Ausmaß der Erregung noch zumutbar ist oder man eine Pause, eine Entspannungs- oder Bewegungsübung zwischenschalten muß.

Mentaler Prozeßstatus

Hier geht es darum, welche mentalen Methoden man beim Lernvorgang, bei der Ausführung des Lernprozesses primär einsetzt, z.B. Autosuggestion, Mentaltraining, Suggestopädie, mentale Stimulation u.a.. Hier werden auch mögliche Mentalmedien wie Mindmaps, Subliminalkassetten u.a. geplant.

Programmieren, Lernentwicklung:
Nach der Planung des gesamten Lernprozesses geht es an die Durchführung. Die entsprechenden Übungen, Methoden und Medien werden jetzt eingesetzt, der Lern- bzw. Programmierprozeß beginnt.

Ankern, Installieren:
Nachdem das Lernproblem gelöst, der Veränderungsprozeß abgeschlossen ist, geht es um die Verankerung, das Behalten. Das Ergebnis sollte mehrfach mental „angeschaut", d.h. visualisiert werden. Im entspannten Zustand reaktivieren wir das Lernergebnis in Form eines Bildes. Wir malen das Bild ganz farbig, hören dazu eventuell entsprechende Stimmen von Beteiligten (z.B. vom Lehrer: *„Gut hast Du das gemacht"*). Ferner können wir uns auch unserer eigenen Gefühle, wie Stolz, Freude, bewußt werden. Durch diese lern- und behaltfördernde Aktivierung der Submodalität des Ergebnisbildes prägt sich das Lernergebnis besser ein. Auch gehirnoptimierende Gedächtnismethoden helfen, das Lernergebnis zu festigen. *(vgl. Vera Birkenbihl, Stroh im Kopf).*

TEIL II: DIE NEUEN LERN- UND ENTWICKLUNGSMETHODEN

5 Neuro-mentale Lernmethoden

5.1 Grundprinzipien der neuen Lernmethoden

Es ist die Aufgabe eines jeden, Situationen bzw. Lerngelegenheiten möglichst souverän und wirkungsvoll zu meistern, an ihnen zu wachsen, die eigenen Ressourcen optimal zu entwickeln. Die Frage ist nur, wie das geschehen soll. Wir lernen in der Schule, wir lernen Skifahren, wir lernen bestehende Gewohnheiten und Verhaltensweisen zu ändern (z.B. Rauchen), wir lernen mit einer neuen Lebenssituation fertigzuwerden. Für jede dieser Lerngelegenheiten brauchen wir spezifische Methoden. Die Wirksamkeit der Problem- und Entwicklungslösung wird wesentlich von der Lernmethode bestimmt. Eine gewisse Methodenkompetenz ist also die Voraussetzung für wirkungsvolles Lernen, Entwickeln und Problemlösen.

Bildungsmanager und Lehre, die Lernprozesse initiieren und mitgestalten, sind – wie wir gesehen haben – Prozeßmanager; sie bieten den Lernenden entsprechende Lernmethoden an und begleiten den methodischen Prozeß.

„Die Art des Schulunterrichts hat sich seit Sokrates kaum geändert. Da steht jemand, der etwas kann, also etwas gelernt hat, und nun bereit ist, andere anzuleiten, vor einer Gruppe von Schülern. Mit Hilfe der Sprache versucht er, diesen Schülern einen bestimmten Stoff zu vermitteln."
(Kurt Tepperwein, Die Kunst des mühelosen Lernens).
Ein solches Lehren und Lernen besitzt jedoch heute nur noch eine geringe Wirksamkeit. Wir lernen eben am optimalsten nicht nur mit den Ohren, sondern mit möglichst vielen Sinnen. Lernen, vor allem bei Erwachsenen, ist immer ein aktiver Vorgang, nicht bloß ein passives Zuhören. Erwachsene, und zunehmend auch Kinder und Jugendliche, wollen selbständig ihre Lernprobleme angehen und Selbstverantwortung übernehmen.

Bevor im Kopf nicht alles in Ordnung ist, bevor man sich nicht für die neuen Lerninhalte geöffnet hat, Belastendes „wie eine Wolke vorbeigezogen ist", kann man nichts Neues lernen. Erst wenn die Wahrnehmung, Aufmerksamkeit, Motivation optimiert ist, man körperlich, geistig und energetisch-emotional vorbereitet ist, also mindfit ist, kann man wirkungsvoll lernen oder sich gar persönlich weiterentwickeln. Jeder Lernvorgang beginnt im Kopf, bevor es an die Umsetzung, die praktische Veränderung und Anwendung geht. Wer von seinem Erfolg überzeugt ist, wird es über kurz oder lang auch schaffen, seine Denklösungen in der äußeren Welt umzusetzen.

Ziel des Bildungsvorgangs ist nicht nur das Aneignen von Wissen, sondern vielmehr die Umsetzung von Wissen in die Praxis, die Erarbeitung von Schlüsselfähigkeiten wie Konzentrationsfähigkeit, Teamfähigkeit, Denken und Handeln in Zusammenhängen, Lernfähigkeit u.a. Es kommt also wesentlich auf die Methoden an, die Verhalten und mentale Fähigkeiten optimieren.

Ent-lernen als Voraussetzung für Lernen?
Der Nobelpreisträger Gerald Edelmann, einer der führenden Theoretiker der neuronalen Forschung, begründete mit seinem bahnbrechenden Buch „*Neural Darwinism*" eine neuartige Betrachtung von Bewußtsein, d.h. von Lernen. Edelmann geht in seiner Theorie von folgenden Erkenntnissen aus:

- Schon im Mutterleib entfalten sich im Gehirn des Embryos vielfältige Verbindungen zwischen den einzelnen Gehirnzellen (Neuronen). Kurz vor der Geburt besteht der neue Mensch aus einem Optimum an Verbindungen. Sein Gehirn ist für alles „geöffnet".
- Nach der Geburt verengt sich diese prinzipielle Offenheit durch das Entstehen von „Mustern". Sie entstehen als Konsequenz der Reizverarbeitung. Unser Gehirn lernt mit der Zeit bestimmte Neuronen-Verbindungs-Kombinationen wichtiger zu nehmen als andere. Es entstehen dann aus der Vielfalt der Möglichkeiten engere Wahlmöglichkeiten. Der heranwachsende Mensch beginnt, die Welt zu kanalisieren. Dadurch wird er lebensfähig.
- Auf der Basis dieser Muster entstehen im Gehirn „Karten", eine Art Meta-Kompetenz, durch die jeder einzelne sich diejenige Welt konstruiert, an die er immer mehr glaubt. Wir nehmen dann die Welt innerhalb dieser Karten und durch entsprechende Glaubensmuster wahr.
- Unser Gehirn ist prinzipiell in der Lage, zu jedem Zeitpunkt immer wieder neue Neuronen-Verbindungen herzustellen, Karten und Glaubenssätze zu verändern, denn neben der wachsenden Starrheit besteht auch noch das Prinzip der Flexibilität.

Der Flexibilität des Lernens und Denkens steht die Tatsache im Wege, daß wir im Verlauf des Lebens ein sogenanntes „sekundäres Repertoire" lernen, d.h. ein Programm der Auslese von Wahrnehmungsinhalten.
„Der Ansatz, um sein Gehirn flexibel zu machen, liegt also in dem permanenten ‚Verstören' dieses sekundären Repertoires", wie es Edelmann nennt. Wir müssen al-

so Ent-lernen, die bestehenden „Karten“, d.h. Glaubenssätze auflösen. Gelingt das nicht, so meint Edelmann, treten nur noch Veränderungen in der Stärke der Verbindungen auf, nicht aber im Muster. Wir nehmen also nur noch das wahr, was wir wollen bzw. aufgrund unserer Karten bisher auch wahrgenommen haben. Richtige Veränderungen sind so nicht möglich. *„Deshalb funktionieren die meisten Fortbildungs-Strategien auch nicht, weil sie nicht den Dialog der unterschiedlichen inneren Karten beenden, sondern nur neues Wissen in alte Karten hineinschieben. Solange die inneren Karten nicht zerbrochen werden, führt das Lernen von Neuem überwiegend nur zur Verfestigung der alten Muster.“*

Wir brauchen also neuro-mentale Methoden, um unsere bisherigen Karten zu ändern. Im Verlauf der Aneignung von Neuem müssen die entsprechenden Denkmuster und Glaubenssätze „durchlöchert“ werden, Lernen wird dadurch dynamisch und evolutionär. Es werden „alternative“ Verhaltensweisen geübt, andere Betrachterperspektiven (Reframing) angewandt, paradoxe Erscheinungen erarbeitet, neue Glaubensmuster angelegt. Oft entsteht so erst eine neue Identität beim Lernenden, weil z.B. die alten, durch die Eltern begründeten Glaubensmuster (z.B. Selbstverständnis der Rolle als Frau) nicht mehr in die heutige Zeit passen und zu Identitätsstörungen und sogar Krankheiten führen. Eine neue Identität lernen bedeutet letztlich neue Glaubenssätze erarbeiten.
Das Lernen der Zukunft *„wird in erster Linie durch Glaubensmuster gesteuert und immer weniger durch Fakten und Erfahrungen“*.
Bildungsmanager regen in diesem Aufgabenfeld die Lernenden an, bieten ihnen methodische Hilfestellung, die Glaubenssätze zu erkennen und selbst zu verändern. Mind-Manager helfen den Lernenden, die neuro-mentalen Erfolgsfaktoren zu entwickeln, die neben kognitiver Intelligenz und Erfahrung wichtig(er) sind. Sie fördern demnach Motivation, Aufmerksamkeit, Energie, Ausdauer, innere Harmonie, Mindfitness und damit auch Umstellungs- und Veränderungsfähigkeit.

Selbstmanagement, selbstgesteuertes Lernen
Selbstverantwortung, Selbstorganisation, Selbstkontrolle, Selbstmotivation, Selbstqualifizierung sind Schlüsselworte moderner Lernmethoden. Selbstmanagement bedeutet auch, daß für den Lernenden jede Herausforderung eine Gelegenheit ist, seine persönlichen Fähigkeiten und seine Persönlichkeit zu entwickeln. Wir befinden uns in einer Zeit der Abkehr von der Disziplinkultur zur Selbstkultur.

Selbstmanagement und Selbstkultur haben zu tun mit Abbau von Hierarchien und Macht. Mit Intelligenz ausgestattete Menschen streben danach, sich persönlich zu entfalten, auch in sozialen Gebilden wie Klassen, Seminaren, Betrieben und Orga-

nisationen, die oft noch durch Hierarchien bremsen. *„Hierarchien haben zu tun mit Bevormundung, mit Kleinhalten und mit Machtausübung. Dies alles wird in Zukunft aufbrechen, weil es immer weniger akzeptiert wird. Hierarchie hat als Schwester die Bürokratie zur Seite. Bürokratie ist immer starr, unflexibel."* (Bernd Labetzsch, Brandstiftung im Personalmanagement. In: gdi impuls 1/94).
Wir brauchen also selbständige, kreative Lerner und Teams. Selbstlernen sollte jedoch durch soziales Lernen, durch Teamlearning ergänzt werden.

Handlungsleidenschaft, Problemlösen
Bisher waren allzu oft Wissen statt Können und Handeln das Ziel von Lernprozessen. Nicht nur in der Schule wurden dynamische Menschen, Mitarbeiter, Lernende, die etwas bewegen oder zukunftsorientiert verändern wollten, mit verschiedenen Methoden gebremst. Die Angst vor Neuem und obrigkeitlich-hierarchisches Denken waren die hauptsächlichen Gründe. Eine solche Denkhaltung und entsprechend passive Lernmethoden können in Zeiten der dynamischen Veränderung keinen Erfolg garantieren. Deshalb brauchen wir gerade in turbulenten Zeiten handlungsorientierte Methoden, die Versuch und Irrtum zulassen oder sogar fordern. In Lernenden die Handlungsleidenschaft zu fördern, wird eine zentrale Aufgabe der Bildungsmanager. *„Menschen mit Handlungsleidenschaft sind solche, die Herzblut in ihre Arbeit und Aufgabe investieren. Und Herzblut war schon immer die mächtigste Antriebsstufe eigenen Wollens."* (Bernd Labetzsch, Brandstiftung im Personalmanagement. In: gdi impuls 1/94). Projekt- und Teamarbeit, Organisationslernen sind Beispiele dafür. Handlungsorientiertes Lernen hängt auch mit Veränderungsbereitschaft und Zukunftsgestaltung zusammen. Methoden der Veränderung bzw. Weiterentwicklung des Bestehenden, Brainstorming, Kreativität, Simulation von neuen Wegen fördern die Motivation der Lernenden.

Prozeßdenken
Das neue Lernen vollzieht sich als kontinuierlicher Prozeß, so z.B. die Fähigkeits- und Verhaltensentwicklung. Der Weg ist ein wichtiges Ziel. Der methodische Weg ist nicht strategisch genau vorherbestimmt; wie alles im Leben unterliegen auch Lernprozesse wiederkehrenden Schwankungen und Rückschlägen.

Neuro-mentale Lernmethoden
Neuro-mentale Methoden basieren auf den Erkenntnissen der Gehirnforschung und anderer Wissenschaften wie der Psychologie und Suggestionswissenschaft. All diesen Methoden ist gemeinsam, daß sie von den einseitig rational-kognitiven Lehr-/Lernverfahren abrücken und stärker rechtshirnige Zugänge legen und damit auch das Unterbewußtsein mit einbeziehen. Diese neuro-mentalen Methoden arbeiten

stark mit der Ver-bild-lichung und mit Suggestionen, um das Unterbewußtsein und die Areale der rechten Gehirnhälfte zu erschließen. Wirkungsvolles Lernen ist immer beidseitig.

Entspannung als Tor zu unbewußten Kräften und Energie, z.B. in Form von Meditation, sowie der Einsatz von Fähigkeiten wie Vorstellungsvermögen, Konzentration, Blockadenabbau und mentales Programmieren sind wesentliche Elemente solcher Methoden. Abbildung 14 faßt die Elemente dieser neuro-mentalen Lernmethoden zusammen.

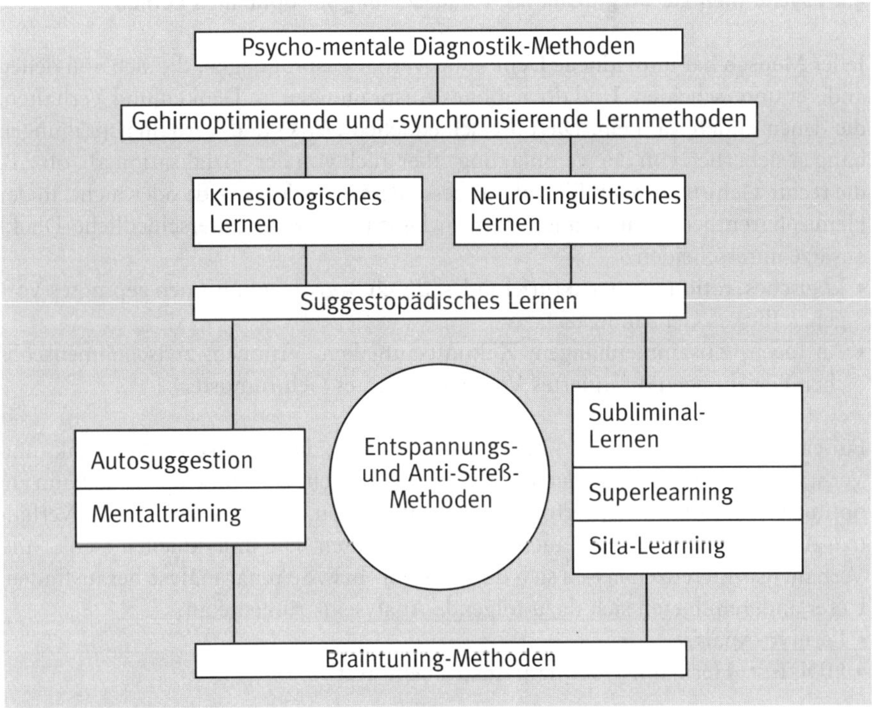

Abb. 14 Die neuen neuro-mentalen Lernmethoden

Elemente der neuro-mentalen Methoden sind:
- Gehirnoptimierung und Synchronisation der beiden Gehirnhälften, z.B. durch Überkreuzübungen *(vgl. Kap. 5.3.2)*,
- Entspannung (mental, körperlich, psycho-emotional),
- Lernen durch Autosuggestion,

- Abbau von Lern- und Motivationsblockaden und -barrieren,
- Mindfitness herstellen, d.h. geistige Flexibilität, Konzentration, Ausdauer, Vorstellungsfähigkeit, mentales Training u.a.,
- mentale Stimulierung (z.B. durch Musik),
- angenehme (Lern- und Wohlfühl-)Atmosphäre,
- Freude, Spaß, Lernen ohne Druck, spielerisches Lernen, emotionale Ausgeglichenheit,
- ganzheitliches Lehrarrangement und -Ambiente (z.B. peripheres Ambiente).

5.2 Psycho-mentale Diagnostik als Voraussetzung für optimales Lernen

Jeder Mensch hat individuelle Denk- und Verhaltensprägungen, die sich von denen anderer unterscheiden. Und doch gibt es Ausprägungen im Denken und Verhalten, die denen anderer ähneln. Die unterschiedlichen Denk- und Verhaltensprägungen hängen sicherlich von der Veranlagung, aber auch von der Sozialisation ab, ob z.B. die rechte Gehirnhälfte im Elternhaus besonders gefördert wurde oder nicht. In der Hemisphärentheorie über unser Gehirn lassen sich zwei unterschiedliche Denkansätze unterscheiden:
- Logisches, rationales, strukturierendes, durch Begriffsdefinitionen geprägtes Vorgehen (linkes Gehirnmuster).
- An Ideen, Zusammenhängen, Zukunftsaufgaben, Visionen, zwischenmenschlichen Beziehungen orientiertes Vorgehen (rechtes Gehirnmuster).

Für ein optimales Lernen und Lehren ist es wichtig, die entsprechenden Denk- und Verhaltensprägungen zu kennen und darauf Rücksicht zu nehmen. Nur so kann ein optimaler Lern- bzw. Lehrerfolg ermöglicht werden, denn die Denk- und Verhaltensprägungen beeinflussen auch das Lernverhalten. Die individuellen Denk- und Verhaltenspräferenzen lassen sich durch Selbst- bzw. Seminaranalyse herausfinden. Unter anderem bieten sich dazu folgende Analyseinstrumente an:
- Lerntyp-Analyse
- HDI-Test (Hermann-Dominanz-Instrument-Test).

Lerntyp-Analyse
Lernen vollzieht sich nur dann lustvoll und effektiv, wenn sich die Teilnehmer/Lerner entsprechend ihrem Lerntyp verhalten bzw. gefördert werden. Seit *Frederic Vester* wissen wir, daß man vier Lerntypen-Gruppen (mit zahlreichen Unter- und Kombinationsformen) unterscheiden kann:
- den (visuellen) Sehtyp,
- den (auditiven) Hörtyp,

- den (haptischen) Fühltyp,
- den (verbalen) Gesprächstyp.

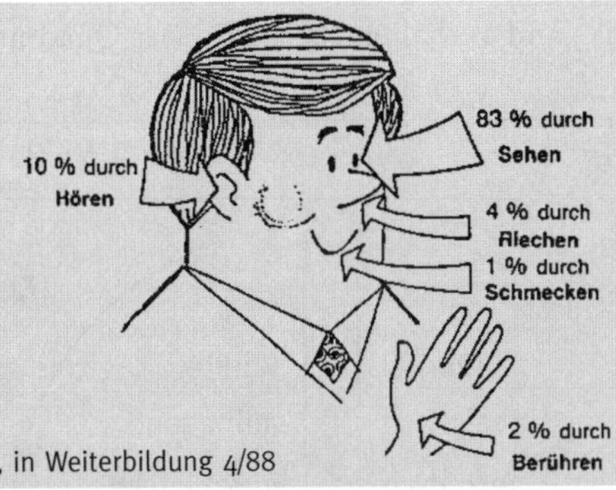

Aus: Roland Spinola, in Weiterbildung 4/88

Abb 15 Lernen erfolgt auf unterschiedlichen Sinneskanälen

Suggestopädisches Lehren und Lernen bietet wechselnde Angebote für die einzelnen Lerntypen. Dabei sollten bei jedem Teilnehmer sowohl der besser ausgeprägte als auch der schwächere Lernkanal angesprochen werden. Auch die weniger entwickelten Lernkanäle sind entwicklungsfähig. So kann es z.B. für einen visuell ausgeprägten Menschen (die meisten sind in einer Zeit der Visualisierung solche Sehtypen) sinnvoll und hilfreich sein, die Augen kurz zu schließen und die Wahrnehmung auf Geräusche und Gefühle zu konzentrieren. Dadurch kann ein visueller Streß und damit eine visuelle Wahrnehmungs-Oberflächlichkeit mit verhindert werden.
Insgesamt wird es in der Seminarsituation auch bei etwas stärker ausgeprägter visueller Darstellung notwendigerweise zu einem Medien-Mix kommen müssen.

Lerntyp-System

- visueller Sehtyp
- auditiver Hörtyp
- haptischer Fühltyp
- verbaler Gesprächstyp

Lernstil-Weisen

- praktische Erfahrung
- aktives Probieren
- gedankliches Beobachten
- abstraktes Begreifen

Abb. 16 System der Denk- und Verhaltenspräferenzen

HDI-Test – das Hermann-Dominanz-Instrument

Ned Hermann entwickelte ein Analyseinstrument für Denk- und Verhaltenspräferenzen auf der Basis der modernen Gehirnforschung. Das Hermann-Modell teilt die unterschiedlichen Denk- und Verhaltensschritte in vier Quadranten ein.

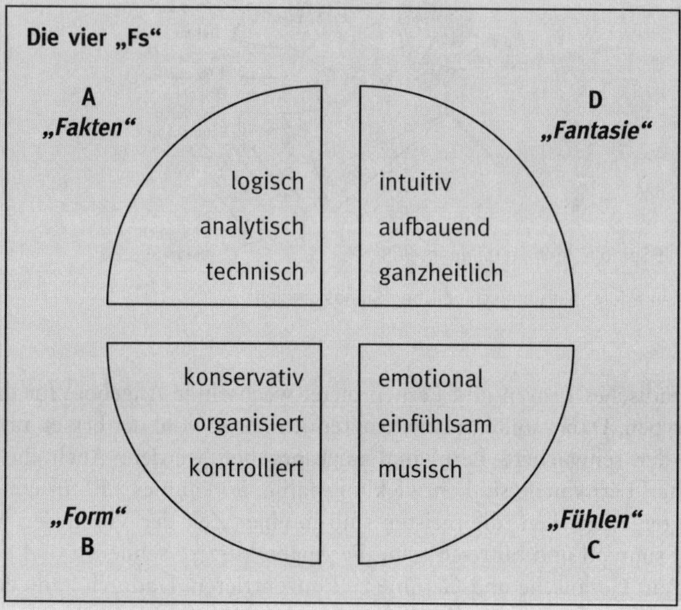

Aus: R. Spinola a.a.O.

Abb. 17 Die 4 Quadranten des HDI-Modells

Basis dafür ist

- die Hemisphärentheorie von *Roger Sperry*, also die Zweiteilung unseres Großhirns, und
- die von Hermann angenommene, mehr verhaltensorientierte Zweiteilung des limbischen Systems, die jedoch rein physiologisch als umstritten gilt.

Aufgrund der Auswertung eines speziellen Fragebogens ergeben sich unterschiedliche Profile *(vgl. Spinola/Peschanel, Das Hirn-Dominanz-Instrument)*. Die meisten Menschen bevorzugen jedoch eindeutig bestimmte Quadranten und damit bestimmte Denk- und Verhaltensstile. *Ned Hermann* zeigt das am Beispiel einer spezifischen Entscheidungssituation und eines Unfallberichtes:

Unfallbericht

A Fakten	**D Konzept**
„Wieder einmal gelang es mittels unwiderlegbarer Untersuchungsergebnisse von Blutgruppe, Fingerabdrücken und spektrografischer Farbanalyse, den über alle Zweifel erhabenen Beweis zu führen ..."	„Dieser Unfall demonstriert die tödliche Kombination von Alkoholmißbrauch und mangelhafter Fahrzeugüberwachung. Dies ist ein bundesweites Problem, mit dem sich der Gesetzgeber ..."
„Am Donnerstag, den 15. April, um 12.30 Uhr fuhr ein viertüriger PKW, Jahrgang 1968, mit einer Geschwindigkeit von über 80 km/h durch eine verkehrsberuhigte Zone im Bereich eines Kindergartens ..."	„Eine tränenüberströmte Mutter geht schreiend auf den Täter los, während die Polizei versucht, die aufgebrachte Menge von der schrecklichen Szene am Schultor wegzudrängen ..."
B Genauigkeit	**C Mitgefühl**

Abb. 18 Unfallbericht nach den unterschiedlichen Denkstilen des HDI-Modells *(nach Hermann Ned: The creative brain)*

Die Beispiele zeigen, wie unterschiedlich Menschen in gleichen Situationen reagieren können bzw. ein und denselben Vorgang unterschiedlich beschreiben. In der Praxis wird es sicherlich keine „reinen" Typen geben, so daß die Unterschiede nicht so frappierend sind. Schwerpunktmäßig lassen sich die vier Typen (Quadranten) wie auf Seite 82 abgebildet darstellen.

Da jeder Lehr- bzw. Weiterbildungsvorgang auf unterschiedliche Denk- und Verarbeitungsstile Rücksicht nehmen muß, brauchen wir eine multi-variable Bildungsstrategie, wenn auch die meisten Lernenden schwerpunktmäßig in den Quadranten A und B ausgeprägt sind. Multi-variabel bedeutet, daß es im Sinne einer optimalen Strategie notwendig ist, eine wechselnde Vielfalt zu praktizieren und nicht eine neue Dominanz aufzubauen, nämlich diesmal die rechte. Multi-variabel bedeutet aber in der Bildungspraxis, daß die rechtshemisphärischen Methoden (z.B. Superlearning, Mind-Mapping, visuelles Lernen, Subliminal-Methode u.a.) ein stärkeres Gewicht verlangen als sie bisher besaßen.

Lernen und Lehren nach den 4 HDI-Typen

A: Fakten/Erfahrung

Lernt durch:
- Erfassen und Bemessen von Tatsachen
- Analysieren und logisches Denken
- Ideen durchdenken
- Fallstudien erstellen
- Theorien aufstellen

Reagiert positiv auf:
- Vorlesungsstil
- Datenorientierten Inhalt
- Diskussionen von finanziellen/ technischen Fallstudien
- Lesen, Durcharbeiten von Büchern
- Programmierte Unterweisung

D: Fantasie/Begreifen

Lernt durch:
- Übernahme der Initiative
- Versteckte Möglichkeiten herausfinden
- Intuitives Verstehen
- Selbsterkenntnis
- Aufstellen von Konzepten

Reagiert positiv auf:
- Spontaneität
- Freien Fluß von Ideen und Beiträgen
- Experimente
- Spiele
- Zukunftsorientierte Fallstudien
- Bilder, Grafiken, physische Objekte
- Individuelles Eingehen auf den Teilnehmer

Lernt durch:
- Organisierten und strukturierten Inhalt
- Schrittweises Arbeiten
- Bewerten und Ausprobieren von Theorien
- Training und Praxis
- Anwenden des Kursinhalts

Reagiert positiv auf:
- Gute Planung
- Schrittweises, konsequentes Vorgehen
- Text-Bücher
- Programmierte Unterweisung
- Vorlesung
- Diskussion von organisatorischen Fallstudien

B: Form/Probieren

Lernt durch:
- Zuhören und Austausch von Ideen
- Integrieren persönlicher Erfahrung
- Bewegen und Fühlen
- Harmonie mit dem Trainingsinhalt
- Emotionale Beteiligung

Reagiert positiv auf:
- Experimentiermöglichkeiten
- Musik
- Mitarbeiterorientierte Fallstudien
- Diskussion und Zusammenarbeit in der Gruppe
- Körperliche Bewegung

C: Fühlen/Beobachten

5.3 Gehirnoptimierende und -synchronisierende Lernmethoden

Unser Gehirn als Schaltzentrale auch für das Lernen haben wir bisher nur passiv genutzt. Wir beginnen auf der Basis neuerer Forschungsergebnisse unser Gehirn nun bewußt zu gestalten und für den Lernvorgang zu optimieren. Im folgenden sollen einige Wege für ein solches optimierendes Lernen dargestellt werden.

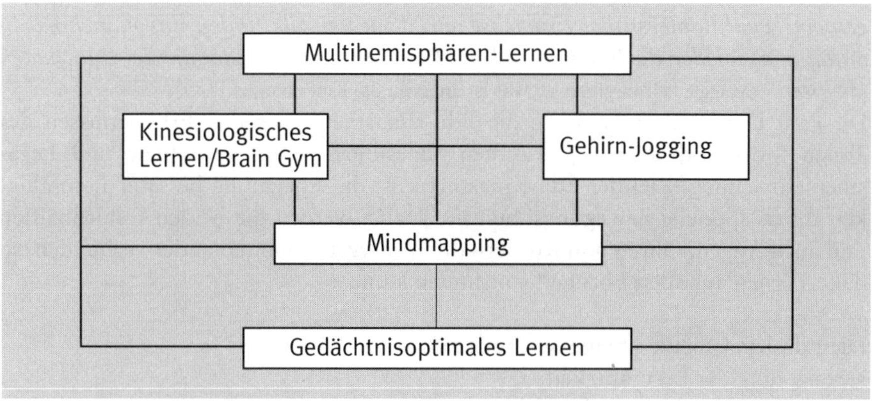

Abb. 19 Gehirnoptimierende und -synchronisierende Lernmethoden

5.3.1 Multihemisphären-Lernen

Früher haben wir uns keine Gedanken gemacht, warum einige Schüler und auch Erwachsene leichter lernten oder was z.B. die Ursache für die Leseschwäche, Legasthenie, war. Unser Schulsystem ist bis heute auf linkshirniges Lernen und Lehren abgestimmt: Analytisch-logisches Denken, Vermitteln von Fakten durch Sprache bzw. verbale Kommunikation, durch Detail-Informationen. Aus neurophysiologischen Forschungen wissen wir heute, daß die Gehirnteile bei Menschen unterschiedlich ausgeprägt (Gehirn-Dominanzen) und entwickelt sind. Einstein war ein Beispiel für einen rechtshirnig intuitiven Denker, der oft in der Schule „träumte" und Erkenntnisse einfach hatte. Die rechte Gehirnhälfte unseres Großhirns kann nicht verbalisieren. Sie arbeitet aufgrund von Bildern, bringt Bilder ins Unterbewußtsein und gelernte Zusammenhänge ins Langzeitgedächtnis, sorgt für den Gesamtüberblick und ordnet allem Erlebten den spezifischen Gefühlswert zu. Ideen und kreative Impulse entstammen der rechten Hemisphäre. Wir sehen also: Wirkungsvolles Lernen und auch Behalten geschieht nur durch das Einsetzen und Beteiligen beider Gehirnhälften.

5.3.2 Kinesiologisches Lernen/Brain Gym

Die Kinesiologie ist ein diagnostisch-therapeutisches System der Kommunikation mit dem Körper. Sie unterteilt sich in verschiedene Spezialrichtungen, z.B. in angewandte Kinesiologie, Touch for Health und Educational Kinesiologie (Edu-K.). Die Edu-Kinesiologie wird insbesondere zur Verbesserung der Lernfähigkeit (wie Lesen, Schreiben, Konzentrieren, Gedächtnis) eingesetzt. Edu-K. steigert *„das allgemeine Funktionieren bei Erwachsenen, denn wir alle finden uns manchmal in Situationen wieder, die besonders klares Denken erfordern oder die Lernblockaden auslösen"* (Maggie la Tourelle u.a., Was ist angewandte Kinesiologie).
Dr. Paul Dennison entwickelte die Edu-Kinästhetik aus den Erkenntnissen des Touch for Health, der angewandten Kinesiologie, der Neurologie und Legasthenieforschung. Ziel der Edu-Kinästhetik ist die Aneignung besserer Lernfähigkeit durch spezielle Bewegungsübungen. Dabei werden die beiden Gehirnhälften und auch Augen, Ohren und Körperhälften energetisch miteinander verbunden, so daß „Lernen auf allen Ebenen" stattfinden kann.

Die Edu-Kinästhetik ist eine Methode zur

- Steigerung der Lernfähigkeit,
- Auflösung von Energieblockaden, die die Gehirnfunktion beeinträchtigen,
- Integration der beiden Gehirnhemisphären,
- Befreiung von blockiertem Lernpotential,
- Vermittlung von Freude am Lernen,
- Verbesserung der Konzentrationsfähigkeit und des Koordinationsvermögens,
- Eliminierung von Streß beim Lernen, z.B. durch verbesserte Körperhaltung,
- Gewinnung größtmöglicher physischer, emotionaler und geistiger Ausgeglichenheit.

Wie funktioniert Edu-Kinästhetik?
Bei vielen Menschen stellen sich aus verschiedenen Gründen neurophysiologische Störungen ein, die auch das Lernen negativ beeinflussen. So ist z.B. bei 80% aller Menschen der neurologische Überkreuzfluß, also die Verbindungsbahnen zwischen den Gehirnhälften, nicht ausreichend gebahnt. Durch EK-Übungen können diese Verbindungen wieder gebahnt und damit das Lernen verbessert und auch Rechtschreibschwächen wesentlich vermindert werden *(vgl. Paul Dennison, Befreite Bahnen)*.
Solche Störungen können auf verschiedenen Ebenen auftreten und dort das Lernen beeinträchtigen; es entstehen Energieblockaden.

Beispiele für solche Störungen sind:

1. Abgeschaltete Augen-Energie:
Beim Lesen oder beim Abschreiben, z.B. von der Tafel, kann man Informationen nicht mehr wirklich aufnehmen.

2. Abgeschaltete Ohren-Energie:
Man kann nur noch zuhören, aber nicht mehr hinhören. Die Informationen gehen durch ein Ohr hinein und durch das andere hinaus, eine Verarbeitung durch das Gehirn findet nicht statt.

3. Abgeschaltete Gehirnhälften:
Je nachdem, welche Gehirnhälfte abschaltet, fehlt das intuitive oder das logische Denken. Werden Funktionen der abgeschalteten Seite gebraucht, kommt man in Streß, es stellen sich Nervosität, Unlust, Müdigkeit ein.

Die Probleme beim Lernen bekommen dann verschiedene Namen:
- Konzentrationsschwäche,
- Lese-, Lern- und Rechtschreibschwierigkeiten,
- mangelnde Belastbarkeit unter Streß,
- geringere Verständnis- und Behaltfähigkeit.

Testergebnisse zeigen, daß bei einer wenig entwickelten Koordination der beiden Gehirn- und Körperhälften auch die Lese- und Lernfähigkeit beeinträchtigt sind.

Die Edu-K. verwendet Prinzipien der angewandten Kinesiologie und des Muskelbalancierens, um die Energieblockaden auf den unterschiedlichsten Ebenen aufzulösen. Dadurch können auch die Beeinträchtigungen der Denk- und Gehirnfunktionen abgebaut werden. Die Integration der rechten und linken Gehirnhälfte wird verbessert, so daß Lernen natürlich, unverkrampft und optimal geschehen kann. Lernblockaden und Ungleichgewichte können durch elektrische Störungen im Nervensystem, durch bestimmte Augenbewegungen und Körperhaltungen, durch Streß verursacht sein. So kann z.B. bei manchen Menschen, die unter Streß stehen, ein Blick nach unten alle Muskeln schwächen. Dies wirkt sich nicht nur auf die Gangkoordination, sondern auch auf die Lese- und Lernfähigkeit aus.

Vorgehen bei der Edu-Kinästhetik

1. Diagnose:
- Test der Dominanzen von Gehirn, Auge, Ohr und Hand: „Dominanz-Profile"
- Schreibanalyse hinsichtlich Stift- und Körperhaltung und Energiefluß im Gehirn
- Bestimmung des Lerntyps: auditiv, visuell, kinästhetisch
- Überprüfung des Bewegungs-Lateralitätsmusters
- Austestung von Streßursachen beim Lernen und Blockierung beim Lernprozeß

2. Therapie:
Spezielle Übungen, um negativen Streß beim Lernen zu vermeiden, indem man Blockierungen im Energieverlauf beseitigt, z.B.
- Brain-Gym-Übungen
- Überkreuzübungen
- Übungen zur Gehirnintegration, z.B. „Gehirnknöpfe" reiben
- Streßabbau durch Stirnhöckerübungen

Die einfachen Edu-Kinästhetik-Übungen (wie z.B. Brain-Gym) können nach Anleitung selber praktiziert werden. Anspruchsvollere Therapien bedürfen der Betreuung und Beratung erfahrener Anwender. Im folgenden sollen einige Übungen zur Aktivierung der Gehirntätigkeit, zur Synchronisation beider Hemisphären vorgestellt werden.

Brain-Gym zur Lernförderung

Beim Brain-Gym handelt es sich um eine Serie von Bewegungen, die Zustände entspannter Aufmerksamkeit für Spitzenleistungen ermöglichen. Einige verleihen die Energie neu, andere bringen die rechte und die linke Hirnhälfte wieder in Balance. Manche ermöglichen die Zunahme der Blut- und Sauerstoffzufuhr – die bei Streß „abgeschaltet" wird – an die vordere Hirnrinde. Im folgenden werden Übungen wiedergegeben, die jeden Lernvorgang begleiten können *(vgl. Paul Dennison, Lehrerhandbuch Brain Gym).*

Übungen

Übung 1: Über-Kreuz-Bewegung

Wir bewegen abwechselnd die Arme und das jeweils gegenüberliegende Bein. Arm und Knie berühren sich dabei.

Ziel der Übung:
Beide Gehirnhemisphären werden gleichzeitig aktiviert. Die Links-Rechts-Koordination, Atmung und Fitness sowie das Raumbewußtsein und das beidäugige plastische Sehen verbessern sich. Integriertes Lernen wird erleichtert.

Übung 2: Liegende Acht

Wir richten unseren Körper auf einen Mittelpunkt in Augenhöhe aus und beginnen, eine liegende Acht in der Luft zu zeichnen. Die Augen verfolgen diese das ganze Gesichtsfeld ausfüllende Bewegung. Wir beginnen an der Mittellinie mit der linken Hand, so daß die rechte Gehirnhälfte aktiviert wird, dann mit der rechten Hand. Insgesamt 3 bis 5 Wiederholungen.

Ziel der Übung:
Integration von linker und rechter Gehirnhälfte, verbessertes peripheres Sehen und bessere Augenbeweglichkeit. Entschlüsseln und Wiederverschlüsseln der geschriebenen Sprache. Verbesserung des Leseverstehens. Entspannen von Augen, Nacken und Schultern beim Fokussieren, verbesserte Tiefenschärfe, Verbessern von Balance, Koordination und Zentrierung. →

Übung 3: Elefant

Sie stehen bequem mit leicht gebeugten Knien. Legen Sie den Kopf an die Schulter auf die zeigende Hand. Beide Augen sind offen und wir schauen mit unseren Augen über die zeigende Hand in die Weite und malen dabei eine liegende Acht.

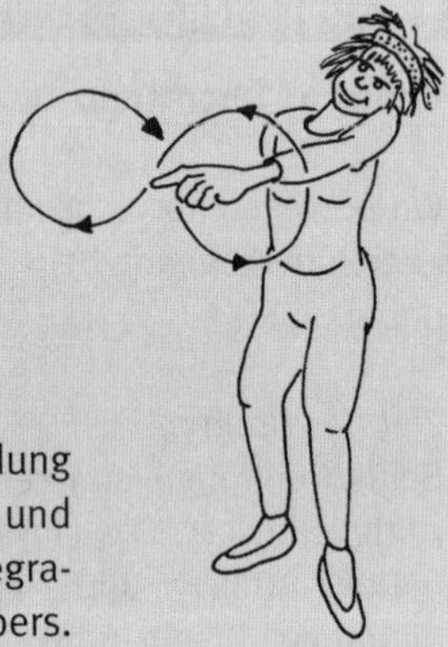

Ziel der Übung:

Unkorrekte Nackenmuskelspannungen, die eine Verbindung zur Tonwahrnehmung haben, werden entspannt. Kurz- und Langzeitgedächtnis werden aktiviert, ebenfalls die Integration von Sehen, Hören und Bewegen des ganzen Körpers. Zuhören und Hörverstehen sowie das Sprechen werden gefördert. Das Gleichgewichtsgefühl wird verbessert.

Übung 4: Wadenpumpe

Wir stehen vor einer Wand oder einer Stuhllehne. Wir stützen uns mit den Händen ab, plazieren ein Bein hinter uns und lehnen uns nach vorn, wobei wir das Knie des vorderen Beins beugen. In der Grundposition heben wir die Sohle der Ferse vom Boden ab, während unser Gewicht auf dem vorderen Fuß liegt. In der zweiten Position verlagern wir das Gewicht auf das hintere Bein, so daß die Ferse auf den Boden gedrückt wird. Dabei atmen wir aus, wenn wir die Ferse nach unten drücken. Das gestreckte Bein und der Rücken sind auf einer Linie. Dann wechseln wir die Beine. Wir führen die Übung auf beiden Seiten 3 bis 5mal durch.

Ziel der Übung:

Gefördert werden das Hörvermögen, die Fähigkeit, Aufgaben zu lösen und zu Ende zu bringen. Die Aufmerksamkeitsspanne und die Fähigkeit zur Kommunikation verbessern sich.

Gehirn-Aktivierungs-Programm

Gehirnknöpfe
Die Übung hilft, wenn die Augen vom Lesen und Schauen angestrengt sind. Während ich mit der einen Hand den Nabel berühre, reibe ich meine Gehirnknöpfe (unterhalb des Schlüsselbeins, rechts und links vom Brustbein). Neue Energie kommt.

Denkmütze
Wenn ich nicht mehr gut zuhören kann, meine eigene Stimme besser hören und aufmerksamer sein möchte, dann setze ich meine Denkmütze auf, indem ich dreimal sanft dehnend meine Ohren von innen nach außen entfalte.

Energiegähnen
Neue Energie entsteht, die Stimme entspannt und Kreativität wird gefördert. Wir tun so, als ob wir gähnen würden und berühren mit den Fingerspitzen alle angespannten Punkte im Kieferbereich. Wir machen ein tiefes, entspanntes Gähngeräusch und streichen die Anspannung weg.

Balanceknöpfe
Der Körper wird entspannt und der Geist wach gemacht (z.B. am Computer). Wir berühren mit zwei Fingern die Vertiefung am Schädelansatz hinter einem Ohr. Die andere Hand liegt auf dem Nabel. Jetzt atmen wir die Energie nach oben. Nach einer Minute wechseln wir und berühren die Vertiefung hinter dem anderen Ohr.

Raumknöpfe
Die Raumknöpfe helfen, schnelle Entscheidungen bei der Arbeit zu treffen. Wir legen zwei Finger über die Oberlippe und die andere Hand auf das Steißbein. Wir berühren diese Punkte eine Minute lang. Währenddessen führen wir beim Einatmen Energie der Wirbelsäule entlang aufwärts.

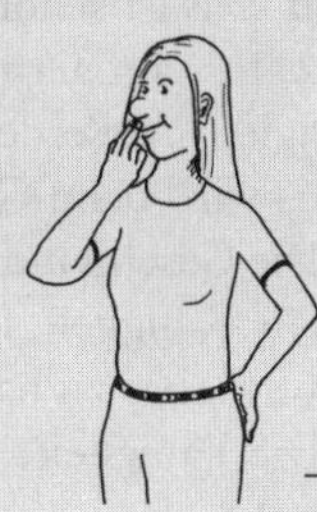

→

Erdknöpfe

Auch das sind Energiebewegungen. Sie verstärken die Tätigkeit der linken Gehirnhälfte (z.B. bei Buchführung, Rechnen). Wir legen zwei Finger unter die Unterlippe und die andere Hand auf die Oberkante des Schambeins. Wir atmen die Energie in der Mitte des Körpers nach oben.

Stirnhöcker

Wenn ich nervös oder ängstlich bin, mir Sorgen mache, so halte ich meine Stirnhöcker (oder bei anderen) ganz sanft. Die Punkte liegen auf der Stirn oberhalb der Augenmitte zwischen Haaransatz und Augenbrauen.
In weniger als einer Minute geht die Spannung zurück und ich kann wieder produktiv denken und arbeiten.

Einstellung ändern

Wenn ich traurig, mürrisch oder verwirrt bin, werde ich durch diese Übung aufgeheitert. Sie besteht aus zwei Teilen:

- Ich lege den linken Knöchel über das rechte Knie. Dann umfasse ich den linken Knöchel mit der rechten Hand und lege die linke Hand über den Ballen des linken Fußes. So bleibe ich eine Minute sitzen, atme mit geschlossenen Augen tief durch und halten die Zunge am Gaumen.
- Jetzt stelle ich die Beine nebeneinander, bringe die Fingerspitzen zusammen und atme eine Minute tief durch.

5.3.3 Gehirn-Jogging

Das von *Bernd Fischer* und *Siegfried Lehrl* entwickelte Gehirn-Jogging soll an das körperliche Jogging erinnern, bei dem man sich fit hält, ohne sich stark zu belasten. Durch das Gehirn-Jogging sollen Gedächtnis und Auffassungsgabe trainiert werden. Das ist schon deshalb notwendig, weil – wie Forschungen belegen – unser Gedächtnis auf geringe Belastungen mit deutlicher Minderung der Leistungsfähigkeit reagiert. Außerdem wird die Gehirndurchblutung gefördert.
Was wird beim Gehirn-Jogging geübt?

- Die Geschwindigkeit der Wahrnehmung und des Vergleichs von Informationen.
- Die Fähigkeit, Informationen mehrere Sekunden lang im Bewußtsein gleichzeitig verfügbar zu haben
- Die Fähigkeit, Information im Gedächtnis zu speichern und wieder hervorzuholen.

Dieses Gehirn-Jogging erfolgt durch ein 5-Phasen-Training *(vgl. Fischer/Lehrl, Gehirn-Jogging).*

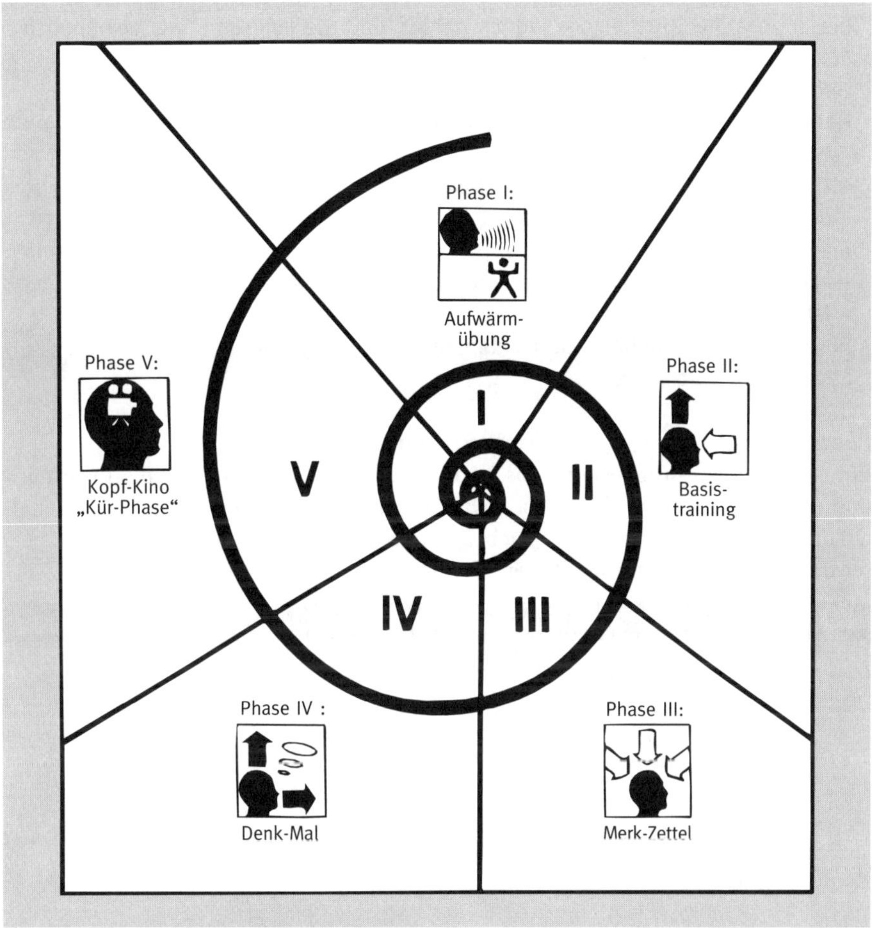

Abb. 20 5-Phasen-Training des Gehirn-Joggings

Phase I: Aufwärmübung für optimale Lernbereitschaft

Ein solches Aufwärmen erfolgt durch

- Atemübungen für Entspannung, Konzentration und neue Energiegewinnung,
- gymnastische Übungen für höhere körperliche Aktivierung, für eine bessere Durchblutung und eine bessere Sauerstoff- und Zuckerversorgung.

Atemübung

Stellen Sie sich eine sanft fließende Meereswelle vor und versuchen Sie, mit dieser zu atmen. Achten Sie jedoch darauf, daß Sie langsamer als gewöhnlich atmen. Zählen Sie beim Ein- und Ausatmen jeweils bis sechs.

Gehen Sie so vor:

- Beim Einatmen durch die Nase den Bauch hervortreten lassen, die Lungen völlig mit Luft füllen, bis sich der Brustkorb weitet.
- Die Meereswelle hat jetzt ihren Höhepunkt erreicht. Halten Sie die Luft jetzt drei Pulsschläge lang an.
- Jetzt ausatmen, zuerst aus dem Bauchraum, dann aus dem Brustkorb. Wenn alles leer ist, drei Pulsschläge lang die Luft anhalten.
- Jetzt wieder einatmen.

So entsteht ein Rhythmus, der entspannt und Energie bringt.
Etwa 20mal durchführen.

Phase II: Basistraining für das Meistern von Informationen

Ein solches Basistraining hilft, das Gehirn zu trainieren, und zwar die Informationsaufnahme, damit Sie in kurzer Zeit mehr Infos aufnehmen können, das Behalten der Informationen im Kurzspeicher. Durch diese Übungen wird das Gehirn besser durchblutet, die „grauen Zellen" kommen in Schwung.

Übung

1.Teil: Informationsaufnahme: Buchstabenraster

Versuchen Sie so schell wie möglich das in jedem Raster versteckte Wort zu finden.
Ein Beispiel:

B	S	O	U
M	I	N	

OMNIBUS

Und nun wird's „ernst":
(Das mittlere Feld enthält sogar 3 Wörter)

A	O	H	
B	N	F	H

E	E	I
R	N	F

T	O	U	E	S
D	S	B	P	N

Lösungen:
Lösungswörter sind Bahnhof, Reifen (oder Feiern oder Ferien), Bundespost (heute Deutsche Post AG).

Übung

2. Teil: Informationsspeicherung: Zahlenpaare

Prägen Sie sich bitte die folgenden Zahlenpaare ein.

Unser Tip: Prägen Sie sich die Zahlenpaare als zweistellige Zahl ein!

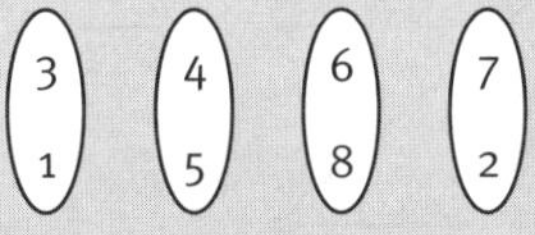

Unterstreichen Sie bitte die Paare, die Sie sich eingeprägt haben

5 4 3 9 2   4 3 4 1 9   6 9 2 5 8   3 7 5 1 9
8 2 1 3 6   7 2 5 4 7   8 2 3 4 3   4 2 3 7 8

Schauen Sie nach oben und vergleichen Sie bitte.

Phase III: Merkzettel für ein besseres Gedächtnis
Mit dieser Phase wird die Speicherung von Infos im Langzeitgedächtnis trainiert. Man übt, sich etwas über einen längeren Zeitraum einzuprägen, z.B. Wissen über Ernährung, Gesundheit, Politik.

Übung

Sie lesen z.B. einen Text über Ernährung aufmerksam durch und erhalten am nächsten Tag dazu einige Fragen, die Sie beantworten sollen.

Phase IV: Denk-Mal für Kreativität und Denkvermögen
Diese Phase bietet Knobeleien, Rätsel, Tricks und Kniffe, mit denen es Spaß macht, das Gehirn fit zu halten und gleichzeitig
- Informationen zu verarbeiten,
- sich an bereits vorhandenes Wissen zu erinnern,
- Probleme zu lösen.

Man erwirbt dabei auch Lernstrategien, mit denen es leichter fällt, seine Ziele zu erreichen.

Übung

Wie viele Dreiecke sind in dieser Figur enthalten?
Schauen Sie ganz genau hin!

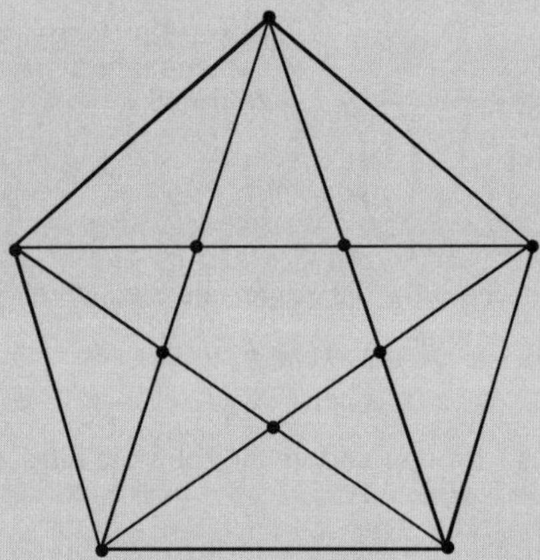

Lösung: In dieser Figur sind 35 Dreiecke enthalten!

So können Sie sich Texte besser einprägen:

- Lesen Sie einen Text mehrmals laut und langsam durch.
- Unterstreichen Sie, was Ihnen wichtig erscheint.
- Konzentrieren Sie sich besonders auf neue Informationen.
- Erzählen Sie einem (gedachten) Zuhörer den Inhalt des Textes.

Phase V: Kopf-Kino für positive Lebensgestaltung

In dieser Phase nutzt man Kräfte, die in einem selber ruhen, durch Entwickeln von Vorstellungen und Vergegenwärtigen von Bildern

- für die seelische Ausgeglichenheit,
- für Gesundheit und Heilung
- für Problemlösungen.

Man erzeugt vor seinem geistigen Auge Filme. Dadurch kann man z.B. zur Stärkung des Selbstwertgefühls gelangen oder Lösungen für Probleme finden.

Phase V sollte man unabhängig von den anderen Phasen durchführen, wenn man Ruhe und Lust dazu hat.

Kopf-Kino für seelische Ausgeglichenheit

- Die Entspannung ist immer der erste Schritt. Entspannen Sie sich so tief wie möglich, z.B. durch eine Atemübung.
- Sind Sie entspannt, stellen Sie sich eine Situation vor, in der Sie etwas Schönes erlebt haben, oder denken Sie sich eine schöne Situation aus, in der Sie sich wohl fühlen. Begeben Sie sich gedanklich in diese Situation und erzeugen Sie vor Ihrem inneren Auge ein Bild dieser Situation.
- Lassen Sie dieses Bild lange auf sich wirken. Bald wird dann Ihre Stimmung ähnlich der, die Sie in dieser Situation erlebt haben. Sie werden ausgeglichener und gelassener.
- Nach einigen Minuten schalten Sie von Ihrem Kopf-Kino in die reale Situation um. Recken und strecken Sie sich.

5.3.4 Mind-Mapping

Beim Mind-Mapping handelt es sich um eine gehirn-optimale, methodisch-strukturierende, bildhafte Darstellung von Informationen. Mind-Maps sind Bilder, Mind-Mapping das Verfahren bildlicher Darstellung.
Mind-Mapping als Aufzeichnungsmethode entspricht in viel stärkerem Maße der komplexen, organischen Arbeitsweise unseres Gehirns als herkömmliche, linear strukturierte Darstellungsweisen. *(S. Abb. 21 auf Seite 96.)*

Ein Mind-Map soll sich wie ein Baum von einigen wesentlichen Oberbegriffen (Schlüsselwörtern) aus nach allen Seiten hin verzweigen. Neue Gedanken können nachträglich hinzugefügt werden. Mind-Mapping verbindet sprachliches und bildhaftes Denken. Beispiel: *Sie sollen einen Vortrag halten. Welches sind die Schlüsselwörter zum Thema? Was kann ich zu jedem Schlüsselwort sagen?* Auf diese Weise entsteht ein Mind-Map für den Vortrag.

Hintergründe
Schon *Aristoteles* (350 v. Chr.) behauptete, daß Gedanken in Form von Bildern in unserem Kopf abgelegt werden. Deshalb muß auch das Wiederfinden von Informationen durch das Suchen von Bildern erfolgen. Aristoteles glaubte, daß sinnzusammenhängende Bilder gemeinsam aktiviert werden können. Daher sollten wir Bilder malen, sowohl sprachlich wie zeichnerisch. Bildliche Vorstellungen von Informationen sind gute Erinnerungshilfen.

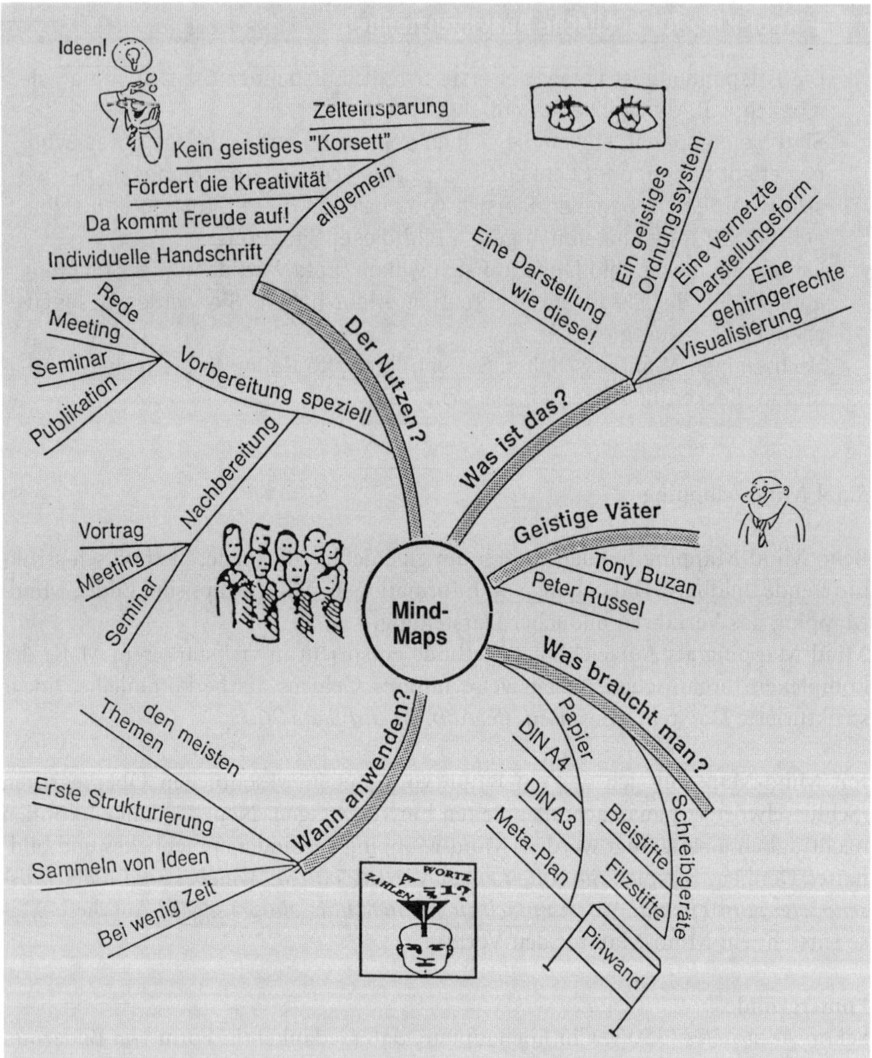

Abb. 21 Mind-Mapping als gehirnoptimale Darstellung von Informationen

Mit der Erfindung der Buchdruckerkunst durch *Gutenberg* wurde die Fähigkeit, Bilder als natürliche Gedächtnisstütze zu verwenden, ersetzt durch Papier, welches mit Worten bedruckt wurde. Ein Wandel vom ganzheitlich-rechtshirnig bildhaften Darstellen zum analytisch-linkshirnigen vollzog sich.

„Die Unterteilung der Wirklichkeit in Zeile für Zeile aneinandergereihte Worte darf mit Fug und Recht als ein Dilemma der heutigen Zeit bezeichnet werden."
(Fuchs/Graichen, Bessere Lernmethoden)

Die Informationsflut, die es zu durchschauen und zu verarbeiten gilt, deren Zusammenhänge und Sinn man erkennen soll, steigt gewaltig. Weltweit erscheinen täglich ca. 7.000 technische und wissenschaftliche Artikel und unzählbare Zeitungen. Unser Wissen verdoppelt sich alle zwanzig Monate.
In der Informationsgesellschaft wird sich der Strom von Informationen auf die übliche traditionelle Art und Weise bald nicht mehr bewältigen lassen. Die „lineare Verarbeitung" wird zudem in keiner Weise der ganzheitlich-vernetzten Arbeitsweise unseres Gehirns gerecht.

Das Konzept der Mind-Map-Methode
Die von den Engländern *Tony Buzan* und *Peter Russel* entwickelte Methode
- ermöglicht eine schnelle und effektive Informationsverarbeitung und
- beschleunigt durch optimale Gehirnnutzung die Lernprozesse wesentlich.

Voraussetzung ist allerdings, daß die Blockaden der linearen Dominanz unserer linken Gehirnhälfte es zulassen.
Mind-Map ist eine bildhafte Darstellung organisierter Schlüsselwörter (Hauptthesen, die methodisch strukturiert sind). Während kreativer Prozesse (z.B. Vorbereiten eines Vortrags) arbeitet unser Gehirn sehr schnell und vor allem sprunghaft, also eher assoziativ als linear.
Wir können die „Brain-Stürme", die Gedankenflut nicht annähernd verarbeiten (z.B. durch schriftliche Aufzeichnung). Deshalb entwickelte Tony Buzan die Mind-Map-Methode.

Grundregeln des Mind-Mappings:

1. Regel: Thema im Zentrum
Das zentrale Thema sollten Sie wie einen Baumstamm als Kreis oder Ellipse in die Mitte des Blattes setzen.

2. Regel: Hauptgedanken zweigen ab
Vom zentralen Thema zweigen die Hauptgedanken wie Äste ab.

3. Regel: Zweige und Verästelungen
Die fortführenden Gedanken zu den jeweiligen Hauptgedanken zeichnen Sie als Zweige ein, die man wiederum in weitere Verästelungen unterteilen kann.

4. Regel: Substantive
Zu Anfang sollte man die Schlüsselwörter möglichst als Substantive formulieren, kurz, knapp, präzise. An die jeweiligen Zweige und Äste sollten Sie die Aussagen so schreiben, daß sie frontal lesbar sind.

5. Regel: Deutlich schreiben
Wenn unleserlich geschrieben ist, geht durch zu langes Entziffern schnell der Überblick verloren. Gut lesbare Schreibschrift von entsprechender Größe ist optimal.

6. Regel: Pfeile und Farben
Um die Abhängigkeit und Verbindung im Bild deutlich zu machen, empfehlen sich Pfeile. Durch Farbe erreicht man, daß Wichtiges hervorgehoben wird.

7. Regel: Einkreisungen
Auch durch Einkreisungen lassen sich Astgruppen hervorheben, z.B. wenn sie weiterverarbeitet werden sollen.

8. Regel: Numerieren
Die Einkreisungen, aber auch einzelne Äste, können numeriert werden, um die Rangordnung oder Reihenfolge deutlich zu machen.

9. Regel: Ideen festhalten
In einem Ast „Sonstiges" lassen sich spontane Gedanken und Ideen, die man nicht sofort richtig zuordnen kann, notieren.

10. Regel: Symbole
Für gezielte Hinweise und Hervorhebungen eignen sich Symbole oder Bilder.

Gehirngerechtes Arbeiten in Form von Mind-Mapping erleichtert
- das Erkennen nach Zusammenhängen,
- die Zuordnung von Ideen, Inspirationen, Einfällen.

Wir werden durch diese Methode der sprunghaften und assoziativen Arbeitsweise des Gehirns gerechter:
- Wir können so Informationen besser „beschaffen",
- die Fülle von Informationen steht in viel kürzerer Zeit und in wesentlich größerem Umfang zur Verfügung,
- die Arbeitsweise macht mehr Spaß als herkömmliches Brüten über Problemen.

Zur Weiterverarbeitung der Mind-Map-Ergebnisse empfiehlt sich die Übertragung in lineare Methoden bzw. Muster (z.B. Checklisten).

Übungen

Aufgabe 1:
Bereiten Sie sich innerhalb von zwei Minuten auf einen Kurzvortrag zum Thema: *„Motivieren von Lernenden“* vor.
Halten Sie in Stichworten auf einem Blatt fest, was Sie im Vortrag sagen wollen.

Aufgabe 2:
Stellen Sie die Stichworte zu Ihrer Vortragsvorbereitung nach der Mind-Mapping-Methode dar und ergänzen Sie diese noch. Vergleichen Sie das Muster-Map (Abb. 21).

5.3.5 Gedächtnisoptimales Lernen

Auch die Gedächtnisleistung läßt sich durch gehirnoptimierende Lernverfahren, durch das Einsetzen beider Gehirnhälften und die Beteiligung möglichst vieler Sinne wesentlich steigern. Für ein gedächtnisoptimales Lernen und Behalten lassen sich folgende Grundregeln aufstellen:

1. Mit beiden Gehirnhälften gleichzeitig einprägen bzw. lernen
Es ist auch heute noch weit verbreitet, daß man sich Informationen, die man behalten möchte, rein mechanistisch, isoliert, also linkshirnig durch Wiederholung einpaukt. Gehirnoptimal wäre jedoch, daß der Merkvorgang simultan mit beiden Gehirnhälften geschieht. Wir lesen z.B. einen Text und machen uns gleichzeitig Bilder vom Text. Kommen die beiden Gehirnbotschaften, der Text, ein Wort (linke Gehirnhälfte) und bildliche Vorstellung zu diesem Wort oder Satz (rechte Gehirnhälfte) gleichzeitig in unserem Bewußtsein an, so erhöht sich der Behalteffekt erheblich. *Vera F. Birkenbihl* beschreibt in ihrem Buch *„Stroh im Kopf“* eine Übung, die gehirnoptimales Lernen und Behalten verdeutlicht.

Übung

Lernen Sie den folgenden Satz auswendig:

Ein Zweibein sitzt auf einem Dreibein und ißt ein Einbein. Da kommt ein Vierbein und nimmt dem Zweibein das Einbein weg. Da nimmt das Zweibein das Dreibein und schlägt das Vierbein.

Wie schnell ging dies? Wie oft mußten Sie den Satz wiederholen? Wie haben Sie gelernt, welche Methode dabei angewandt?

Wenn Sie den Satz sehr schnell gelernt haben, dann
- haben Sie sich sicher während des Lesens Bilder zum Text gemacht. Birkenbihl schlägt z.B. folgendes vor: Ein Mensch (Zweibein) sitzt auf einem Schemel (Dreibein) und ißt ein Hühnerbein (Einbein). Dann kommt ein Hund (Vierbein) usw.
- haben Sie also beide Gehirnhälften optimal eingesetzt, vor allem sich eine Vorstellung von dem gelesenen Text gemacht,
- besitzen Sie die Fähigkeit, zu visualisieren. Viele Menschen können sich so schnell kein Bild zum Text machen. Auch das will geübt sein.

Gedächtnisübung

Lesen Sie die folgenden Begriffe nur kurz durch. Bilden Sie dazu eine Vorstellung, eine Bildgeschichte. Drehen Sie dann das Blatt um und wiederholen Sie die zehn Worte. Hat's geklappt?

Schreibmaschine	**Nachbarin**
Dachziegel	**Butterbrot**
Teekanne	**Brille**
Hammer	**Formaldehyd**
Stuhl	**Tapete**

2. Entspannen als Voraussetzung des Behaltens
Entspannung ist das Tor zum Unterbewußtsein. Durch die Entspannung werden visualisierte Texte oft sofort in das Langzeitgedächtnis transportiert und für immer behalten. Wir sollten uns also nicht nur vor jedem Lernvorgang, sondern auch beim Einprägen zuerst entspannen.

Im Streßzustand geht der Nervenimpuls (mit unserer zu behaltenden Botschaft) nicht zur Nachbarzelle, weil die Neurotransmitter (Botenstoffe) im Spalt zwischen Synapse und Nachbarzelle nicht ausgeschüttet werden und dadurch der Nervenimpuls nicht fließen kann. Anders im Zustand der Entspannung, in dem der Nervenimpuls den Spalt überwindet, d.h. frei fließen kann.

Entspannung 8 bis 2 Hz geistig und körperlich als

- Hilfe für das Erinnerungsvermögen
- Voraussetzung für produktive und kreative Gehirn-Arbeit
- Förderung der Nervenimpuls-Leitung

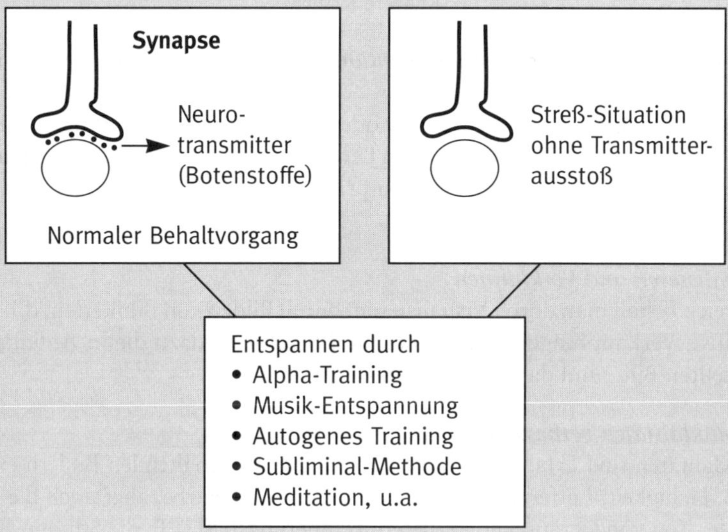

Abb. 22 Entspannen als Voraussetzung des Behaltens

3. Lernbarrieren abbauen

Vor und/oder während des Lernens bzw. Behaltvorgangs sollten auftretende Lernbarrieren und Blockaden abgebaut werden: Solche Lernbarrieren können unterschiedlicher Art sein, z.B., psychisch-energetisch, emotional, aber auch mental und äußerlich, z.B. räumlich. Versuchen Sie deshalb, diese Hemmungen und Blockaden zu beseitigen durch

- optimale äußere Lernbedingungen (Raumausstattung, Licht, Sauerstoff, Farbe, richtiges Sitzen),
- körperliche Fitness, z.B. durch Atemübungen und leichte Kreislauf- und Bewegungsübungen,
- Energieübungen (z.B. kinesiologische Überkreuzübungen),
- mentale Einstimmung und Programmierung (z.B. durch die Vorstellung, daß ich erfolgreich lerne, durch mentale Selbstmotivation).

Das bedeutet auch, daß der Lernende sehr auf seine Wortwahl und seine Selbstgespräche achten muß:
Statt: *Ich muß lernen*, besser: *Ich kann lernen.*
Statt: *Lernen macht Mühe*, besser: *Lernen macht Freude.*

Worte sind die mächtigste Droge, welche die Menschheit benutzt.
(Rudyard Kipling)

4. Den eigenen, bevorzugten Wahrnehmungs- bzw. Sinneskanal erkennen und benutzen
Sind Sie mehr ein visueller, ein auditiver oder ein kinästhetischer Lerntyp, d.h. spielen Emotion und Bewegung für Sie beim Lernen eine wichtige Rolle? Versuchen Sie, möglichst alle Sinne beim Lernen und Einprägen zu beteiligen, besonders aber Ihren bevorzugten Sinneskanal.

5. Visualisieren und Verknüpfen
Erfolgreich behält man durch Visualisieren, durch Bilden von Bildketten, d.h. durch assoziative Verknüpfungen. *Vera Birkenbihl* beschreibt dazu die in *Abbildung 23* dargestellten Bild- und damit Gedächtnistechniken.

6. Submodalitäten verbessern
Submodalitäten sind Erfahrungen, die sich bei den zu behaltenden Bildern ergeben, wie z.B. Helligkeit, Entfernung, Tiefe von Bildern, ihre Farbe, aber auch die Klangfarbe, der Ton von Geräuschen in diesem Erinnerungsbild (z.B. die Stimme von Tieren und Menschen). Stellt man sich nun ein Bild vor zum Text, den man behalten will, so kann man die Submodalitäten mental verstärken, z.B. aus einem schwachen „Foto" ein farbiges, deutliches, helles machen. Dadurch prägt sich das Bild besser ein.

7. Konzentrieren, Fokussieren
Es ist notwendig, daß Sie voll und ganz bei dem Einprägevorgang sind. Dazu dienen Konzentrationsübungen und das Einstellen auf die zu behaltenden Informationen bzw. Bilder. Im folgenden werden zwei Übungen Wege dazu aufzeigen.

Bilder-Machen beim Lernen

1 Erstellen von einfachen Bildketten

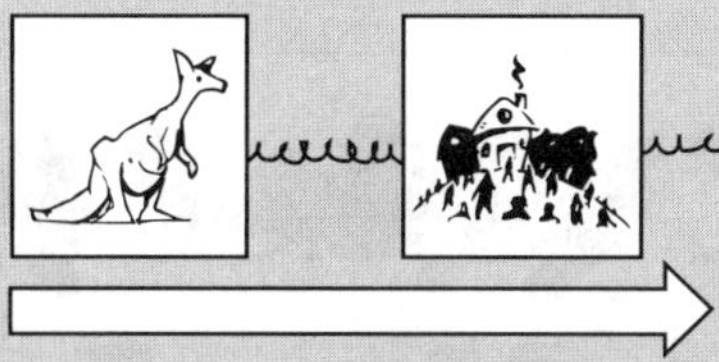

2 Geschlossene Bilderketten
Die Reihenfolge ist festgelegt, nicht aber der Anfang

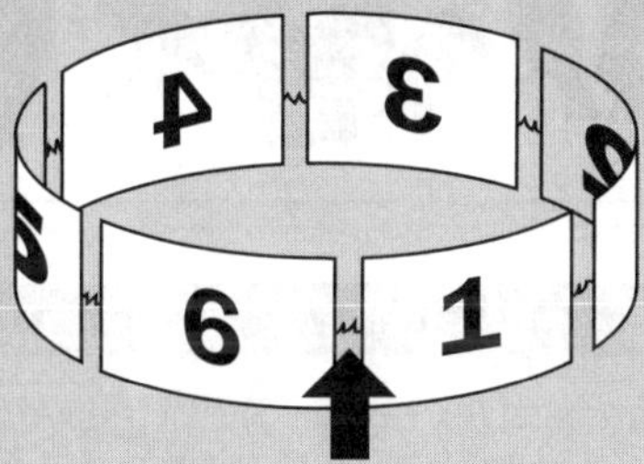

Kette einfach schließen

3 Paarweise Assoziationen (Zwei Bilder aneinanderhängen)

1 = Kerze (länglich, erinnert an die Eins)

2 = Schwan (Form ähnelt der einer Zwei)

3 = Pyramide (aus **Drei**ecken bestehend)

Abb. 23 Gedächtnisoptimales Lernen durch Visualisieren und Verknüpfen
(aus: V. Birkenbihl: Stroh im Kopf)

Übung 1: Konzentrieren, Fokussieren

Fixieren Sie das folgende Bild und versuchen Sie, mit den Gedanken voll bei diesem Bild zu bleiben:

Übung 2: Konzentration ist alles

- Nehmen Sie sich eine Uhr mit Sekundenzeiger, setzen Sie sich davor.
- Entspannen Sie sich zuerst einige Sekunden, sammeln Sie Ihre Aufmerksamkeit.
- Konzentrieren Sie sich jetzt auf die Bewegung des Sekundenzeigers, zwei Minuten lang. Nichts anderes auf der Welt und in Ihren Gedanken ist wichtig.
- Falls Sie abgelenkt werden, z.B. Gedanken Sie einholen, halten Sie inne, sammeln erneut Ihre Aufmerksamkeit und beginnen von neuem.
- Hören Sie mit der Übung auf, wenn es Ihnen gelungen ist, sich zwei Minuten voll zu konzentrieren.

Sicherlich gibt es noch weitere Methoden für ein gehirnoptimales Lernen und Behalten. Die wichtigsten wurden dargestellt. Diese Grundregeln lassen sich entsprechend auch für das Erinnern, das Wiederabrufen des Gespeicherten anwenden.

Aufgabe von Bildungsmanagern und Lehrenden ist es, bei diesen gehirnoptimalen Lern-, Behalt- und Erinnerungsprozessen

- die Lernenden mit den entsprechenden Methoden vertraut zu machen (Methodenmanagement),

- sie anzuleiten, ihr bisheriges Verhalten bzw. die bisherigen Methoden zu ändern und die neuen Techniken erfolgreich zu üben und zu praktizieren (Change Management).

Dazu brauchen Bildungsmanager sehr viel Einfühlungs- und Kommunikationsvermögen sowie didaktisch-pädagogische Kompetenz.

5.4 Suggestopädisches Lernen

„Hören Sie mir auf damit. Suggestopädie – ist das nicht dieses Lernen mit Entspannungsübungen, Phantasiereisen und Musik? Entweder man hört Musik oder lernt, aber beides nicht.“ Ich war überrascht, dieser ältere Lehrer wußte ja, worum es ging. *„Das würde den Schülern so passen, das ist ja Unterhaltung, nicht Lernen. Bequem hinsetzen, den Mund aufmachen und schon fliegen wie im Schlaraffenland die gebratenen Tauben, sprich Englischvokabeln, Grammatikregeln, physikalischen Gesetze usw. in den Kopf hinein. Schlafend lernen. Das kommt nicht in Frage. Nein, gehen Sie mir weg mit diesem neumodischen pädagogischen Kram. Sie haben ja keine Ahnung, wie es in der Schulpraxis zugeht. Unterrichten und Lernen sind harte Arbeit, da bleibt für Spielerei keine Zeit.“* In der Tat handelt es sich beim suggestopädischen Lernen um einen radikalen Wandel im Verständnis des Lernens.

Die Suggestopädie, die der bulgarische Psychiater, Neurologe und Hypnoseforscher *Professor Georgi Lozanov* Mitte der 60er Jahre entwickelte, verbindet die neueren Erkenntnisse der Gehirnforschung und der Lernpsychologie mit den mnemotechnischen Praktiken der alten Griechen und indischen Brahmanen. Die Gehirnforschung geht davon aus, daß der Mensch lediglich vier bis zehn Prozent seiner geistigen Möglichkeiten nutzt. Den Rest bezeichnet Lozanov als „mentale Reserve-Kapazitäten“, die brachliegen und lediglich zum „Tragen alter oder neuer Hüte“ dienen.

Mindestens 15 Mrd. Nervenzellen in unserem Gehirn warten darauf, aktiviert zu werden. Zuvor müssen allerdings eine Reihe von Lernbarrieren und Hemmungen von alten Denkmustern und Lernmethoden beseitigt werden. Es müssen – wie es die Suggestopädie verlangt – alle sinnlichen Wahrnehmungskanäle (Sehen, Hören, Fühlen, Riechen, Schmecken, Tasten) aktiviert sowie körperliche und geistige Entspannung erreicht werden. Nur dann können die linke und rechte Gehirnhälfte miteinander korrespondieren, d.h. Körper und Geist, Emotionen und Ratio harmonisch zusammenwirken.

Dieses „Superlearning“ (Lozanov-Lernen/suggestopädisches Lernen), das in den letzten Jahren besonders für den Sprachunterricht von privaten Bildungsinstituten angeboten wird, wird charakterisiert durch eine spezifische Struktur der Lernstoff-Aufbereitung und der Art des Lernverhaltens.
Elemente der Lozanov-Methode sind in der Zwischenzeit auch in andere Lernmethoden integriert worden:
- in streßfreies Lernen,
- Lernen im Entspannungszustand,
- Lernen bei besserer Gehirndurchblutung,
- biologisches Lernen.

Das Konzept des suggestopädischen Lernens
Wie sieht nun das Konzept dieses neuen Lernansatzes aus? Bekannt wurde die Methode in Deutschland Anfang der 70er Jahre durch das Buch „*Superlearning*“ der beiden Amerikaner *Ostrander* und *Schroeder*. Superlearning bezieht den Lernenden mit seinen gesamten Fähigkeiten, mit Körper, Geist und Seele, mit allen Sinnen in den Lernprozeß ein. Es ist eine ganzheitliche Methode, die es vermeidet, den Lernenden unter Streß und Druck zu setzen. Der Lernvorgang sollte so anregend, entspannt und spaßbringend sein, daß beide Gehirnhälften angesprochen werden. Suggestopädie unterscheidet sich also wesentlich vom herkömmlichen Lernen:

Vergleich zwischen herkömmlichem und suggestopädischem Lernen

Herkömmliches Lernen	Suggestopädisches Lernen
• Bewußte, rationale, computerähnliche Informationsaufnahme	• Entspannt-vernetzte Informationsaufnahme auch durch unbewußtes Lernen
• Ängstlich, zwanghaft, mit Drill und Herrschaft	• Frei, gelöst, selbstgesteuert
• Ohne Berücksichtigung der emotionalen Lage	• Förderung von Emotion und Wohlbefinden der Lernenden
• Oft ohne Spaß und Lust, mit Frust	• Förderung von Spaß und Lernfreude
• Einseitig-rationale Zielsetzung	• Ganzheitliche Zielsetzung (Körper, Geist, Psyche)
• Körperlich verspannt	• Körperlich entspannt
• Mit Erfolgsdruck	• Ohne Druck, mit positiven Erwartungen
• Unter Zeitdruck	• Kein Zeitdruck
• Hoher Energieaufwand und -verbrauch	• Förderung des körperlichen, geistigen, emotionalen Gleichgewichts
• Geringe Lerneffektivität	• Hohe Lernerfolge

Folgende Elemente bzw. Einflußbereiche sind beim suggestopädischen Lernen von Bedeutung:

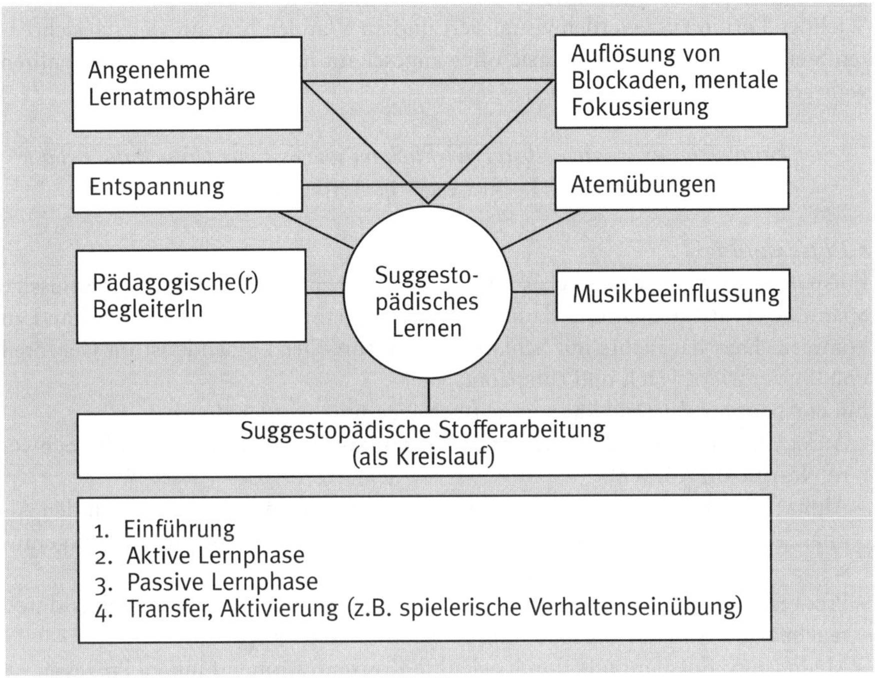

Abb. 24 Elemente des suggestopädischen Lernens

5.4.1 Grundelemente: Angenehme Lernatmosphäre – Entspannung – Auflösung von Blockaden/mentale Fokussierung – Atemübungen – Pädagogische Begleitung

• *Angenehme Lernatmosphäre:*
Das lernfördernde Umfeld und das Sich-wohl-fühlen stellen einen wesentlichen Motivations- und Energiefaktor beim Lernen dar. Das bedeutet konkret:

Eine angenehme Lernatmosphäre läßt sich herstellen durch:
– Lernort mit wenigen Störungen,
– angenehme Raumgestaltung (Farben, Ausstattung, Licht, Luft, Größe, Sitzgelegenheit, Atmosphäre, wenig an Schule erinnernd, Sitzordnung),
– Pausenentspannung,

- Ernährung,
- Entspannungsmöglichkeiten,
- ökologisches Gleichgewicht, ein positiver, lernunterstützender Rahmen.

Wichtige Lerninhalte werden visualisiert und an Wänden bzw. an vielfach sichtbaren Stellen angebracht, so daß sie öfter angeschaut und mit beiden Gehirnhälften wahrgenommen werden können.

Jeder kann sich nur so gut selbstverwirklichen, wie es seine Umgebung zuläßt.
(Arthur Koestler, englischer Psychologe)

• ***Entspannung:***
Entspannung ist ein wesentliches Element des Lernens. Sie dient dazu, überflüssige Spannungen abzubauen und dadurch in den aufnahmefähigen Alpha-Zustand zu kommen. Dies hat nichts mit Schläfrigkeit zu tun. Der Lernende ist im Gegenteil voll konzentriert, wach und entspannt.
Ein entspannter Zustand kann gezielt herbeigeführt werden durch:
- Autogenes Training: Selbstsuggestive Entspannung mit Formeln zu Ruhe, Schwere, Wärme im Körper.
- Alpha-Training: Verlangsamung der Gehirnaktivität, d.h. Versetzung in den Alpha-Zustand durch Farbvorstellung, innere Bildschau, Musik und Naturgeräusche.
- Progressive Muskelentspannung: Gezielte Veränderung des Muskeltonus durch regelmäßige An- und Entspannung einzelner Muskelgruppen.
- Meditation: Entspannung durch gelenkte Konzentration auf innere Prozesse.
- Bio-Feedback: Durch elektronische Rückmeldung physiologischer Größen (mittels eines Gerätes) läßt sich die Beeinflussung unbewußter Körperabläufe und -spannungen erlernen.
- Subliminal-Entspannung: Eingebettet in Alpha-Musik bzw. unterlegt sind nicht bewußt hörbare, aber unbewußt wahrnehmbare Suggestivformeln *wie „Ich bin ruhig und entspannt“* und *„Ich lerne konzentriert“*.

• ***Auflösung von Blockaden, mentale Fokussierung:***
Für das Lernen sollte man frei z.B. von Blockaden, Ängsten u.a. sein und sich dann auf den Lernvorgang einlassen, sich konzentrieren (fokussieren) und motivieren. Hierbei handelt es sich um eine mentale Programmierung.

Nur ein von körperlichen, geistigen und psychischen Blockaden freier Mensch lernt optimal. Solche Blockaden lassen sich auflösen bzw. verringern durch Körperübungen, gezielte Gymnastik, durch Mentaltraining *(vgl. Kap. 4.2)* und durch neuro-linguistische Methoden *(vgl. Kap. 3.2)*, aber auch durch positive Lernsuggestionen (Affirmationen). Dadurch können negative Lerneinstellungen in positive verwandelt und Unlustgefühle abgebaut werden. Eine solche Umwandlung von negativen in positive Lernvorstellungen kann z.B. erfolgen

– durch Affirmationen:
  Negative alte Lernblockaden wie der Gedanke „*Ich bin nicht begabt*" werden durch positive Aussagen (Affirmationen) überlagert *(vgl. Kap. 4.2)*. Ich spreche die positive Formel aus, stelle mir diese bildhaft vor und versuche, davon überzeugt zu sein.

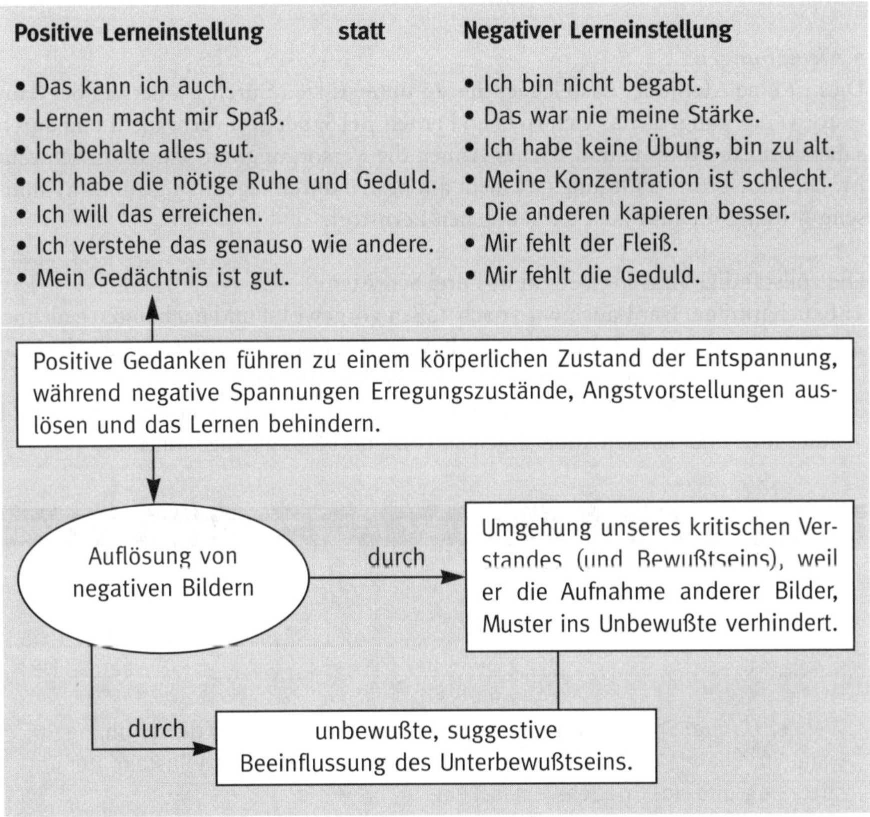

Abb. 25 Auflösung bzw. Verhinderung von Lernblockaden und negativen Einstellungen

– durch ein entspanntes Wachsein (Alpha-Zustand):
  Aufgrund von Entspannungstechniken, von Trance, versuche ich mein Unbewußtes zu motivieren für das Lernvorhaben.

– durch NLP-Methoden:
  Negative Vorstellungen werden weggeswitcht, d.h. das Bild der Negativ-Vorstellung eingerahmt, in Gedanken sozusagen weiß gemacht und langsam weggeschoben.

Frühere positive Lernerfolge kann man sich bewußt machen und verstärken, z.B. durch die Submodalitäten-Methoden *(vgl. Kap. 5.3.5)*. Der Lernende versucht sich nicht nur zu entspannen, sondern auch störende Gedanken in lernfördernde zu verwandeln, sich mental auf den Lernstoff einzustellen, sich zu konzentrieren.

• ***Atemübungen:***
Dies ist eine Methode, das Gedächtnis zu unterstützen durch Förderung der Sauerstoffversorgung, da das Gehirn beim Lernen viel Sauerstoff verbraucht und durch sauerstoffarme Räume und flaches Atmen die Versorgung mit Sauerstoff schlecht ist. Die Sauerstoffversorgung geschieht am besten durch regelmäßige und rhythmische Atmung im Takt zum dargebotenen Lernstoff.

Die vollständige Atmung besteht aus drei Schritten:
1. Bauchatmung: Der Bauch wird nach außen vorgewölbt und nach unten gedehnt.
2. Mittlere Atmung: Es wird zuerst der Bauchraum mit Luft gefüllt, danach die Rippen auseinandergespreizt und die Schultern angehoben.
3. Nasenatmung: Nachdem Bauch- und Brustraum wie beschrieben mit Luft gefüllt sind, füllt man nacheinander Rachen, Nase und Nasengänge mit Luft.

Atem-Übung

Mein Geist dürstet nach Taten,
Mein Atem nach Freiheit.
(Friedrich Schiller)

Ziel der Übung: Spannungen, Streß und Angst lassen sich mit dieser Übung umwandeln, Energie und Wohlbefinden steigern, einen gesunden Zustand der Entspannung und des Friedens entwickeln.
Die Atemübung geht von der Atemtechnik der kleinen Kinder aus. Es ist die vollkommen natürliche Form des Atmens, die jedoch bei zivilisierten Menschen oft verkümmert ist. Unser Körper möchte so – wie in der Übung – atmen, wenn er sich im Ruhezustand befindet.

Hinweise: Es soll bei dieser Atmung stets durch die Nase geatmet werden und keine Unterbrechung zwischen dem Ein- und Ausatmen entstehen. Mit dieser „vollständigen Atmung" ist immer auch ein tiefer Entspannungszustand verbunden. Eine solche Atemweise setzt ein, wenn ein gesundes Gleichgewicht zwischen Bewußtsein und Unterbewußtsein herrscht.

Durchführung der Übung:

- Suchen Sie sich eine bequeme Sitzstellung. Halten Sie den Rücken dabei aufrecht und die Beine flach auf dem Boden ausgestreckt. Sie können aber auch im Lotos-Sitz die Übungen durchführen.
- Legen Sie nun die rechte Hand unterhalb des Solarplexus auf den Bauch. Dadurch können Sie den Rhythmus des Atems besser spüren. Der Atem wird fließender.
- Schließen Sie nun Ihre Augen. Das hilft besser zu entspannen und bessere Entspannung erleichtert die vollständige Atmung.
- Beginnen Sie nun mit dem Einatmen:
  Füllen Sie den unteren Teil der Lunge mit Luft. Dadurch, daß Sie Ihre Hand auf dem Bauch haben, spüren Sie, wie sich die Muskulatur des Zwerchfells dehnt und sich der Magen leicht nach oben wölbt.
- Lenken Sie nun den Luftstrom in den mittleren und oberen Teil der Lunge (Bauch-, Rippen-, Schulterraum). Die Schultern heben sich und die Muskulatur des Brustkorbs dehnt sich. Bei dieser mittleren Atmung können Schmerzen in der oberen Rückenpartie zwischen den Schulterblättern entstehen, weil sich bestimmte Muskeln aufgrund des geringen Gebrauchs zusammengezogen haben bzw. steif geworden sind. Das ist weitgehend die Folge falschen Atmens. Nach weiterem Üben verschwindet das unangenehme Gefühl und die Muskeln werden wieder flexibel.
- Lassen Sie nun den Atem weiter nach oben steigen, bis er die Nasengänge und den Kopfbereich erfüllt. Spüren Sie jetzt ein angenehmes Gefühl der Leichtigkeit?
- Jetzt beginnt der Vorgang des Ausatmens, nur in umgekehrter Reihenfolge. Zuerst die Luft aus dem Kopf- und Nasenbereich ausströmen lassen, dann aus den anderen Bereichen. Die Schultern werden sich dabei wieder von selbst senken und auch das Zwerchfell wieder seine normale Lage erlangen.
- Führen Sie diese Übung etwa 5 Minuten lang durch, ohne daß zwischen Ein- und Ausatmen eine Unterbrechung eintritt.

Auswirkungen der vollständigen Atmung:
Diese Atmung kann verhindern, daß sich Menschen bei Spannungen, Streß, Ängsten verkrampfen und der Energiestrom blockiert wird. Wenn wir den Atem anhalten, wie z.B. in Angstsituationen, kommt es zu einer Einschränkung der Gefühle, die sogar ganz abstumpfen können. Auch bei Streß neigen wir dazu, den Atem anzuhalten und nicht mehr tief durchzuatmen.
Diese Atemübung kann also dazu beitragen, sich zu beruhigen und Streßfolgen zu mildern. Außerdem ist bewiesen, daß bei tiefer Atmung im Gehirn als Zeichen der Entspannung mehr Alpha-Wellen auftreten. Anders bei flacher und schneller Atmung. Selbst Seufzer und Stöhner (auch ohne tiefe Atmung) bauen Streß, Spannung und Angst ab. Das gleiche gilt für Klänge und Schwingungen.

• ***Pädagogische Begleiter:***
Bildungsmanager sind pädagogische Begleiter in diesem suggestopädischen Prozeß. Sie sind ein wesentliches suggestopädisches Element durch
- ihre Stimme als suggestives Ausdrucksmittel,
- ihre Körpersprache,
- ihre Sprache, durch bewußt gewählte Worte, die Assoziationen bzw. innere Erlebnisse beim Lernenden auslösen,
- das von ihnen inszenierte Lernarrangement, die Didaktik und Methodik.

5.4.2 Musikbeeinflussung: Die Bedeutung der Musik für das Lernen

Für die Suggestopädie ist Musik ein integraler Bestandteil des Lernens. Es war das Verdienst von *Professor G. Lozanov,* den tiefgreifenden Einfluß der Musik auf das Lernen zu entdecken.
Dabei fördert allerdings nur solche Musik das Lernen, die den Lernenden in den Entspannungszustand, d.h. den Alpha-Zustand, versetzt. Ein Großteil der modernen Musik (z.B. Rock-, Popmusik) ist dazu nicht geeignet. Lozanov kam nach langjährigen Forschungen zu dem Ergebnis, daß vor allem die Musik der klassischen, vorromantischen Epoche und der Barockzeit beim Lernen drei wichtige Funktionen übernehmen kann:
1. Musik versetzt in den Alpha-Zustand
Klassische und barocke Musik versetzen den Hörer in den Alpha-Zustand, der die Lernstoffaufnahme und -verarbeitung fördert.
2. Musik als „Transportmittel“
Die rechte Gehirnhälfte (Musik) und die linke (Sprache) werden miteinander synchronisiert. Die Musik kann also als „Transportmittel“, als Mantra, als Medium für den Lernstoff genutzt werden.

3. Erhöhte Aufnahme-, Verarbeitungs- und Speicherkapazität
Die Vernetzung der beiden Gehirnhälften potenziert die Aufnahme-, Verarbeitungs- und Speicherkapazität unseres Gehirns.
Es kommt jetzt darauf an, die richtigen Musikstücke auszuwählen. Dabei kennen wir wissenschaftlich belegt bisher nur Werke aus Klassik und Barock. Sicherlich können auch andere Musikstücke Frequenzen erzeugen, welche den Alpha-Zustand charakterisieren.
Musik hat nicht nur eine entspannende Wirkung, sondern besitzt auch andere therapeutische Effekte, wie Wut, Zorn, Ärger, Konflikte auszugleichen oder gar zu heilen. Immer häufiger wird die Heilwirkung der Musik mit Suggestopädie verbunden, sei es durch hörbare (z.B. Autogenic-Kassetten) oder durch unterschwellige Botschaften (z.B. Subliminal-Kassetten). Im folgenden eine Zusammenstellung entsprechender Musikstücke:

1. Klassische Musikstücke zur Entspannung
Classical Music for Salt und Suggestopaedia (mit Werken von Haydn, Bach u.a.), K.G. Hinkelmann Verlag, Bremen (als Cassette).

Johann Sebastian Bach
- Largo aus dem Flötenkonzert in g-Moll nach BWV (Bach-Werkverzeichnis) 1056. Bearbeitung für Flöte: Original: Cembalo (James Galway spielt Bach, RCA RL 25119 AW).
- Aria zu den Goldberg-Variationen, BWV 988 (Cembalo). (EMI IC 151-80710/11)
- Largo aus Konzert für Klavier und Streichorchester Nr. 5 in f-Moll, BWV 1056. (Drei Klavierkonzerte, ZL 30569)
- Largo aus Konzert für Cembalo solo in g-Moll, BWV 975 (nach Vivaldi). (Cembalokonzerte nach A. Vivaldi, EMI IC 064-28336)
- Largo aus Konzert für Cembalo solo Nr. 5 in G-Dur, BWV 976.
  Largo aus Konzert für Cembalo solo in F-Dur (DSU 34287)

Arcangelo Corelli
Alle langsamen Sätze aus Concerti grossi op. 6, Nr. 1-12. (DG 2710011 MS)

Georg Friedrich Händel
- Alle langsamen Sätze aus Concerti grossi op. 6, Nr. 1-12. (EMI IC 153-99645/47 Q)
- Largo aus Konzert Nr. 3 in D-Dur. (Concerti grossi op. 3, Nr. 1-6, EMI IC 151-99622/23)

Georg Philipp Telemann
- Largo aus Fantasien für Cembalo, Nr. 17 in g-Moll. (PR 70 124)
- Largo aus Konzert für Viola, Streicher und Basso continuo in G-Dur. (Dca 91017)

Antonio Vivaldi
- Largo aus „Winter" – Die vier Jahreszeiten. (Les Quatre Saisons, Philips X Stereo 6515007)
- Largo aus Konzert in D-Dur für Gitarre, Streicher und Basso continuo. (DG 139 417)
- Largo aus Concerto für Mandoline, Streicher und Orgel, Nr. 1 in C-Dur PV 134, (FSM 34 153)
- Largo aus Concerto für Viola d´amore, Laute, Streicher und Basso continuo in D-Moll PV 266. (Sämtliche Konzerte für Laute/Gitarre/Mandoline, DG 2530211)
- Largo aus Konzert für Flöte, Streicher und Basso continuo in C-Dur PV 79. (DG 25 35 200)

2. Leichtere Musik zum Entspannen

Zamfir, Music for Flute of Pan (verschiedene CDs, LPs und Cassetten)

3. Musik zum Beruhigen von Wut, Zorn, Ärger und bei Konflikten
- Bach, J.S., Das wohltemperierte Klavier (I und II)
- Händel, Konzert Nr. 5. F-Dur für Harfe
- Schubert, Vorspiel zu Rosamunde

Diese Musik ist kraftvoll genug, um den „Dampf" eines Wütenden oder von Konflikten Gepeinigten aufzunehmen.

4. Subliminals

Bei der Subliminalmethode fließen „auf dem Weg der unterschwelligen Wahrnehmung ... motivationsfördernde, persönlichkeitsbestärkende Formeln und Texte in das Unterbewußtsein. Eng verwoben mit entspannender Musik und Naturgeräuschen sind sie als Suggestionen nur für das Unterbewußtsein wahrnehmbar".
Dieser Text charakterisiert das Programm der Motivations-Kassetten des mvg-Verlags. Aus diesem Programm seien vor allem folgende Beispiele empfohlen:
- *Entspannt und unbeschwert.*
- *Ärgere Dich nicht.*

5. Tiefenentspannung mit Musik

Aus der Fülle der Ton-Cassetten zur Tiefenentspannung sei hier nur ein Beispiel genannt: *Tiefenentspannung – ein integriertes Kassettenprogramm von Dr. med. J. Schleimer, Pflaum-Verlag, München.*

5.4.3 Suggestopädische Stofferarbeitung als Kreislauf

Der suggestopädische Prozeß will nicht nur Lerninhalte aufbereiten und auf Phasen verteilen. Er ist ein Prozeß, der Körper, Geist und Psyche, Verstand und Gefühl einbezieht und die psycho-soziale Situation der Lernenden berücksichtigt. Er will somit für das Lernen Geborgenheit, Sicherheit, Vertrauen und Wohlbefinden fördern.
Der suggestopädische Kreislauf ist ein immer wiederkehrender Phasen-Prozeß, kein starres Schema, welches z.B. auf eine Unterrichtsstunde bezogen ist, sondern ein dynamischer Prozeß, den jeder neue Stoffkomplex durchläuft.
Lozanov entwickelte folgende Elemente des suggestopädischen Kreislaufs: Einführung (Decoding), aktives Lernkonzert, passives Lernkonzert, Aktivierung (Elaboration). Andere Wissenschaftler, wie Charles Schmid, Donald H. Schuster u.a. haben noch weitere Elemente hinzugefügt wie Phantasiereisen, körperliche und geistige Entspannungsübungen sowie Elemente aus dem neurolinguistischen Programmieren (NLP).
Es lassen sich folgende Phasen im suggestopädischen Kreislauf unterscheiden:

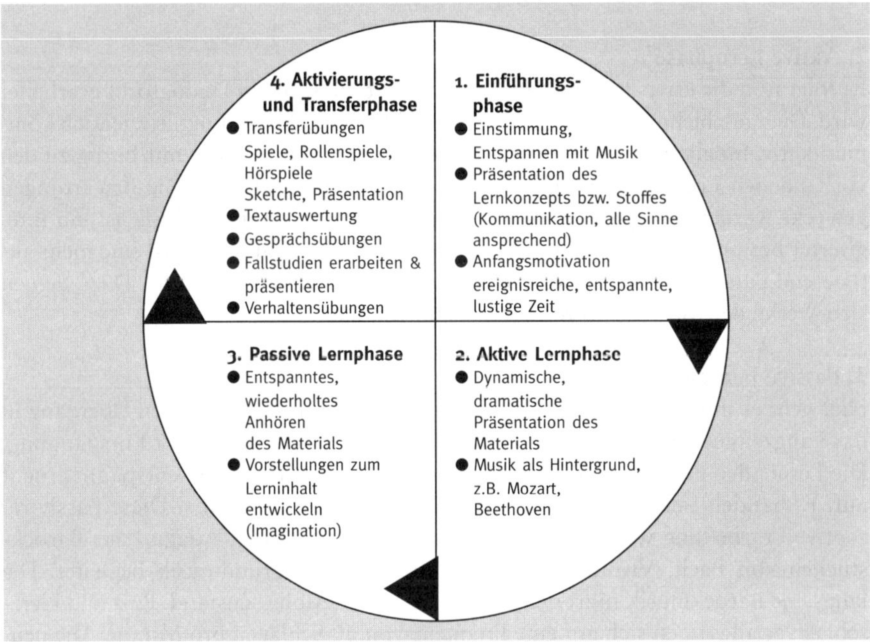

Abb. 26 Phasen des suggestopädischen Kreislaufs

1. Einführungsphase

Diese Phase läßt sich wie folgt unterteilen:

- Warming up, Ein- und Umstimmung:

Es gibt eine Vielzahl von Anwärm-Methoden. Wichtig ist eine kleine geistige Entspannung, z.B. einer entspannenden Musik lauschen, die Augen schließen und alles, was vorher wichtig war, am geistigen Auge vorbeiziehen lassen, um sich dann anschließend voll der neuen Situation des Lernens zuzuwenden. Dieses Umschalten ist vor allem für Berufstätige wichtig, die aus dem Arbeitsalltag in den Lernprozeß „stürzen".

- Präsentation des Lernkonzeptes:

Ziele und Bedeutung des Lernmaterials werden präsentiert, der Sinn des Tuns herausgestellt. Das soll möglichst kommunikativ, alltagsbezogen, problemorientiert, alle Sinne ansprechend geschehen.

- Anfangsmotivation:

Der Lernende soll den Eindruck erhalten, daß der bevorstehende Lernprozeß ereignisreich, abwechslungsreich, lustig, auf seine Erfahrungen und Interessen bezogen, lehrreich und verständlich ist. Er muß von der Wichtigkeit des Lernkonzepts überzeugt sein und an den Erfolg glauben.

2. Aktive Lernphase

Es folgt nun die erste Präsentation des Lernmaterials, die in Dialogform erarbeitet wird. Dies geschieht weitgehend noch im traditionellen Sinne, kognitiv, jedoch kommunikativ, möglichst visualisierend, spannend und motivierend, mit Bezug zu den vorhandenen Erfahrungen. Dabei sollen positive, zukunftsbezogene Erwartungen geweckt werden und parallel dazu Hintergrundmusik laufen. Musik ist ein integrierter Bestandteil dieser Methode. In dieser aktiven Lernphase wird eine mehr aktivierend-entspannte Alpha-Musik verwandt als in der Passiv-Phase. Dazu eignen sich Werke der Klassik von Mozart, Beethoven u.a.

3. Passive Lernphase

Hier geht es um die weitere Veränderung des Lernstoffs, d.h. um den Übergang in das Langzeitgedächtnis. Das Schwergewicht dieser Phase liegt in der Entspannung. Die Lernenden nehmen den Stoff in „konzertähnlicher Haltung" entspannt erneut auf. Es handelt sich also um eine erste Wiederholung des Stoffs. Diese passiv-rezeptive Erarbeitung wird durch die langsamen Sätze (Largo, Adagio) aus Barockstücken von Bach, Vivaldi oder Telemann als Hintergrundmusik begleitet. Die langsame Barockmusik führt den Lernenden in den Alpha-Zustand. Puls und Herzschlag verlangsamen sich auf eine Frequenz von 60 Schlägen pro Minute. Die neuen Lerninhalte können im Unterbewußtsein verankert werden. Die Lernenden sollten sich ganz dem Fluß von Worten und Text hingeben und wahlweise ihre Wahrnehmung auf den einen oder anderen Bereich richten. Den Vergleich der aktiven und passiven Phase zeigt die *Abbildung 27*.

Aktive Lernphase	**Passive Lernphase**
Ziel: Präsentation des Textes in Dialogform mit Handlung, die viele Sinne anspricht und positive Haltungen und Erwartungen weckt	Ziel: Vertiefung und Verankerung im Langzeitgedächtnis durch Entspannung in Ruhestellung, sich Musik und Text hingebend
Klassikmusik Mozart, Beethoven, Brahms, Tschaikowsky	**Barockmusik** Bach, Vivaldi, Corelli, Telemann
Text Musik 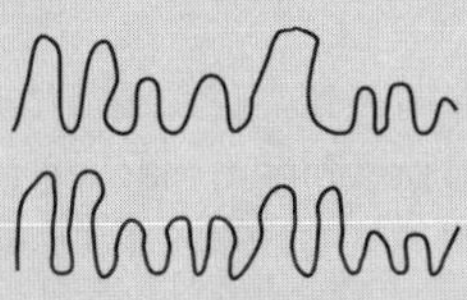	Text Musik 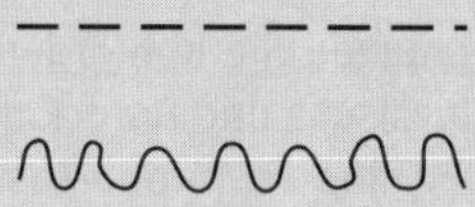
Text und Musik als ein in sich verwobenes Ganzes	Musik als Klangteppich
Erste Phase des Wissenserwerbs – *aktiv-übende Phase*	Geistiges Visualisieren des Lernstoffs im Alpha-Zustand – *passiv-rezeptive Phase*

Abb. 27 Vergleich der aktiven und der passiven Lernphase

4. Aktivierungs- und Transferphase

Durch Handeln aus und mit dem Lernstoff, durch Verknüpfen mit dem Alltag, z.B. in Fallstudien, in Gesprächsübungen, wird der Lernstoff weiterverarbeitet und mit dem Vorwissen verbunden. Das geschieht in einer lockeren, teilautonomen, d.h. stark selbstbestimmten und organisierten Arbeitsatmosphäre. Lernen erfolgt hier in einem spielerischen, anregenden, angstfreien, selbsttätigen Zustand. Korrekturen besitzen nur einen geringen Stellenwert, Drillübungen und Auswendiglernen werden vermieden. Der Führungsstil ist anregend-moderierend. Zu dieser Phase gehören Bewegungsübungen, Rollenspiele, Sketche, Verhaltenseinübungs-Spiele, Gesprächsübungen, Gruppenarbeiten, Lösung von Fallbeispielen u.a.

Verstärkt wird dieses kreative Lernen durch periphere Stimuli. Das sind Informationen, die nebenbei wahrgenommen werden, z.B. Plakate an der Wand, Metaplan-Darstellungen, Tafel- bzw. Flipchart-Aufzeichnungen, Mind-Maps usw. Lozanov schrieb dazu: Unsere Studien haben gezeigt, daß diese periphere, unbewußte Information auf der Ebene des Langzeitgedächtnisses verbleibt *(vgl. Lozanov, Suggestology and outlines of suggestopedy)*. Von daher besitzt die Raumgestaltung für den Lernerfolg einen hohen Wert.

✓ Zehn Regeln für ein erfolgreiches (suggestopädisches) Lernen

1. Bestimmen Sie Ihren Lerntyp (Seh-, Hör-, Fühl- oder Gesprächs-Typ). Prüfen Sie, mit welcher Gehirnhälfte Sie besser lernen (links: begriff-analytisch, rechts: bildhaft, kreativ) oder sind Sie ein „kombinierter Lerntyp“?

2. Gestalten Sie Ihre Lernumgebung anregend, freundlich, gemütlich. Sitzen Sie gut? Ist es nicht zu warm oder zu kalt?

3. Benutzen Sie lernfördernde Musik als Hintergrund. Klassische und Barockmusik entspannen und beruhigen, machen geistig aufgeschlossen (Alpha-Zustand).

4. Entspannen Sie sich gezielt körperlich und geistig (Bewegungsübungen, Autogenes Training, Meditation, Subliminal-Cassetten).

5. Fördern Sie Ihre Kreativität durch Phantasiereisen, utopische Gedanken, Zukunftsüberlegungen (Training der inneren Welt).

6. Arbeiten Sie mit Mind-Maps und Visualisierungen. Mind-Maps entsprechen der Arbeitsweise beider Gehirnhälften. Gestalten Sie Ihre Texte mit dieser Aufzeichnungstechnik *(vgl. Kap. 5.3.4)*.

7. Benutzen Sie periphere Stimuli (z.B. Lernposter, suggestive Zettel, z.B. „Ich schaffe alles“.) Fertigen Sie diese selbst an und hängen Sie diese in Ihrer Nähe auf. Sie lernen doppelt (beim Anfertigen und beim wiederholten Daraufschauen).

8. Stellen Sie Verbindungen zwischen dem neuen Lernstoff und Ihren Erfahrungen, Ihrer Praxis her. Völlig Neues, Unbekanntes macht Angst und erzeugt Streß. Unbekanntes mit

Bekanntem vernetzt produziert Aha-Erlebnisse und gibt Sicherheit. Sie lernen besser.

9. Lernen Sie ganzheitlich, also auch durch Tun und Handeln.
Wenn möglich, begnügen Sie sich nicht nur mit Hören und Sehen, sondern lernen Sie durch Anfassen, Befühlen, Beriechen, Spielen, Singen, Sprechen, Rollenspiele usw.

10. Motivieren Sie sich selbst.
Reden Sie sich selber gut zu. Sagen Sie sich „Das macht mir Spaß". Visualisieren Sie das Ziel, Ihre Motive, den geistigen Sinn. Stellen Sie sich den erfolgreichen Abschluß vor (z.B. Zeugnisübergabe).

5.5 Unbewußte Kräfte aktivieren

5.5.1 Autosuggestion

Lernen kann durch Suggestion bzw. durch Autosuggestion verstärkt, d.h. erfolgreicher werden. Autosuggestion ist die Methode der bewußten, positiven Selbstbeeinflussung. Damit ist es möglich, die Gedanken, Ziele und Motive bewußt in die gewünschte Richtung zu lenken, die in sich schlummernden, meist ungenutzten Kräfte und Energien zu aktivieren und für das Erreichen unserer Ziele einzusetzen. Das Wissen um die Wirkung von Autosuggestion war schon lange bekannt, bevor *Emile Coué* es aufgriff. Ihm verdanken wir es, daß diese Methode lehr- und erlernbar wurde.
Die geistigen Gesetzmäßigkeiten bzw. psychologischen Grundsätze für die Anwendung der Autosuggestion lauten:

- Nicht der Wille, sondern die Vorstellungskraft ist die leitende Energie im Men schen.
- Die Vorstellungskraft ist lenkbar.
- Jedes geistige Vorstellungsbild und jeder Gedanke haben das Bestreben, sich zu verwirklichen.
- Stimmen Wille und Vorstellungskraft nicht überein, siegt die Vorstellung. Ansonsten verstärken sie sich.

Die Autosuggestion baut auf folgenden Säulen auf:

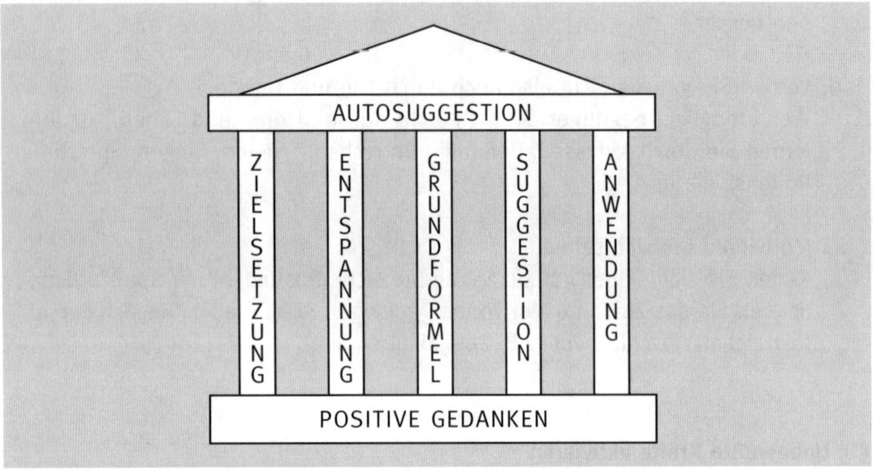

Abb. 28 Die Säulen der Autosuggestion (nach: Emile Coué)

- ***Positive Gedanken***

Das Fundament der Autosuggestion sind positive, starke Gedanken. Gedanken sind der Anfang einer Bewegung, jeder gewünschten Veränderung und auch des Lernens. Wir können nichts erreichen, wenn wir es nicht vorher denken.

Ohne Gedanken an Erfolg gibt es keinen Erfolg.
(Emile Coué)

- ***Zielsetzung***

Unser Ziel können wir jedoch nur erreichen, wenn wir genau wissen, was wir wollen. Wir müssen deshalb unsere Gedanken und das Ziel konkretisieren und unser ganzes Denken auf dieses Ziel konzentrieren. Wir stellen es uns bildhaft, mit allen Sinnen, beweglich, scharf vor und malen es uns prächtig und bunt aus. Je besser, desto wirkungsvoller. Alle unsere Kräfte, Gedanken und Sinne konzentrieren wir auf das Ziel.

Wenn Sie mit irgendeiner Arbeit oder Erfüllung eines Wunsches, aber auch mit der Lösung von Problemen, mit der Bewältigung von Angst und Sorge Erfolg haben wollen, konzentrieren Sie alle Ihre positiven Kräfte – also Ihre Gedanken – auf das eine Ziel!
(Emile Coué)

• ***Entspannung***
Je mehr wir uns entspannen, in den Alpha-Zustand des entspannten Wachseins gehen, desto besser können wir unsere Gedanken, Vorsätze, Ziele in unserem Bewußtsein und Unterbewußtsein verankern.

• ***(Suggestions-)Grundformel***
Um diese Verankerung, diese Zielrealisierung noch wirkungsvoller zu gestalten, schlug Coué vor, eine Affirmation, eine formelhafte Aussage zu bilden und an den Erfolg zu glauben, der sich Schritt für Schritt einstellt. Coués Grundformel lautete:

Es geht mir mit jedem Tag in jeder Hinsicht immer besser und besser.

Dieser Suggestionsgrundformel könnte man auch eine persönliche Grundformel anschließen, z.B. *„Ich schaffe es“*, *„Ich bin schlank“*, *„Ich bin motiviert“*. Sie sollte kurz und prägnant und so formuliert sein, als ob der gewünschte Zustand schon erreicht sei. Solche Affirmationen dienen beim Lernen besonders der Selbstmotivation, z.B. *„Ich bin voll konzentriert“*.

• ***Bewußte Anwendung***
Es genügt nicht, sich mental zu trainieren. Man muß auch etwas dafür tun. Man muß die Lernfähigkeiten täglich trainieren, besonders bei Veränderungen, z.B. der Lern- oder Eßgewohnheiten. Einmal gedacht bringt nichts. Auch unser Geist muß trainiert werden. Denken Sie daran: *„Übung macht den Meister.“*

5.5.2 Mentaltraining

Mentaltraining ist eine Methode, die dazu dient, die in uns schlummernden mentalen (geistig-seelischen) Kräfte besser kennenzulernen, zu entfalten und zu erhalten.
Mentaltraining besteht
- aus Übungen zur Entspannung
  (Atem-, Körper-, psychischen Entspannungsübungen),
- aus Visualisierungen
  z.B. Vorstellen von sportlichen Abläufen, von Lernprozessen bzw. von gelösten schwierigen Lernsituationen,
- Arbeit mit Zielvorstellungen,
- aus gezielten Übungen, z.B. für mehr Konzentration.

Das kann Mentaltraining bewirken:
- Entfaltung der geistig-seelischen Kräfte und Energien

- Training der Gehirnhälften und ihre Synchronisation sowie besseres, gehirn-optimales Lernen
- Entwicklung der Selbstmotivation und Lernfreude
- Verbesserung der Entspannungsfähigkeit
- Förderung der Kreativität
- Aufbau von Selbstsicherheit und Selbstvertrauen

Arten des Mentaltrainings
Im mentalen Training setzen wir Energiereserven frei, bündeln unsere Kräfte, lernen und gestalten unser Denken, Wollen, Verhalten und Handeln. Dieses mentale Arbeiten vollzieht sich in unterschiedlichen Gehirnwellenbereichen, je nachdem, ob wir im vollen geistigen Wachzustand sind (Beta-Zustand) oder uns im Alpha-, REM-, Theta-Bereich befinden. Die Wirksamkeit des mentalen Trainings ist je nach Gehirnzustand unterschiedlich. Es lassen sich daher, je nach Gehirnwellenzustand, folgende Arten des Mentaltrainings unterscheiden:

- Beta-mentales Training:

Hierbei handelt es sich um das normale, geistige Training bzw. Lernen im vollen Wachzustand, d.h. im Beta-Zustand. Der Beta-Zustand reicht von normalem Wachsein bis zum aufgedrehten, gestreßten Dasein. Beta-mentales Training vollzieht sich in einem Gehirnfrequenzbereich von 15 bis 35 Hertz (Schwingungen pro Sekunde) *(vgl. Kap. 2.3)*.
Die Wirksamkeit des Trainings ist sehr unterschiedlich: Je höher die Erregung, das Aufgedrehtsein, der Streß, desto geringer ist die Trainings- bzw. Lernwirkung. Je größer der Energieaufwand, desto geringer die Effektivität. Je mehr das Beta-Verhalten in Richtung Entspannung geht, um so besser.

- Alpha-mentales Training:

Im Unterschied zum Beta-mentalen Training gehen wir beim alpha-mentalen Training mehr in den Zustand des entspannten Wachseins. Wir vermindern den Grad der Wachheit. In diesem Zustand wirken die mentalen Kräfte etwa fünfhundertmal stärker. Wir kommen an hohe Energiekräfte heran, lernen und behalten besser, werden geistig flexibler, kreativer, als wenn wir voll aufgedreht wären. Lernen, Denken, Trainieren im Alpha-Zustand ist besonders wirkungsvoll.

- REM- und Theta-mentale Techniken und Methoden:

Hierbei handelt es sich um Techniken bzw. Methoden, bei denen sich unser Gehirn im REM- bzw. Theta-Zustand befindet. Beide Gehirnwellenbereiche sind Schlafzustände. Hier wirken die mentalen Kräfte viel stärker als beim mentalen Training im Wachzustand. Es gilt nur, die Kräfte zu nutzen, z.B. durch Lernen im Schlaf, d.h.

während der Traumphase (REM) oder während der Theta-Phase (Schlafphase). Im Schlaf oder in schlafähnlichen Zuständen, die z.B. durch Brain-Machines oder Tonkassetten erzeugt werden, können wir lernen, indem wir synchron eine Kassette mit Text anhören.

5.5.3 Subliminalmethode

Die Subliminalmethode ist ein Weg, das Unterbewußtsein zu beeinflussen und zwar am Filter des Bewußtseins vorbei.

Entwicklung der Subliminaltechnik
Erste Versuche mit einer unbewußten Beeinflussung stammen aus den 50er Jahren, als in den USA verschiedene Fernseh- und Rundfunksendungen versteckte Kaufbotschaften ausstrahlten. Diese unterschwellige Stimulation sollte zum Kauf anregen. Neurologen und Psychologen hatten herausgefunden, daß das Gehirn Kurzzeitbilder und Flüstergeräusche, welche direkt unterhalb unserer bewußten Wahrnehmungsschwelle liegen, als Stimulation auffaßt.

Ein zweiter Versuch stammt aus dem Marketingbereich. So lösten – wie eine Studie bekannte – in einem Film unterschwellig dargebotene „Coke-Bilder", die in der Bildfolge des Films versteckt waren, eine höhere Kaufbereitschaft aus.
Auch *Vance Packard* berichtet in seinem Bestseller *„Die geheimen Verführer"* über einen Spielzeughersteller, der kurze Fernsehspots mit unterschwelligen Stimuli „gedopt" hatte. Es blitzte mehrmals unbewußt der Befehl *„Hol's dir"* auf. Zuschauer empörten sich über diese heimliche Manipulation.

Neuerdings kommen auditive Tonkassetten-Subliminals auf den Markt als „Revolution aus den USA". In Entspannungsmusik eingebunden sollen positive Suggestionen die „Fesseln des Unterbewußtseins" lösen und positive Lebenshaltungen (z.B. Entspannung, Erfolg haben, gut reden können) einprogrammieren. Die Subliminals, d.h. die unterschwelligen Botschaften, sind einem hörbaren Musikteppich unterlegt.
Amerikanische Feldstudien bestätigen Wirkungen. In einem Supermarkt wurden Kunden und Mitarbeiter mit positiven emotionalen Subliminals ohne Kaufstimulation berieselt. Nach acht Monaten – so der Wissenschaftler – stellte man fest, daß die Diebstahlquote um 74 % gesunken und Warenbeschädigungen überdurchschnittlich gering geworden waren.
In der Therapie wird von Erfolgen berichtet. So wurde in einem Krankenhaus in Kansas City ein großer Rückgang der nervlichen Belastungen von operierten Pati-

enten festgestellt. Außerdem stellte sich eine meßbar verkürzte postoperative Rekonvaleszenz ein.

Die Zeitschrift GEO berichtete über einen Versuch des Psychoanalytikers W. Leuschner am Sigmund-Freud-Institut in Frankfurt/Main. Dieser ergab, daß unterschwellig Gesehenes (Bilder in Sekundenbruchteilen) sich mit Wahrscheinlichkeit in Traumbildern wiederfindet, während unbewußt Gehörtes sich durch gesprochenes, freies Assoziieren besser abrufen läßt. Wahrscheinlich werden im Gehirn sprachliche Eindrücke in optische Vorstellungen umgewandelt (und umgekehrt) und ins Bewußtsein gerückt.

Wirkungsweise der Subliminaltechnik
Die Subliminaltechnik steuert das Unterbewußtsein an und umgeht dabei die kontrollierende, filternde Instanz des bewußten Verstandes (Bewußtsein). Positive Suggestionen zu einem entsprechenden Thema (z.B. *„Entspannt und unbeschwert“)* werden in speziellen Aufnahmeverfahren in einen hörbaren entspannungsauslösenden Musikteppich eingewoben und für das Unterbewußtsein unhörbar gemacht.

Bei der Musik handelt es sich meist um eine „künstlich hergestellte Musik“, in der Regel langsame, harmonische Klänge. Es werden aber auch Naturgeräusche im Tonteppich nachgebildet. Bei regelmäßigem Hören über einen längeren Zeitraum löst die Musik einen entspannenden Alpha-Rhythmus aus; ferner werden die Suggestionen direkt im Unterbewußtsein verankert, ohne daß unser Bewußtsein als Kontrollinstanz sich einschalten kann, um z.B. die Programme abzulehnen. Auf den meisten Cassetten sind die suggestiven Formeln mehrere hundertmal in regelmäßigen Abständen enthalten. Sie werden durch ein digital gesteuertes Aufnahmeverfahren beschleunigt.

Beim Subliminal-Training braucht der Hörer keine besondere Sitz- oder Körperhaltung (wie z.B. bei der Meditation), keine langandauernden Übungssitzungen mit Therapeuten (wie z.B. beim Autogenen Training), keine besondere Anstrengung und Konzentration (wie z.B. bei Yoga). Er muß nur die Kassette in den Recorder einlegen und sie nebenbei anhören (z.B. bei der Arbeit oder zu Hause), am besten mit Walkman.

5.6 Mentaltechnische Lernmethoden

In zunehmendem Maße werden Lernprozesse technisch unterstützt, z.B. durch ein Sita-Lernsystem auf Bio-Feedback-Basis oder durch Brain-Machines, die zur Unterstützung des Lernvorgangs eingesetzt werden. Im folgenden sollen zwei dieser Systeme erläutert werden.

5.6.1 Sprachen-Lernen mit dem Sita-Lernsystem

Hierbei handelt es sich um eine spezielle Variante des Superlearnings, die von einem privaten Institut entwickelt und wissenschaftlich begleitet wurde (Sita). Die Methode kombiniert
- Superlearning-Sprachkassetten mit
- einem Bio-Feedback-Gerät.

Das Lernen soll „auf zwei Ebenen" gefördert werden:
- durch apparativ erzeugte Entspannung (mittels Bio-Feedback-Gerät) und
- davon abhängig präsentiertem Lernmaterial.

Sita-Lernen erfolgt im Wechselspiel zwischen
- aktiv-übendem Lernen und
- passiv-aufnehmendem Lernen.

Ein Bio-Feedback-Gerät wird zur Entspannungseinleitung und zur Entspannungskontrolle eingesetzt. Das Sita-System verspricht auch dem in Entspannungstechniken Ungeübten eine wirksame Kontrolle der Entspannung. Das ist insofern von Bedeutung, weil das Einüben von Entspannung mittels Autogenem Training oder gar Yoga in der Regel eine Trainingszeit von mindestens drei bis sechs Monaten braucht. Der Lernerfolg – so bestätigen Untersuchungen – ist überdurchschnittlich.

Grundsätze des Sita-Sprachkurs-Programms
- Ein Dialog erleichtert die Verinnerlichung der Inhalte. Durch die Rollen der Dialogsprecher sollen Identifikation und eine emotionale Beziehung zum Lerninhalt ermöglicht werden.
- Durch Texte aus aktuell nachvollziehbaren Situationen wird die Übernahme und Speicherung im Gedächtnis erleichtert.
- Elementarisierung bei der Grammatik durch Verzicht auf isolierte grammatikalische Regeln. Die Grammatik wird auf einen elementaren Kern zurückgeführt, der sich im aktuellen Wortschatz befindet.
- Das Prinzip der Reproduktion lehnt sich an die mühelosen Lernabläufe bei Kleinkindern an. Durch Musik und die entspannte Darbietung wird Hemisphären-Synchronisation gefördert und eine bessere Abspeicherung von Lernzusammenhängen ermöglicht.

- Prinzip der Aktivierung: Neben die wachen Situationswahrnehmungen der Texte tritt eine Aktivierung der Tiefen des Gedächtnisses durch die lebendigen und identifikationsanregenden Dialoge.
- Das Repertoire spricht auch die rechte Gehirnhälfte an und verhindert Linkslastigkeit des Gehirns beim Lernen.

Der didaktische Aufbau des Basis-Sprachkurses
- Erwerb des Basis-Wortschatzes (ca. 1.300 Vokabeln)
- Verstehen von gesprochenen Texten (vokabelbezogen)
- Akzentfreie Aussprache
- Grundlegende Grammatikregeln
- Verstehen und Anwenden einfacher bis mittelschwerer Redewendungen
- Verstehen geschriebener Texte (vokabelbezogen)
- Korrektes schriftliches Abfassen einfacher Texte
- Rechtschreibung entsprechend dem gelernten Wortschatz
- Freie Konversation im Rahmen des gelernten Wortschatzes

Das Lernen erfolgt bei diesem apparateabhängigen Lernverfahren nur unter Zuhilfenahme des Sita-Geräts:

1. Phase:
– die auf der Kassette gesprochenen Dialogsätze anhören und im Textbuch mitverfolgen,
– in den Pausen Text nachsprechen,
– anschließend Text im Dialogzusammenhang laut mitlesen.
2. Phase:
– Bequeme Grundhaltung einnehmen.
– Sita-Lernmaske aufsetzen und den Atemfühler justieren. Die Mikroelektronik des Geräts registriert den Atemrhythmus.
– Das Gerät übersetzt die gemessenen Werte in Licht- und Tonsignale. Durch die Beobachtung des Atemrhythmus soll eine entspannte Atmung erreicht werden.
– Das eigentliche Lernprogramm per Kopfhörer und Kassette wird vom Gerät verstärkt, wenn es den optimalen Entspannungszustand registriert hat.

5.6.2 Brain-/Mind-Machines-Lernen

In den letzten Jahren kamen die Brain- oder Mind-Machines zu uns nach Deutschland. Sie werden auch Gehirn-Maschinen oder Meditations-Maschinen genannt. Hinzufügen ließe sich der Begriff „Mentale Lern-Stimulations-Maschinen“.

Was sind Brain-Machines?
Brain-Machines sind mikroprozessorgesteuerte Maschinen, die über optische Stimulation (in Form von Lichtblitzen in den Brillen) und über akustische Stimulation (in Form von Tonfolgen in Kopfhörern) unser Gehirn beeinflussen. Die Geräte erzeugen synthetische Wellen, die durch Brille und Kopfhörer möglichst nah an das Gehirn gebracht werden (an die Nerven der Netzhäute und des Trommelfells). Hier sollen sie das Gehirn zu Schwingungen in unterschiedlichen Gehirnwellen-Frequenz-Bereichen (Theta-Bereich) veranlassen. Die Brain-Machines enthalten folgende wesentliche Bestandteile:

Mikroprozessor	
Audiogenerator	**Videogenerator**
Umsetzung der Töne im Kopfhörer	Wellenerzeuger – Umsetzen der Lichtblitze in Leuchtdioden der Brille

Brain-Machines sind Stimulations-Geräte. Sie kommen damit dem Wunsch unseres Gehirns entgegen, das reizsüchtig ist und sich ständig auf der Suche nach Neuem befindet. *„Kommunikation auf dem Niveau von elektrochemischer Neuheit ist sein sehnlichstes energetisches Ziel."* (Johannes Holler, Das neue Gehirn). Diesem Verlangen kommen die Brain-Stimulationsgeräte entgegen. Und das Gehirn dankt es mit weiterer Entwicklung, z.B. geistiger Frische, Lernfähigkeit, aber auch Veränderung in der Gehirnstruktur, z.B. besserer Informationsverarbeitung. Es gibt bei den Geräten unterschiedliche Stimulationsverfahren, z.B.:
- Licht und Klang
- Stimulation durch Elektroimpulse
- Synchronisierung der Gehirnhälften durch Musik
- Ein gesprochenes Wort
- Stimulation durch Bewegung
- Magnetfeldbeeinflussung.

„Die eigentliche Kunst der Konstrukteure ist es, den Mikroprozessor zu programmieren. Die Trommelfell- und Netzhautnerven müssen so stimuliert werden, daß nach ein paar Minuten der Reizung das Gehirn von selbst auf niedrige Frequenzen einschwingt." (K.Gerlach/G. Müler-Spude, Mind Machines und Kreatives Chaos).

Lernwirkung der Brain-Machines: Synchronisation beider Gehirnhälften
Unser Gehirn weist im Normalzustand – wie EEG-Messungen beweisen – in der linken und rechten Gehirnhälfte unterschiedliche komplexe Beta-Wellen-Muster auf.

Brain-Machines können diese synchronisieren, d.h. in Einklang bringen. Gehirngerechtes Lernen bedeutet simultanes Einspeichern in beide Gehirnhälften, dazu ist es optimal, wenn beide Hälften im Gleichklang sind.

Die Brain-Machine kann wesentlich zur Strukturierung der Gehirnwellenbereiche beitragen. Die durch Streß, Ärger, Aufregung und andere Belastungen erzeugten hohen Beta-Zustandswerte, bei denen man wegen der Überreizung kaum lernt, können z.B. leicht „heruntergefahren" werden. Mit Hilfe des Geräts lassen sich lernfördernde Gehirnwellenbereiche stimulieren.

- **Beta-Zustand** (13 bis 30 Hertz):

Dieser Zustand eignet sich – ausgenommen ist der angestaute, streßsignalisierende Bereich – vorwiegend für logisch-analytisches Lernen. Die Konzentration ist nach außen gerichtet. Der Energieaufwand ist selbst für das nachvollziehende Lernen groß. Gerade in der heutigen aufreibenden Zeit mit hyperaktiven Menschen bedeutet es eine wesentliche Lernerleichterung, wenn uns die Brain-Machines in kurzer Zeit „herunterfahren".

- **Alpha-Zustand** (8 bis 13 Hertz):

Mit Hilfe der „mentalen Lern-Stimulations-Geräte" kommen wir in einen optimalen Lernzustand, den Alpha-Bereich. Wir befinden uns in einem entspannten Wachzustand, bei dem Energien, Einsichten und kreative Problemlösungen entstehen. Produktives und problemlösendes Lernen wird hier besonders begünstigt. Die Behalteffekte werden größer. Es ist nicht mehr das mühsam quälende, angepaßte Lernen der oberen Beta-Bereiche, sondern eher ein autonomes, „denkendes" Lernen und Verarbeiten.

- **Theta-Zustand** (4 bis 8 Hertz):

Hierbei handelt es sich um eine traumartige Meditationsphase. Falls man nicht „unter" der Brain-Machine einschläft, sind gesteigerte Kreativität, ungewöhnliche Problemlösungen und vertiefende Einsichten möglich. Man nimmt ein Lernproblem, welches nach einer Lösung verlangt, mit in die Session und wartet die Lösung ab. Auch das Erinnerungsvermögen verstärkt sich in dieser Phase, man braucht also die in diesem Zustand „gekommenen" Problemlösungen und kreativen Lernaussagen nicht gleich zu notieren. Unser Gedächtnis wird zum Notizblock. In dieser Phase können auch parallel zu den optisch-akustischen Reizen Lernkassetten gehört werden.

Erzeugen einer Tiefenentspannung

Mit dem Auslösen des Entspannungseffekts in der Alpha-Phase und der Tiefenentspannung im Theta-Zustand schafft die Brain-Machine eine wichtige Voraussetzung für das Lernen. Streß ist Lernkiller Nr. 1, er erzeugt häufig Lustlosigkeit, demotiviert, macht uns geistesabwesend und unkonzentriert. Wir verbrauchen eine Menge Energie (z.B. Glukose) und sind deshalb bald müde. Wenn uns die Brain-Machine z.B. zu Beginn eines Lernabschnittes in einen Entspannungs- (Alpha-) Zustand oder einen Theta-Zustand (Tiefenentspannung) bringt, harmonisieren sich Körper, Geist und Psyche. Eine Muskelentspannung stellt sich ein, unser Gehirn wird besser versorgt und durchblutet. Aber auch psychische Ausgeglichenheit, die das Lernen fördert, stellt sich oft ein. Insofern stimmt folgende Werbeaussage: *„Brain-Machines sind eine Art ‚Cocooning-Stimulation‘. Jeder braucht seine eigene Brain-Machine, unter die er sich dann zurückziehen kann. Lernen mit der Brain-Machine ist also ein geführtes, individuelles Lernen, wobei auch Teams bzw. Gruppen vernetzt und gemeinsam – alle auf Liegen – stimuliert werden können und dasselbe Programm ‚inhalieren‘.“*

Lernformen mit Hilfe von Brain-Machines
Grundsätzlich lassen sich beim Brain-Machines-Lernen zwei Formen unterscheiden:

• Funktionales Brain-Machine-Lernen
Die Maschine stimuliert mit ihren funktionalen Programmen und erzeugt als Lernergebnis:
– Synchronisation der beiden Gehirnhälften
– Entspannung, Tiefenentspannung
– Kreativität
– Gedächtnisleistung
– Vitalität und Lebensenergie

• Intentionales Simultan-Lernen
Über den Kassettenrekorder bzw. den Audiogenerator werden Lernkassetten „eingespeist“, z.B. zur Gesundheitsförderung, Ernährungsumstellung, Raucherentwöhnung. Lebens- bzw. Therapie-Lernen wird besonders im Theta-Zustand gefördert.
Brain-Machines finden mittlerweile in vielen Lernbereichen Anwendung: beim Selbstlernen, in der Schule, im Betrieb. Sie sind deshalb für das Lernen so bedeutsam, weil sie neben dem inhaltsbezogenen Lernen vor allem die geistigen Schlüsselqualifikationen fördern (Kreativität, Umstellungsfähigkeit u.a.). Neuroforscher an der Universität Wien haben festgestellt, daß Brain-Machines das Öffnen mentaler Prozesse bewirken.

Ganz offensichtlich werden in Zukunft die Brain-Machines mit mentalen Trainingstechniken stärker kombiniert werden (z.B. mit gezielter Visualisierung) und damit einen idealen und effizienten Weg darstellen, um Verhalten dauerhaft zu ändern. Dazu brauchen wir aber Brain-Experten, Mentalberater, die solche Prozesse pädagogisch-psychologisch und didaktisch-methodisch begleiten und unterstützen.

5.7 Entspannungs- und Antistreßmethoden

Eine österreichische Studie zeigte beispielhafte Details über den Streß und das Doping von Schülern *(vgl. Rudi Bachmann, Schulstreß; in: Focus Newsletter 1/94)*. Dabei ergab sich folgendes:

- 87% der befragten Eltern geben ihren Kindern in Drucksituationen Medikamente.
- 56% der Kinder bekommen vor Klassenarbeiten und Prüfungen kreislaufstabilisierende und 54% kreislaufanregende Mittel.
- 34% der Kinder bekommen Beruhigungsmittel, 41% sogar Magenbitter.

Oberstufen-Schüler dopen sich selbst:

- 43% trinken vor größeren Prüfungen 1,5 l Kaffee oder 2 l Cola,
- 32% nehmen gelegentlich Aufputschmittel.

Neben Medikamenten- und Alkoholmißbrauch werfen Drogenkonsum und Selbstmorde ein erschreckendes Bild auf die psycho-mentalen Belastungen durch Streß, Ängste und Überforderung. Ruhe, Muße, Entspannung und Besinnung werden auch in Schule, Aus- und Weiterbildung verdrängt. Dabei wären sie sowohl für die Entwicklung als auch für die Gesundheit der Lernenden wichtig, denn Lernleistung und menschliche Potentiale lassen sich nur in einem entspannten Zustand entfalten.

Entspannung sollte deshalb ein integrierter Bestandteil der Lehr-Lernarbeit werden, sowohl vor wie während des Lernprozesses wie in besonderen Lehr-Lernsituationen, z.B. bei Prüfungen.

- Entspannung vor Lernprozessen:
  z.B. durch Bewegung und Auflockern, durch Gymnastik, durch Beruhigungs- und Zentrierungsübungen.
- Entspannung während des Lernprozesses:
  z.B. durch begleitende, entspannende Musik, durch Pausenentspannung, Regeneration, durch Ermutigung und Bestärken,
- Entspannung in besonderen Lehr-Lernsituationen:
  z.B. bei Prüfungen und vor Klassenarbeiten mit Energieübungen, z.B. Überkreuzübungen.

Für die Bildungsarbeit können folgende Wege zur Entspannung führen, die insbesondere für die Weiterbildung und die dabei oft entstehende Doppelbelastung durch Beruf und Bildung von Bedeutung sind:

- **Beschränken Sie sich auf das, was Ihnen wichtig erscheint!**

Fahren und arbeiten Sie nach Ihrem Tempo. Setzen Sie Prioritäten. Unterscheiden Sie zwischen Dingen, die Sie tun müssen, die Sie tun wollen und denjenigen, die Sie weder wollen noch müssen. Die dritte Kategorie vergessen Sie.

- **Steuern Sie sich mental positiv!**

Vermeiden Sie negative Selbstgespräche, Gedanken, Überreaktionen. Immer schön cool bleiben, unnötige Aufregung vermeiden. Das hängt sicher vom Typ ab (z.B. „heißer A-Typ“). Die eigene Einstellung entscheidet darüber, ob ein Erlebnis angenehm oder unangenehm empfunden wird.

- **Regelmäßig entspannen, loslassen, abschalten!**

Das kann mit unterschiedlichen Methoden während der Arbeit, in Pausen, aber auch in der Freizeit geschehen, z.B. durch rhythmisches Atmen (durch die Nase und mit dem Bauch), durch Schließen der Augen und durch Loslassen der Gedanken (10 bis 15 Minuten, am besten zweimal täglich). Ferner eignen sich auch Tiefenentspannung durch Kassetten (Mentaltraining, Subliminaltechnik), Autogenes Training u.a.

- **Bewegen Sie sich regelmäßig!**

Trainieren Sie Ihren Körper regelmäßig, mindestens dreimal in der Woche, durch Laufen, Gymnastik, Ergometer, Radfahren, Schwimmen, auch vor und nach dem Lernen.

- **Alpha-Entspannung: Entspannen Sie sich durch Musik und unterschwellige Botschaften!**

Spannung und Entspannung in ausgewogenen Anteilen ermöglichen erst volle Leistungsfähigkeit und ein lebenswertes, weil weitgehend gesundes Leben. Immer mehr Menschen suchen als Antwort auf die Belastungen unserer Zeit ein Konzept des Lassens, der Entspannung, des Loslassens von der Spannung. Es gibt viele Formen der Entspannung. Eine ist die Alpha-Entspannung.

Die Alpha-Entspannungsmethode leitet ihre Bezeichnung von physikalisch im menschlichen Gehirn nachweisbaren Alpha-Wellen ab. Sie entstehen im Menschen, wenn er sich in einem Zustand zwischen Wachsein und Schlafen befindet oder wenn bei körperlicher Entspannung die Augen geschlossen sind. Eine Entspannung durch Alpha-Wellen kann erfolgen durch:

- Musik, die den Alpha-Zustand einleitet(Alpha-Musik), d.h. eine bestimmte Frequenz bewirkt. Dazu gehören Werke aus dem Barock sowie andere Musikstücke *(vgl. S. 113f.)*.
- Subliminal-Methode: Subliminal heißt soviel wie „unterschwellig". Suggestionen sind in hohem Maß mit einem Klang- und Musikteppich verwoben. Sie sind so für unser Ohr nicht mehr bewußt hörbar, gehen also an unserem Bewußtsein vorbei ins Unterbewußtsein *(vgl. Kap. 5.4)*.
- Mentaltraining ist eine bewußte Technik, die zur Tiefenentspannung führt. Es ist der Sammelbegriff für alle geistigen Techniken wie Autogenes Training, Yoga, Imagination u.a. Ein solches Mentaltraining kann durch Sprache, Vorstellungskraft, aber auch zusätzlich durch Musikuntermalung und Körperhaltung erreicht werden und über die innere Beruhigung und die Herbeiführung der Entspannung in die Alpha-Entspannung und schließlich zur gewünschten Veränderung führen.

Relaxation

Verhalten:
Langsam oder gar nicht bewegen. Muskeltonus abbauen, z.B. durch Konzentration auf Ausatmung.

Umwelt:
Reizarme, ruhige Umwelt aufsuchen oder „herstellen" (z.B. ruhige Musik anhören).

Wahrnehmung:
Einstellen auf Ruhe, Entspannung, angenehmes Befinden per Selbstgespräch.

- **Pausen sind notwendig!**

Wir brauchen Verschnaufpausen, Lustpausen, Wochenendabschaltpausen, Urlaub. Damit beugen wir Erschöpfungszuständen vor.

- **Es kommt auch auf das Eßverhalten an!**

Halten Sie Normalgewicht. Ernähren Sie sich möglichst vollwertig. Wenig Fett und Salz, Fett und Zucker durch Getreide und Brot ersetzen. Ordentlich frühstücken, z.B. mit Müsli. Heilfasten entlastet, entschlackt und bringt neue Nervenkraft durch Tiefenentspannung.

Magnesium als Antistreßmineral

Magnesium ist ein lebenswichtiger Mineralstoff, der nicht nur für das körperliche Wohlbefinden von Bedeutung ist. Ungefähr 300 körpereigene Enzyme brauchen dieses Mineral als Aktivator und Bestandteil, besonders im Kohlenhydrat- und Proteinstoffwechsel.
Magnesiummangel kann zu Herzjagen, Herzrhythmusstörungen, Herzinfarkt, Nervenreizbarkeit führen. Magnesium stärkt Nerven- und Muskelzellen, die Energiezufuhr am Herzen und die Sauerstoffversorgung.
Viele Menschen leiden bei einem kommenden Tief oder Föhn unter Schlaf- und Kreislaufstörungen, Augenflimmern oder Herzstichen. Auch das hängt häufig mit Magnesiummangel zusammen. Ebenso Muskelkrämpfe, die einen nachts im Bett überfallen.
Die Magnesiumresorption wird
- gehemmt durch hohe Aufnahme an Calcium, Phosphor, Fett, Protein und Alkohol sowie einen Mangel an Vitamin B1 und B6,
- gesteigert durch Vitamin D und das Hormon der Nebenschilddrüse.

Der genaue Bedarf an Magnesium ist unbekannt. Die Deutsche Gesellschaft für Ernährung empfiehlt für Jugendliche und Erwachsene eine Zufuhr von 300 bis 400 mg Magnesium pro Tag. Abhilfe kann eine vollwertige ausgewogene Ernährung schaffen. Besonders reich an Magnesium sind Vollkornbrot, Sojabohnen, unpolierter Reis, Gemüse (grüne Erbsen, Kohlrabi, u.a.), Obst (Banane, Papaya u.a.). Bei großen Belastungen, bei Streß ist auch zusätzlich eine Zufuhr von Magnesiumtabletten sinnvoll.

- **Vermeiden Sie Aufputschmittel!**

Nikotin, Alkohol, Koffein, Medikamente sind möglichst zu vermeiden und wenn nötig, auf das notwendige Maß zu reduzieren.

- **Führen Sie ein ausgeglichenes, harmonisches Leben!**

Sorgen Sie für emotionale und geistige Ausgeglichenheit und Balance, für private und berufliche Harmonie, für die richtige Lebenseinstellung, z.B. *„Ich bin o.k. – du bist o.k.“*. Vermeiden Sie Konflikte, ohne Probleme unter den Tisch zu kehren. Im allgemeinen entsteht übermäßiger Streß aus dem Mißverhältnis zwischen den eigenen Erwartungen und den Realitäten im Umfeld. Suchen Sie das Gleichgewicht, den Ausgleich, indem Sie eines von beiden ändern.

Viele Streß-Quellen kann man durch positives Denken ausschalten. Denken Sie immer daran:

- Sowohl Sie als auch andere Menschen haben ein Recht auf Erfolg.
- „Wie man in den Wald hineinruft, so schallt es in der Regel auch wieder heraus."
- Alle Menschen sind gleichwertig. Wenn Sie andere verletzen, nicht achten, bleibt das negativ in Ihrem Unterbewußtsein. Wenn Sie andere mit positiven Gedanken bereichern, bereichern Sie auch sich selbst. Gedanken hinterlassen eine biochemische und physische Reaktion.
- Jeder Mensch kann Fehler machen bzw. hat ein Recht auf eine zweite Chance.
- Sorgen Sie immer für gute Perspektiven.
- Holen Sie öfter schöne Erinnerungen in Ihr Bewußtsein zurück und halten Sie diese über mehrere Minuten fest. Setzen Sie sich dabei ruhig hin und schalten Sie alle Störquellen ab. „Baden Sie in dieser schönen Erinnerung." Die Reaktion, die Ihr Gehirn über die Nerven weitergibt, löst einen entspannenden, heilsamen, biochemischen Prozeß aus. Sie können sich vital, lebensfroh und gesund denken.

Wägen Sie bei jeder Belastung, störenden Situationen und Herausforderungen das persönliche Risiko, das Streßausmaß ab. Prüfen Sie, ob die Ego-Überforderungsschwelle erreicht ist. Die Unversehrtheit von Körper, Geist und Seele ist auch für Sie wichtig.

- Wenn die geforderte Aufgabe bzw. Überlastung Ihre Fähigkeiten bzw. Grenzen überschreitet, sagen Sie dies klar.
- Melden Sie bei Überforderung sofort Bedenken an, solange der Streß Ihnen noch nicht den „kühlen Kopf" genommen hat.
- Bleiben Sie sich immer selbst treu. Keine „stromlinienförmige", opportunistische Anpassung. Handlungen gegen das Ich erzeugen „Seelenstreß", Selbsthaß oder gar Aufgabe der eigenen Persönlichkeit! Machen Sie nur so viele Kompromisse, Zurückhaltung, Zurücknahme, wie verträglich.
- Haushalten Sie mit Ihren Energien. Tanken Sie ständig und rechtzeitig neu auf.

6 Lernen im Team: Sozio-kommunikative Entwicklungsmethoden

Lernen ist nicht nur ein persönlich-individueller Vorgang, sondern gewinnt auch für Gruppen-, Organisationen und soziale Gebilde insgesamt an Bedeutung. Deshalb sollen im folgenden einige Lern- und Entwicklungsmethoden primär für das Lernen von Teams und Organisationen dargestellt werden. Bildungsmanager besitzen in solchen sozialen Lernprozessen die Aufgabe der Prozeßsteuerung und -intervention (Prozeßmanager), der sozialen Balancierung und Energetisierung (Sozialmanager) und der Veränderungsentwicklung (Change Manager).

Schulen, Betriebe und andere Organisationen bzw. soziale Gebilde stehen unter einem großen Veränderungsdruck. Organisationslernen, Lernen durch soziale Veränderungsprozesse und Überwinden von sozialen Blockaden und Ängsten sind zentrale Aufgaben von Bildungsmanagern in Organisationsentwicklungsprozessen. *(Nähere Ausführungen zur OE-Methode enthält das Buch „Bildungsmanagement" von Franz Decker).*

6.1 Teamworking und Teamlearning am Beispiel von Lernstatt und Qualitätszirkel

Es gibt eine Vielzahl von Teamworking- und Teamlearning-Methoden, in denen Arbeits- und Lernprozesse integriert ablaufen. Lernen wird zum Teil der Arbeit und Arbeit besteht in Lernprozessen *(vgl. Peter Hartz, Jeder Arbeitsplatz hat ein Gesicht)*. Im folgenden werden Lernstatt und Qualitätszirkel als Methoden sozialkommunikativer Entwicklung dargestellt.

Lernstatt
Die Lernstatt stellt eine Form betrieblicher Weiterbildung dar, die das Lernen unmittelbar in den Arbeitsprozeß einbindet. Lernstatt bezeichnet eine in Gruppen organisierte Weiterbildung am Arbeitsplatz, in der die Gruppenmitglieder eigenverantwortlich die Fragen und Probleme zum Lerngegenstand machen, die sich an ihrem jeweiligen Arbeitsplatz stellen. Das Lernstattkonzept zielt nicht nur auf den selbstbestimmten Erwerb fachlicher Kenntnisse und die Bewältigung von Arbeits- und Lernproblemen. In der Lernstatt werden auch soziale Entwicklungs- und Handlungsprozesse gelernt und optimiert sowie die Selbstlernkompetenz verbessert. *(vgl. Peter Hartz, Jeder Arbeitsplatz hat ein Gesicht).*

Qualitätszirkel
Ausgangspunkt für diese Kleingruppen am Arbeitsplatz sind nicht Lern- und Bildungsprobleme (wie bei der Lernstatt), sondern die Verbesserung der Produkt- bzw.

Arbeitsqualität in Betrieben. Qualitätszirkel sind Gruppen von Mitarbeitern, welche gleichartige Arbeiten verrichten, diese also in allen Einzelheiten kennen. Sie treffen sich freiwillig regelmäßig, um als Gruppe Arbeitsprobleme, die sie daran hindern, effektiver zu arbeiten, zu besprechen und Lösungen zu erarbeiten, also die Qualität ihrer Arbeit zu verbessern. Die Lösungsvorschläge werden der Unternehmensleitung vorgetragen und soweit als möglich durch die Gruppe selbst realisiert. Auch in solchen Gruppen kann man von sozialem Lernen und Organisationslernen sprechen. Soziale Verhaltensweisen, Denk- und Handlungsmuster entwickeln sich weiter, die Organisation der Arbeit wird im Rahmen von Lernprozessen (auch in den Sitzungen der Qualitätszirkel) weiterentwickelt. Qualitätssicherung und -entwicklung gehören zu diesen neuen Lernformen.
Heute gibt es in Deutschland in zahlreichen Betrieben solche Qualitätszirkel, die ein Stück Organisations- und Arbeitsentwicklung darstellen. Für die konkrete Arbeit lassen sich folgende Spielregeln nennen *(nach: André Wohlgemuth, Moderation in Organisationen)*:

Spielregeln der Qualitätsgruppen
- Die Teilnahme eines Mitarbeiters an einer Qualitätsgruppe ist freiwillig.
- Die Qualitätsgruppen-Mitglieder sollen in erster Linie aus einem gemeinsamen Arbeitsbereich (am besten Abteilung) kommen. Bei kleineren Abteilungen und Stabstellen empfiehlt sich eine Zusammenlegung zu einer Qualitätsgruppe. Jede Qualitätsgruppe kann jedoch zur Klärung abteilungsübergreifender Fragestellungen Experten aus anderen Unternehmensbereichen zuziehen.
- Eine Qualitätsgruppe sollte aus arbeitstechnischen Gründen nicht mehr als acht Mitglieder haben.
- Qualitätsgruppen tagen regelmäßig, und zwar mindestens einmal im Monat für mindestens eine Stunde.
- Jede Qualitätsgruppe entwickelt ihre eigene Arbeitsform in Arbeitszeit, Sitzungshäufigkeit, Diskussionsmethoden.
- Die Treffen der Qualitätsgruppe können nach Abstimmung mit dem jeweiligen Ressortleiter während der Arbeitszeit stattfinden, sollen jedoch auch außerhalb der Arbeitszeit abgehalten werden.
- Die Qualitätsgruppen stellen sich ihre Aufgaben selbst. Sie können dabei auf Projektvorschläge der zuständigen Ressortleiter zurückgreifen.
- Die Qualitätsgruppen bearbeiten vorrangig Pläne, auf die die Teilnehmer der jeweiligen Arbeitsgruppe einen direkten Einfluß haben.
- Die Leitung der Qualitätsgruppen kann zunächst beim Vorgesetzten (Abteilungsleiter) liegen. Die Qualitätsgruppe sollte jedoch im Laufe der Sitzungen einen anderen Moderator bestimmen.

- Die Moderatoren der Qualitätsgruppen können vor der Übernahme dieser Verantwortung an einer Trainingsveranstaltung teilnehmen.
- Jede Qualitätsgruppe hat das Recht, ihre Arbeitsergebnisse einmal im Jahr dem Ressortleiterkreis zu präsentieren.
- Die besten Ergebnisse der Qualitätsgruppen werden prämiert. Die Teilnehmer der einzelnen Arbeitsgruppen werden besonders ausgezeichnet.
- Die gesamte Arbeit der Qualitätsgruppen wird von einem Beauftragten koordiniert. Jeder Qualitätsgruppe steht nach der Themenfestlegung und Arbeitsaufnahme ein bestimmtes Sachaufwands- und Spesenbudget zur Verfügung.

6.2 Coaching: Einzel-Coaching, Führungs-Coaching

Coaching kann sowohl eine Lern- und Beratungshilfe für einzelne als auch für Gruppen bzw. Organisationen sein. Es gibt eine Vielzahl von Definitionen. Wir wollen uns hier auf folgende festlegen *(aus: GABLERS Magazin, Heft 5/1990):*

Begriff und Formen von Coaching
Aus der Vielfalt der Erscheinungsformen des Coaching lassen sich drei Formen festlegen:

- **Einzel-Coaching:**

Im persönlichen Gespräch werden Veränderungs- und Selbsterkenntnisprozesse ermöglicht. Durch Erweiterung der Selbstwahrnehmung kann das eigene Verhalten durchschaubar gemacht werden. Beide Partner arbeiten in einer vertrauensvollen Beziehung, wobei der Coach Hilfe zur Selbsthilfe anbietet.

- **Führungs-Coaching:**

Dabei ist die Führungskraft der Coach von Mitarbeitern am Arbeitsplatz. Führungs-Coaching hilft Mitarbeitern bei der Bewältigung bzw. Gestaltung von neuen und schwierigen Aufgaben. Es handelt sich also um ein entwicklungsförderndes Führungsverhalten, welches im Gegensatz zu Einzel-Coaching zeitlich nicht genau fixiert ist. Es ist vielmehr eine permanente Führungsaufgabe.

- **System-Coaching:**

Hier wird ein ganzes Team bzw. eine Gruppe von Führungskräften bzw. Mitarbeitern von einem oder mehreren Coaches beraten. Fragen der Vernetzung, Beziehung, Kooperation, aber auch der Organisationsentwicklung sowie der Umstrukturierung und Neuorientierung stehen im Vordergrund.

Das Wort Coaching kommt aus dem Englischen: *Coach = Kutscher*. Ein Kutscher hatte die Aufgabe, seine Pferde zu lenken und dafür zu sorgen, daß die Pferde keine Fehltritte machen und auf dem richtigen Weg bleiben. Am ehesten erreichte der

Kutscher dieses Ziel, wenn er die Pferde liebevoll behandelte und ihnen mit seinen Zügeln zeigte, was er wollte und wohin es ging.
Was kann uns dieses Bild für den Coach sagen?
Der Coach muß
- das Motiv- und Wertesystem, in dem sein Partner lebt, kennen und prüfen, ob es darin Widersprüche gibt,
- die Ziele klären und kennen und
- hilfreiche Werkzeuge, Methoden nutzen können.

Aus dem Sport kommt eine weitere Erklärung des Begriffs Coach. Hier ist der Coach ein Partner, der Sportler trainiert und auf wichtige Spiele vorbereitet. Coaching bedeutet dann *trainieren, beraten, betreuen, zum Erfolg führen, mental fit machen.*

Körper, Geist und Seele müssen eine Einheit bilden,
damit sich der Mensch psychisch wohl fühlt.
(Horst Rückle, Coaching)

Voraussetzung für den Erfolg des Gecoachten ist aber, daß die Selbstheilungskräfte, die Selbstkompetenz (Selbstmanagement, Selbsterkenntnis, Selbstgestaltung) gefördert werden. Ein Coach lehrt nicht, er fördert das Selbstlernen des Partners.

Lernen – Erfahrungen – Intuition
Lernen ist ein Prozeß zwischen der Außen- und der Innenwelt von Menschen. Inputs, Erlebnisse in Lernsituationen, werden durch die Sinnesorgane aufgenommen. Durch Nachdenken, Verarbeiten und Verknüpfen wird die neue Information im Gehirn gespeichert. Ausprobieren führt meistens zu Erfolgserlebnissen; der Coach/Lehrer kann das Neue durch Lob noch weiter verstärken. Das ist die Basis für neue Inputs, für erneutes Nachdenken. Im weiteren Verlauf baut sich daraus die Routine, die Erfahrung auf. Subjektive Erfolgserlebnisse und Verstärkung durch andere machen die Person dann schrittweise zum Experten, der intuitiv, ohne Detailanalyse weiß, was zu tun ist. Also: Intuition kommt nicht aus dem hohlen Bauch. Intuition ist das Ergebnis von Lernprozessen.
Wenn Sie als Coach neues Verhalten bei Ihrem Mitarbeiter programmieren wollen, dann sollten Sie all diese Lernschritte mit Ihrem Mitarbeiter durchmachen. Lernen ist wie das Training im Sport: Je besser das Training, desto eher sind Bewegungsabläufe programmiert; sie laufen selbständig ab.

Coaching unterscheidet sich von den eher traditionellen Formen der Bildungsarbeit wie folgt *(vgl. Thomas Sattelberg, Der Weg zur lernende Organisation. In: Gablers Magazin 5/90):*

Der Coach will dem Mitarbeiter/Klienten/Lernenden helfen
- etwas anders zu tun als bisher,
- etwas anders zu sehen als bisher,
- ein anderes Verhalten auszuüben als bisher.

Der Weg dahin ist Lernen. Coaching ist ein Prozeß, der das Lernen unterstützen soll.

Im folgenden werden je ein Beratungsmodell für Einzel-Coaching und Führungs-Coaching wiedergegeben:

1. Einzel-Coaching nach dem Kieler Beratungsmodell:
Die Grundsätze des Kieler Beratungsmodells sind folgende:
- Der Berater und der Kunde bilden ein Beratungssystem, das Problem(auf)lösungen zum Ziel hat und gegebenenfalls langfristig angelegt ist.
- Die Beratung ist als externe, von der Organisation distanzierte Beratung des Kunden konzipiert.
- Der Kunde steht im Zentrum der Beratung, die auf dem Grundprinzip der Kooperation aufbaut.
- Der Kunde bringt seine Problemrekonstruktionen in die Beratung ein.
- In der Konversation über das Problemsystem werden zusätzliche Informationen gegliedert.
- Berater und Kunde entwickeln gemeinsam veränderte Sichtweisen zum Problemsystem.
- Die Veränderung von Sichtweisen ermöglicht die Entwicklung alternativer Handlungsentwürfe.
- In seinem beruflichen Alltag kann der Kunde die entwickelten Handlungsentwürfe in Anpassung an das System umsetzen.

2. Führungscoaching: Der Vorgesetzte als Coach
Inzwischen ist sicher klargeworden, daß es notwendig ist, die Coaching-Prozesse systematisch zu planen, zu realisieren und zu evaluieren. Zwangsläufig wird der Vorgesetzte, wenn er seinen Mitarbeiter coacht, die gleiche Systematik anwenden müssen wie ein Externer. Der Unterschied zwischen der Arbeit des externen und des internen Coaches liegt nicht in der Vorgehensweise, sondern in der Beziehung, den Möglichkeiten und manchmal in den Bereichen, die mittels Coaching verändert werden sollen.

Auch der Vorgesetzte muß folgenden Ablauf einhalten:
- Erarbeitung der aus der Unternehmensphilosophie (aus den Werten), den Unter-

nehmenszielen, den Zielgruppen und anderen relevanten Einflußbereichen resultierenden Anforderungen an die Verhaltensweisen und die Arbeit des Mitarbeiters.

- Erstellung eines Anforderungsprofils mit definierbaren und damit beobachtbaren Kriterien.
- Analyse der derzeitigen Situation. Dies beinhaltet die Information über die Qualität der Aufgabenerfüllung sowie die Beobachtung der Stärken und Schwächen.
- Erstellung eines Ist-Profils mit definierten Verhaltensweisen.
- Besprechung der Analyseergebnisse. So erfährt der Mitarbeiter, wie er durch die Brille der Werte bzw. Ziele wahrgenommen wird.
- Diskussion über Übereinstimmungen und Differenzen zwischen Anforderungs- und Ist-Profil.
- Erarbeitung von Maßnahmen zur Verbesserung oder Kompensation der vom Soll abweichenden Kriterien.
- Gegebenenfalls Entsendung zu Trainingsmaßnahmen und/oder Hinzuziehung eines externen Coaches.
- Entscheidung über den Verbleib des Mitarbeiters in der Position beziehungsweise über Möglichkeiten, in denen er seine Kenntnisse, Fähigkeiten und Fertigkeiten für das Unternehmen nützlicher einbringen kann.

Coaching-Gespräch

Im Zentrum des Coachings steht das Gespräch mit partnerschaftlichem Verhalten, bei dem der Coach die Rolle des Moderators oder der „Hebamme" übernimmt, um so dem Partner Hilfe zur Selbsthilfe zu ermöglichen. Der Coach führt also indirekt. Es ist ein entwicklungsförderndes Gespräch.

Durch offene und gezielte Fragen explorieren, bewußt machen. Durch aktives Zuhören absichern.	Vom Partner/Klienten gehörte Aussagen wiederholen, bestätigen lassen, Konsequenzen bewußt machen und zur Entscheidung führen.
Der Coach führt durch Fragen und Zuhören.	Der Coach macht bewußt, hinterfragt, hört zu.
Der Mitarbeiter/Klient spricht.	Der Mitarbeiter/Klient spricht.

Abb. 29 Das entwicklungsfördernde Coaching-Gespräch

Reiner Czichos charakterisiert dieses Gespräch wie folgt:
„Fragen im Problemlösungsprozeß statt Sagen heißt Lernen lassen."

- Gegenwart:
  „Was passiert gerade? Was hindert Sie daran, Ihr Ziel zu erreichen?"
- Weg:
  „Was brauchen Sie, um Ihr Ziel zu erreichen? Woher wissen Sie, ob Sie sich angemessen auf Ihr Ziel zubewegen?"
- (Idealer) zukünftiger Zustand:
  „Was wollen Sie erreichen? Woran werden Sie erkennen, ob Sie Ihr Ziel erreicht haben? Haben Sie es schon einmal erreicht? Was haben Sie damals gemacht?"

Inhaltsfreies Problemlösen mit offenen Fragen nutzt die Ressourcen der Mitarbeiter.

Beispiel: Coaching-Gesellschaft bei Volkswagen

Das Volkswagen-Werk gründete 1994 eine eigene Coaching-GmbH. Sie soll Motor für Qualifizierung und Beschäftigung sein und helfen, den Strukturwandel der Arbeit sozialverträglich zu gestalten und systematisch die Realisierung des innovativen Mitarbeiterprofils zu unterstützen.
Die Coaching-Gesellschaft soll mehrere Aufgaben gleichzeitig erfüllen:

- Die Flexibilität der Arbeitszeit mit ermöglichen.
- Das Training von Spitzenleistungen.

Zweck und Aufgabe der Coaching-Gesellschaft gehen aber über die traditionelle berufliche Qualifizierung hinaus. *„Qualifizierung und Arbeit sollen entweder integriert oder in einem ständigen Prozeß der Anpassung und Anwendung organisiert werden. Man wird lernen, um zu arbeiten und arbeiten, um zu lernen."*
Die Coaching-Gesellschaft soll weiter ungewöhnliche Formen des Lernens, einschließlich mentaler Trainingsformen, praktizieren. Die im Leistungssport üblichen Trainingsformen, z.B. Intervalltraining, kommen ebenfalls in Frage. *„Das pädagogische Konzept ist sowohl von den Lerninhalten her als auch von der eingesetzten Methodik und Didaktik auf Innovation angelegt. Nur so kann die Coaching-Gesellschaft den Ansprüchen gerecht werden, die die Menschen für eine Arbeitswelt von morgen stellen und die sie für ihre eigene berufliche Perspektive verlangen, aber auch im Interesse einer Standortsicherung sehen müssen."*
(nach: Peter Hartz, Jeder Arbeitsplatz hat ein Gesicht. Die Volkswagen-Lösung).

6.3 Supervision

Bei der Supervision handelt es sich um eine Beratungsform für berufliches Handeln und für die Erwachsenenbildung. Ziel der Supervision ist es, Belastungen, Veränderungen, Rollen und Konflikte zu klären, Lösungen und Weiterentwicklungen zu ermöglichen und zu konstruktiven Formen der Bewältigung von Arbeit und Veränderung zu kommen.

Supervision bewegt sich dabei im Spannungsfeld

- von Individuum und Gruppe/Mitmenschen,
- von Individuum und Sache,
- von Individuum und Organisation/System.

Sie kann Zusammenhänge bewußtmachen, eine realistische Einschätzung des eigenen Handlungsspielraums ermöglichen und so problemlösende und zukunftsgestaltende Fähigkeiten und Problemlösungen entwickeln helfen. Bei der Supervision lassen sich unterscheiden:

1. Einzel-Supervision

Einzelne Mitarbeiter, Helfer, Lernende, die ihr Handeln im Gespräch unter vier Augen mit dem Supervisor kritisch sichten und eventuell verändern wollen, durchlaufen eine solche Supervision, wie das z.B. in Ausbildungen zwischen Mentor und Referendar bzw. Auszubildenden geschieht.

Beispiele:

- Ein Vorgesetzter bespricht mit dem Supervisor Themen aus seinem Arbeitsalltag, aus dem Umgang mit Kollegen und Mitarbeitern.
- Ein Lehrer sucht Supervision für den Umgang mit einem schwierigen Schüler.
- Ein Mitarbeiter beansprucht Supervision für den Veränderungsprozeß im Betrieb.

2. Gruppen-Supervision

Menschen aus dem gleichen Betriebsfeld finden sich zu einer gemeinsamen Sitzung zusammen, z.B. Spezialarbeiter, Lehrer, Lernende. Entscheidend sind gemeinsame Merkmale der gegenwärtigen Berufstätigkeit und der Erfahrung. Wenn einer einen Fall aus seiner Berufstätigkeit vorträgt, so haben die anderen Gruppenmitglieder meist ähnliche Situationen erlebt, können zu dem Fall beitragen und neue Erkenntnisse gewinnen. Aufgabe des Supervisors ist es hier, die Arbeitsfähigkeit der Gruppe sicherzustellen.

Beispiele:

- Mehrere Leiter von Einrichtungen, z.B. Schulen, arbeiten in der Supervision an Fragen der Mitarbeiterführung.
- Mehrere Sozialarbeiter, die Menschen im Rahmen eines Aufgabenbereichs/Projekts beraten, tragen Gespräche in der Supervision vor und setzen sie dem Feedback der Kollegen und des Supervisors aus.

3. Team-Supervision
Hierbei handelt es sich um die Beratung eines Teams, welches glaubt, ein Außenstehender (Supervisor) könne ihm bei den internen Arbeitsproblemen (in Form von Fallarbeit) Hilfestellung leisten.

4. Kollegen-Supervision
Kollegen, die gut miteinander auskommen, bilden eine Supervisionsgruppe miteinander und tragen sich gegenseitig Fälle vor.

Beispiel:

Ausgewählte interessierte Mitarbeiter eines Betriebes treffen sich wöchentlich ohne feste Tagesordnung, um über den Abbau ihrer Belastungen, Verbesserungen und Erleichterung bei der Arbeit zu sprechen.

Supervisor
Hierbei handelt es sich um psychologisch-pädagogisch geschulte Moderatoren bzw. Berater, die ein vertieftes nicht rein therapeutisches Verständnis für die Arbeitsfelder der Supervisanden entwickeln. Sie sollten über methodisch-didaktische und kommunikative Fähigkeiten verfügen.
Welcher Weg bzw. welche Methoden der Supervisor letztlich wählt, um im Klärungsprozeß voranzukommen, hängt sicherlich vom Problem ab. Als Methode kommen in Frage:
- Gruppendynamik,
- themenzentrierte Interaktion,
- Verhaltenstherapie u.a.

Inhalte der Supervision
Alle Themen der beruflichen und Lernarbeit können Gegenstand der Supervision sein wie Belastungen, Streß, Burnout, Konflikte mit Kollegen, Mitarbeitern, Führungsprobleme, Veränderungen persönlicher Art und solche in Gruppen und Organisationen, Zukunftsängste und Umstellungsschwierigkeiten, Unsicherheiten und andere Probleme im Spannungsfeld zwischen Person und Aufgabe.

Phasen des Supervisionsprozesses *(nach U. Plessen/S. Kaatz):*
1. Sondierungs- bzw. Entscheidungsphase
Hier geht es darum, zu entscheiden, in welcher Form ein Mitarbeiter seine berufliche Tätigkeit auf- bzw. bearbeiten will. Soll dies z.B. mehr in der Therapie geschehen (rein persönliche Probleme), in Beratung oder in der Supervision.

2. Klärungsphase
Wenn sich Supervisanden und Supervisor einig sind, gemeinsam arbeiten zu wollen, wird die Fragestellung bzw. die Problematik eingegrenzt: Beide vereinbaren ein Arrangement (Kontrakt) und das methodische Setting (festgelegte Methoden).

3. Informationsphase
Gemäß der Zielsetzung und der festgelegten Methoden beginnt das Sammeln und Zusammentragen der Informationen (Beobachtungsdaten, Ereignisse, Eindrücke, Situationen, Vorkommnisse), oft in einem Fallbeispiel zusammengefaßt.

4. Gewichtungsphase
Das Material wird in bezug auf Nützlichkeit und Brauchbarkeit gewichtet.

5. Rückmeldephase
Diese Daten werden dann gemeinsam analysiert und ausgewertet. Dabei wird entschieden, ob sie als Grundlage für eine konstruktive Bearbeitung ausreichen oder ob zusätzliche Informationen eingeholt werden müssen.

6. Strategiephase
Der Supervisand (z.B. Führungskraft, Lehrer) ist in der Regel mit seiner Arbeit nicht voll zufrieden, bzw. erkennt oder empfindet Defizite, die sich in seiner konkreten Arbeit zeigen. Das Ausgleichen dieser Defizite muß sich also auch immer auf diese Arbeit beziehen, der Klärungs- und Bearbeitungsprozeß konkret sein. Dazu werden Strategien, Handlungs- und Verhaltensalternativen entwickelt.

7. Umsetzungs- und Kontrollphase
Der Supervisand wird nun versuchen, die konkreten Strategien in seiner Arbeit umzusetzen. Die Begleitung durch den Supervisor erfolgt direkt (als Beobachter) oder indirekt (Supervisor läßt sich berichten). Wichtig ist eine intensive Nachbesprechung und Auswertung.

6.4 Situatives Veränderungsmanagement: Ein 6-Phasen-Modell

Jeder kennt Situationen, in denen man seine Einstellungen, sein Verhalten, liebgewordene Gewohnheiten ändern muß. Man hat sein ganzes Leben gerne Süßigkeiten gegessen und erfährt plötzlich, daß man zuckerkrank ist, muß also auf Süßigkeiten verzichten. Oder im Beruf haben sich Verhaltensweisen, Denkmuster, Gewohnheiten bewährt, die aber aufgrund veränderter Gegebenheiten geändert werden müssen. Das gleiche gilt für ganze Systeme, für die ganze Schule (z.B. bei

veränderten Lehrplänen) und den Betrieb (z.B. bei neuen Produktionsverfahren, Produkten, Techniken, Märkten).
Dem Wunsch nach Veränderung steht sowohl beim einzelnen wie bei Gruppen und Organisationen das Bestreben nach Beständigkeit, nach Erhaltung, Sicherheit und Stabilität gegenüber.

Oft gilt für Veränderungen die Einstellung „*Wasch mich, aber mach mich nicht naß*“. Fast alle Menschen setzen dem Wunsch nach Veränderung, der von außen, von anderen kommt, Widerstand entgegen, suchen nach Ausreden, weil sie befürchten, aus ihrer gewohnten Bahn herausgeworfen zu werden. Doch keine „*Veränderung ist wirklich stabil, solange es noch wichtige einwanderhebende Stimmen innerhalb einer Organisation oder Person gibt, deren positive Absichten nicht erkannt und eingebunden wurden*“ (M. Schmidt-Tanger, Veränderung in Organisationen. In: NLP aktuell 5/94).
Appelle an Lernende bzw. Mitarbeiter, stärker als bisher in Gruppen zusammenzuarbeiten, bleiben nur Worte, wenn nicht bestehende Befürchtungen und Bedingungen, die das neue Verhalten behindern, abgebaut werden. Die Einschätzung der eigenen Kompetenz, der Fähigkeit, mit den veränderten Gegebenheiten zurechtzukommen, stellt im Veränderungsprozeß einen wichtigen Faktor dar. Es ist deshalb die Aufgabe von Veränderungscoaches (Lehrenden, Moderatoren und Beratern), die den Veränderungsprozeß von einzelnen Lernenden, Mitarbeitern und Organisationen begleiten, die Kompetenz zu fördern und die sich Verändernden in ihren Bewältigungsfähigkeiten zu fördern, ihnen durch den Abbau von Widerständen und Ängsten Sicherheit zu geben.
Hieraus wird deutlich, daß jede Veränderung Zeit braucht. Pushen von Veränderungen ohne begleitende Hilfe fördert weiteren Widerstand (*„Don't push the river, Hilf nur, das richtige Flußbett zu schaffen“*).

Phasen des Veränderungsprozesses
Veränderungen, ob bei einem einzelnen oder bei Gruppen oder Organisationen, erfolgen in typischen Phasen:
Phase 1: Verwirrung, Stuck-States
Phase 2: Wahrnehmungsverzerrungen, Verneinung
Phase 3: Ja-aber-Denken
Phase 4: Neue Einstellung, Akzeptanz
Phase 5: Experimentieren
Phase 6: Erweiterter Denk- und Handlungszustand.

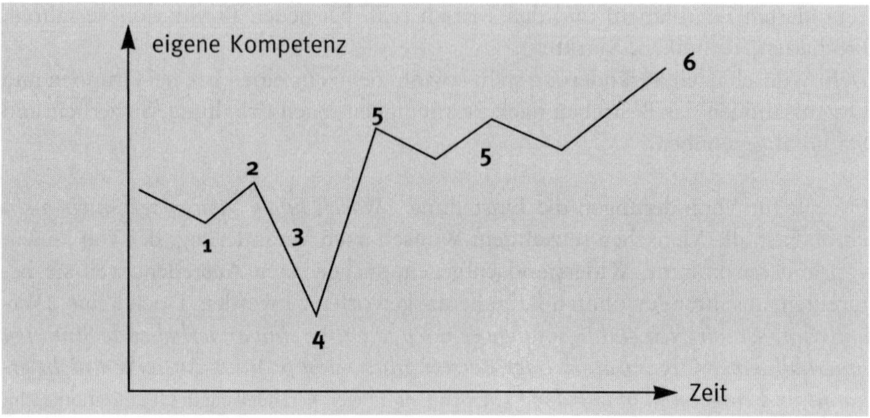

Abb. 30 Phasen des Veränderungsprozesses

Phase 1: Verwirrung, Stuck-States

Jede Veränderung löst Verwirrung aus, weil einzelne Menschen bzw. Gruppen und Organisationen mit neuen Verhaltensweisen und Lebens- bzw. Arbeitsbedingungen konfrontiert werden, die sie nicht erwartet, bisher nicht praktiziert haben. Die Verwirrung ist kürzer: *Das Auto springt nicht an*, oder länger: *Die Zusammenlegung von zwei Abteilungen ist mit Entlassungen verbunden.*

Die Vorstellungen, Fähigkeiten, Handlungs- und Verhaltensweisen, die eine Person oder Gruppe entwickelt hat, treffen jetzt auf die geplante Veränderung nicht mehr zu, sie passen nicht mehr. Das führt zu möglichen unterschiedlichen Reaktionen bei den Betroffenen, z.B.

- *Jetzt erst recht,* Anstrengungen nach altem Muster vergrößern.
- *Wir müssen kämpfen.*
- Depressive, resignative Stimmung, Motivationsverlust, wie gelähmt sein, festgefahren sein (Stuck-State).

Stuck-State ist der Zustand, in dem jemand blockiert ist. Die Wahrnehmung ist verengt. Es bestehen keine entsprechenden Verhaltensoptionen. Dieser Zustand kann durch einen Separator verändert werden (z.B. durch einen starken Reiz, der das bisherige Wahrnehmungsmuster unterbricht und in einen anderen Zustand, eine andere Betrachterperspektive führt).

Hinweise für Veränderungs-Coaches

- Zentrales Ziel des Coaches ist es, einen solchen Stuck-State (Blockierungszustand) zu vermeiden bzw. ihn aufzulösen, damit die Veränderung nicht steckenbleibt.

Die geistige, emotionale und auch körperliche Fitneß ist notwendig. Die Betroffenen sollten schon frühzeitig in den Veränderungsprozeß mit einbezogen werden. Den Prozeß in kleinen, nachvollziehbaren Schritten gestalten, damit es nicht zum Stuck-State kommt und jeder mitwachsen kann.
Als NLP-Strategie eignet sich das Ankern von Ressourcen, d.h. das Veränderungserleben wird mit bestimmten bisherigen Fähigkeiten, Erfolgen, sinnesspezifischen Reizen verknüpft. Wichtig ist: Nicht am Problem arbeiten, sondern am „Hier-und-jetzt-Zustand"; an der Ressourcen-Physiologie.
Ressourcenphysiologie ist der körperliche Zustand, in dem es einem Menschen möglich ist, sich Mittel und Wege vorzustellen, mit denen er das Problem lösen bzw. sein Ziel erreichen kann.
- Die Beschreibung des Problems ist weniger wichtig als die Probleme, die dahinterliegen (z.B. Ängste, fehlende Kompetenz). Also Vorsicht mit der rein sachlichen Veränderungsarbeit.

Phase 2: Wahrnehmungsverzerrungen, Verneinung

Nach dem Schock, dem Stuck-State, folgt oft die Ablehnung, die Verneinung. *„Es wird nichts so heiß gegessen, wie es gekocht wird." „Das wird sowieso nichts." „Ohne uns läuft nichts."* Es handelt sich also um Beruhigungsversuche. Man redet sich ein, daß sich gar nicht so viel ändert bzw. bald wieder der alte Zustand hergestellt wird. Die vorhandenen Werte, Glaubenssätze und Einstellungen „drücken" durch und sorgen wieder für ein Ansteigen der eigenen Kompetenz.
Soll eine Veränderung Wirklichkeit werden, so müssen langfristig die Glaubenssätze, Überzeugungen verändert werden. *„Entwicklungen werden ... immer dann erheblich blockiert, wenn die Notwendigkeit der eigenen Veränderung nicht akzeptiert wird oder wenn die anstehenden Veränderungen langwierige Einstellungsänderungen bzw. neue Selbstdefinitionen nach sich ziehen."*

Hinweise für Veränderungs-Coaches

- Durchführung von „Als-ob-Szenarien". Hierbei handelt es sich um eine Methode, mit der Veränderungen denkbar gemacht werden, bei der völlig offen und unverbindlich durchgespielt wird, was eine mögliche Veränderung für die eigene Person bzw. Position bewirkt. Hier können mit Hilfe von Kritik am Bestehenden und mit Phantasie zukünftige Ziele und Ressourcen entwickelt werden, z.B. in der Zukunftswerkstatt für Gruppen.
- Durch vielfältige Kommunikation, durch Gespräche kann herausgefunden werden, wo Wahrnehmungsverzerrungen vorliegen (teilnehmerorientierte Gespräche und Zuhören). Dadurch können auch die Chancen für eine eigene Veränderung verbessert werden.

Phase 3: Ja-aber-Denken

Die rationale Einsicht in die Notwendigkeit der Veränderung ist in dieser Phase bereits vorhanden *(„Ich muß mit dem Rauchen aufhören", „Ich will abnehmen").* Es ist jedoch nicht richtig klar, was und wie man sich konkret verändern muß. Deshalb sinkt auch die wahrgenommene eigene Kompetenz.

Doch Vorsicht mit gutgemeinten Vorschlägen (von oben bzw. außen) z.B. durch Veränderungs-Coaches. Die Wahrnehmung orientiert sich immer noch am Vergangenen, am Problem, nicht an neuen Zukunftslösungen, orientiert sich oft an schnellen Ad-hoc-Lösungen.

Die emotionale Auseinandersetzung hat noch nicht stattgefunden. Man wünscht sich eine rasche Beendigung der unangenehmen Situation, ohne sich schon die Ökologie einer möglichen veränderten Situation – auch emotional – vorzustellen. Dieses „Ja-Aber" führt oft zu Frustrationen.

Hinweise für Veränderungs-Coaches

- Die Einsicht: *„Ich will das Rauchen aufgeben"* reicht leider nicht. Jedes „Ja-Aber" zeigt, daß man sich vom Alten nicht verabschiedet hat und der Wille zur Veränderung noch nicht stark genug ist.
  Mit Hilfe von Reframings lassen sich das festgefahrene Denken erweitern und Chancen entwickeln, auch einen emotionalen Zugang zum Problem zu bekommen.
  Reframing bedeutet allgemein umdenken; im neuro-linguistischen Programmieren (NLP) ist es eine Veränderungsstrategie, um negativ bewertetes Erleben zu verändern.
  Ereignisse, Verhaltensweisen, Informationen werden in einen neuen Rahmen gesetzt, aus unterschiedlichen Perspektiven betrachtet (z.B. positive, persönliche, betriebliche). Das führt zu einer inneren Flexibilität und befreit von einseitigem, negativem Denken.
- Hier kann man auch mal provozieren, übertreiben, den „Teufel an die Wand malen". Dadurch kommt wieder Bewegung in den Prozeß.

Phase 4: Neue Einstellung, Akzeptanz

Wenn man die Veränderung emotional akzeptiert hat, sinkt die wahrgenommene eigene Kompetenz in den Keller. *„Jetzt habe ich doch wirklich alles versucht."* Man sieht sein eigenes Handlungsrepertoire erschöpft. Die emotionale Akzeptanz ist vielleicht erst durch die Androhung von Entlassungen zustande gekommen, also durch Druck.

Hinweise für Veränderungs-Coaches

- Die Infragestellung des eigenen Selbstbildes setzt einen Perspektivenwechsel im Denken voraus. Alles, was dieses Umdenken und „Umfühlen" jetzt noch weiter unterstützt, ist hilfreich. Das kann geschehen durch Coaching, aber auch durch
- Assoziieren: Die Vorstellung der veränderten Situation vom Standpunkt der eigenen Situation aus erleben, d.h. sich diese in einem Zustand der Entspannung positiv ausmalen.
- Dissoziieren: Die Vorstellung von Ängsten, Ärger, Nachteilen, Herausforderungen, Unsicherheiten, Bedrückendem vom Standpunkt des Zuschauers (z.B. in einem Kinofilm oder von ferne) aus betrachten.
- Die Veränderung von Glaubenssätzen, der eigenen Identität, die hier sinnvoll wäre, stellt eine schwierige Aufgabe dar, die der Lernende nur nach vorheriger Qualifizierung vornehmen kann.

Phase 5: Experimentieren

Als nächste Phase kommt jetzt das Experimentieren, das Ausprobieren neuer Fähigkeiten und Verhaltensweisen, zuerst in der Lernsituation oder gleich in der praktischen Realität. Das kann von Erfolg gekrönt sein, aber auch zu Mißerfolgen führen. Deshalb ist das Prinzip des „try and error" wichtig. Fehler machen muß erlaubt sein. Risikoverhalten und Kreativität sind erwünscht, daher muß experimentiert und gegebenenfalls auch korrigiert werden können. Kreative Ideen und weitere Verbesserungen sollen belohnt werden.

Hinweise für Veränderungs-Coaches

- Experimentieren, weitere Verbesserungen sollten ausdrücklich als gewünscht bezeichnet werden. Fehler gelten als Möglichkeit zur weiteren Entwicklung, nicht als Makel.
- Fähigkeiten, die noch nicht vorhanden sind, werden im Rahmen der Weiterbildung aufgebaut und entwickelt, damit die Kompetenz wieder ansteigt.
- Ein unterstützender begleitender Rahmen ist notwendig, damit es keinen Rückfall in Unsicherheiten und altes Denken gibt.

Phase 6: Erweiterter Denk- und Handlungszustand

Durch das Begleiten und Feedback der Veränderungsmanager und die eigenen Erfolge der Lernenden bzw. Mitarbeiter wird das geänderte Verhalten immer fester, entsteht Zufriedenheit mit der neuen Situation. Die Wahrnehmungserweiterung, die Vermehrung der Handlungs- und Wahlmöglichkeiten führen zu einem erweiterten Denk- und Handlungszustand. Auch das mentale und emotionale Repertoire vergrößert sich. Mitarbeiter werden flexibler und emotional „erfahrener".

Hinweise für Veränderungs-Coaches

- Erfolge, Methoden und Strategien bei Lernenden/Mitarbeitern bewußt machen, konkret benennen, ankern. Dadurch wird das Entwicklungs- bzw. Veränderungsergebnis für die Zukunft sichergestellt (future pacing).
- Wichtig ist für den gesamten Veränderungsprozeß ein vorwärtsgerichtetes Metaprogramm: „Hin-zu-etwas" statt „weg-von". Dadurch können langfristig mehr Energien mobilisiert werden.

Gesagt ist nicht gehört,
gehört ist nicht verstanden,
verstanden ist nicht einverstanden,
einverstanden ist nicht getan,
getan ist nicht beibehalten.
(nach Konrad Lorenz)

7 Problemlösende Methoden

In den Lehrplänen der Schulen gewinnt der fächerübergreifende Unterricht und auch die Projektarbeit an Bedeutung. Besonders aber gilt das für die betriebliche Ausbildung, während in der Weiterbildung die neuen Lern-Lehrmethoden noch keine so starke Akzeptanz gefunden haben. In der Vergangenheit verlangten die hochspezialisierten und arbeitsteiligen Tätigkeiten von unselbständig tätigen Mitarbeitern entsprechende Lehr-Lernmethoden. Diese waren durch planvolles, frontales und systematisches Vermitteln von Lerninhalten gekennzeichnet, z.B. durch Lehrer- und Ausbildervorträge und die Vier-Stufen-Methode: Vorbereitung der Auszubildenden, Vormachen durch Ausbilder, Nachmachen durch Auszubildende, Übung. Im Mittelpunkt dieser Methoden stand das Initiationsprinzip und das Reproduktionsverhalten.

Selbstgesteuertes, komplexes Lernen
Heute bekommen die Lernenden Aufgaben, in denen Aufträge erteilt werden, die zwar einerseits für den Lernenden überschaubar sein, aber andererseits auch ein gewisses Maß an Vielschichtigkeit aufweisen müssen. Durch das Erledigen von solchen komplexen Lern- und Arbeitsaufgaben sollen beim Lernenden neben der Erarbeitung von Fachinhalten die Fähigkeiten im selbständigen Planen, Durchführen und Kontrollieren und in der Mindfitness gefördert werden. Die folgende Abbildung gibt einen Überblick über diese neuen Methoden:

Komplexer Lehr- und Lernauftrag		
Problemorientierte Aufgabenstellung	**Medienorientiertes, selbständiges Lernen**	**Kreativitätsorientierte Lernaufträge**
• Projekte • Fallstudienarbeit • Planspiele	• Leittext-Methode • Text- und Info-verarbeitung • Erledigung von Anfragen	• Kreativitätsmethoden • Brainstorming • Metaplan-Abfragen

Abb. 31 Methoden des selbstgesteuerten, komplexen Lernens

„Das Arbeiten innerhalb einer Gruppe, die mehrfunktionalen Arbeitsplätze, die Einführung der Werkerselbstprüfung und die Notwendigkeit, mehrere Maschinen innerhalb einer Fertigungsinsel bedienen zu können, verlangen zusätzliche Fähigkeiten und eine größere Einsatzflexibilität" (DIHT-Zeitschrift „Position" 1/91). Solche Fähigkeiten sind aber auch in anderen Bereichen der Gesellschaft notwendig. Die

lerninhalts- und tätigkeitsspezifischen Qualifikationen wurden um Schlüsselqualifikationen, d.h. übergreifende Fähigkeiten erweitert, z.B. Flexibilität, im Team arbeiten, Problemlösungsverhalten. Die Lernenden sollen jetzt die ihnen übertragene Lernaufgabe selbständig bewältigen. Dabei spielen in Anbetracht der Dynamik in Gesellschaft, im Privatbereich und in den Betrieben neuerungsorientierte Kreativitätsmethoden eine große Rolle. Die Probleme von heute verlangen zunehmend neue Antworten und Lösungen. Dabei können Methoden wie Brainstorming, Arbeit mit Mind-Maps und Netzplan-Karten u.a. eine Rolle spielen *(vgl. Victor Scheitlin, Kreativität)*.

Die problemlösenden Methoden verfolgen folgende Ziele:

- Qualifikation zu selbstverantwortlichem Planen, Durchführen und Kontrollieren,
- Entwicklung und Förderung von Kommunikationsfähigkeit und Teamarbeit sowie von
- übergreifenden und persönlichkeitsentwickelnden Fähigkeiten (z.B. Informationen verarbeiten, Flexibilität, in Zusammenhängen denken und handeln, Mindfitness- und Persönlichkeitsentwicklung zur Selbstmotivation, zur Selbstorganisation, zur Selbständigkeit).

Lernpsychologische Vorteile der neuen Lernmethoden

Lernprozesse, in denen die Lernenden in vielfältiger Weise aktiv sein können, verlaufen in der Regel erfolgreicher und führen zu besseren Lernergebnissen als bei solchen Methoden, bei denen der Lernende stark in eine passiv aufnehmende Rolle gedrängt wird. Isolierte Lernprozesse, z.B. getrenntes Lernen von Kenntnissen, Fertigkeiten, von Verhalten und Handeln haben sich als nur begrenzt wirksam herausgestellt. Zerstückelte Lernziele und Lerninhalte (taylorisiertes Lernen) verbinden sich nicht automatisch in den Köpfen der Lernenden miteinander. Durch diese neuen Methoden vergrößert sich auch die Entwicklung von personaler und sozialer Kompetenz und es verlagert sich das Aufgabenspektrum von Lehrern, Ausbildern, Bildungsmanagern. Sie sind in weit geringerem Maße als bisher mit der Tätigkeit der direkten Vermittlung von Lerninhalten, von Fertigkeiten beschäftigt. In den Vordergrund rücken indirekte Aktions- und Begleitformen wie das Organisieren und Moderieren von Lernprozessen, das Beobachten und Beraten und pädagogisches, mehr indirektes Führen der Lernenden sowie das Schaffen von Lerngelegenheiten und das Anbieten von methodischen Hilfen.

7.1 Die Leittextmethode

Als ein Beispiel für eine neue problemlösende, selbststeuernde Lernmethode sei hier die Leittextmethode genannt, wie sie in der gewerblichen Berufsausbildung entwickelt wurde. Sie ist auf andere Lehr-Lernbereiche übertragbar.

Der Leittext
ist eine schriftliche Arbeitsanleitung für Lernende, mit deren Hilfe sie die an sie gestellten Aufgaben selbständig lösen sollen. Der Leittext will den Lernenden in alle Phasen des Problemlösungsprozesses einbinden:
1. Informieren
2. Planen
3. Entscheiden
4. Ausführen
5. Kontrollieren
6. Bewerten

Für die Leittextmethode ist charakteristisch, daß die gestellten Aufgaben immer zugleich von ihrer theoretischen und praktischen Seite bearbeitet werden sollen, Denk- und Handlungsmuster untereinander verzahnt und nicht durch unterschiedliche Vermittlungsformen voneinander getrennt sind.

Ein Leittext gliedert sich grundsätzlich in sechs Arbeitsbereiche:
1. Informieren:
Der Leittext gibt Anregungen, wie sich die Lernenden die für die Lösung einer Aufgabe nötigen Informationen und Voraussetzungen selbständig erarbeiten können, z.B. Hinweise auf
- Vorkenntnisse
- Bücher, Dokumente, Texte
- fachkundige Mitarbeiter bzw. Personen.

Dazu werden Leitfragen gestellt, die den Lernenden dazu anleiten, sich mit der Aufgabe zu beschäftigen.

2. Planen:
Nachdem die Lernenden ihre Informationen gesammelt und erarbeitet haben, soll die Problem- bzw. Aufgabenlösung in sinnvolle Teilschritte zerlegt werden. Lösungen und alternative Lösungen sollen gedanklich vorbereitet werden. Am Ende steht dann ein Arbeitsplan, der den Arbeitsablauf und eine Liste der Arbeitsmittel enthält.

3. Entscheiden:
In der betrieblichen Ausbildung soll nach dieser Planungsphase in Rücksprache mit dem Ausbilder/Lehrer die Entscheidung für den Arbeitsplan gefällt werden. Eine solche Entscheidung könnten Lernende auch selbstverantwortlich treffen.

4. Ausführen:
Nach dem individuellen Arbeitsplan folgt nun der Arbeitsvollzug. Der Lernende wird dann erfahren, ob sich sein Plan in der Praxis bewährt hat oder ob er korrigiert werden muß.

5. Kontrollieren:
Durch die Selbstkontrolle soll der Lernende Maßstäbe für die Güte seiner Arbeit entwickeln und Ursachen für eventuelle „Fehler" erkennen.

6. Bewerten:
In einem abschließenden Gespräch mit dem Auftraggeber/Ausbilder/Lehrer soll das Ergebnis der Arbeit mit der Zielsetzung der Aufgabe verglichen werden. Gleichzeitig werden Möglichkeiten für die Bearbeitung von noch vorhandenen Defiziten entwickelt.

Auch bei dieser Methode besitzt der Bildungsmanager (Lehrer, Weiter- bzw. Ausbilder) nicht mehr die traditionelle Rolle des Wissensvermittlers, sondern die des Moderators, Lernhelfers, Prozeßaktivators und Gesprächsförderers.

7.2 Projektarbeit, Projektmanagement

Der stetige Wandel zwingt überall in Gesellschaft, Beruf, Betrieb, Privatbereich und damit auch im Lern- bzw. Bildungsbereich zu permanenten Veränderungen und Anpassungsprozessen. Projektarbeit und Projektmanagement sind zeitgemäße Formen der Lern-, Arbeits- und Organisationsentwicklung. Immer mehr Lehrpläne sehen Projektarbeit vor. Projektarbeit und Projektmanagement repräsentieren neue Formen der Arbeitsorganisation, aber auch der Lern- und Entwicklungsarbeit.

Modell für eine neue Arbeitsorganisation

Der permanente rasche Wandel ist nur zu bewältigen, wenn möglichst viele Mitarbeiter/Lernende mit einbezogen werden. Eine solche Veränderungs- und Gestaltungsarbeit funktioniert nicht, wenn die Mitarbeiter im „Zuckerbrot-und-Peitsche-Stil" gezwungen, ihnen genaue Vorgaben für die bloße Durchführung der Arbeit gemacht werden. Wir brauchen heute für die Arbeit Rahmenbedingungen bzw. Organisationsformen, die kollegiale Zusammenarbeit ermöglichen und planerische, dispositive und ausführende Arbeit verbinden. Nur so wird es den Mitarbeitern/Lernenden ermöglicht, an der erfolgreichen Verwirklichung der gemeinsam gestalteten Ziele mitzuwirken. Auch ihr Denken, ihre Ideen und Vorstellungen fließen in die Arbeit z.B. durch Projekte mit ein.

7.2.1 Der Begriff „Projekt“

Der Projektbegriff gehört heute zum gängigen Wortschatz der deutsche Sprache. Jemand führt ein Vorhaben durch und meint ein Projekt. Stellen Sie sich vor, ein Betrieb will ein neues Altenheim bauen. Deshalb muß jetzt dringend die Finanzierung geklärt werden. Hierzu wird eine Projektgruppe gebildet, weil
- ein solches Finanzierungs-Vorhaben nicht alle Tage anfällt,
- eine vorher geplante Summe beschafft werden muß,
- terminlich alles genau geplant und abgestimmt sein muß,
- Fachleute, aus unterschiedlichen Betriebsbereichen oder gar Externe, sich dieses Vorhabens gemeinsam annehmen und
- einer – nicht unbedingt der Chef – die Projektleitung übernimmt.

Bei einem Projekt handelt es sich um ein Vorhaben, eine zeitlich begrenzte Aufgabe, bei der mehrere Funktionsbereiche bzw. unterschiedliche Mitarbeiter zusammenarbeiten. Es handelt sich um eine Aufgabe, die nicht alltäglich ist, also außerhalb der Routineaufgaben liegt, also ungewöhnliche Problemlösungsansätze. Das *Deutsche Institut für Normung e.V.* beschreibt ein Projekt wie folgt (DIN 69901):

„Ein Vorhaben, das im wesentlichen durch Einmaligkeit der Bedingungen in ihrer Gesamtheit gekennzeichnet ist, z.B.
- *Zielvorgabe (Inhalt, Qualität, Kosten, Aufwand, Termin),*
- *zeitliche, finanzielle, personelle und andere Begrenzungen,*
- *Abgrenzung gegenüber anderen Vorhaben,*
- *projektspezifische Organisation.“*

Der Begriff des Projekts erstreckt sich also auf den gesamten Arbeits- und Managementbereich *(s. Abb. 32, folgende Seite oben)*.

Ein Projekt bringt in vielerlei Hinsicht einen erhöhten Entscheidungsbedarf mit sich,
- weil die beteiligten Mitarbeiter und Abteilungen sich gegenseitig abstimmen und
- eine gemeinsame Vorgehensweise entwickeln müssen (Konsens).
- Ferner muß die Ziel- bzw. Planeinhaltung gesteuert und überprüft werden (Controlling).

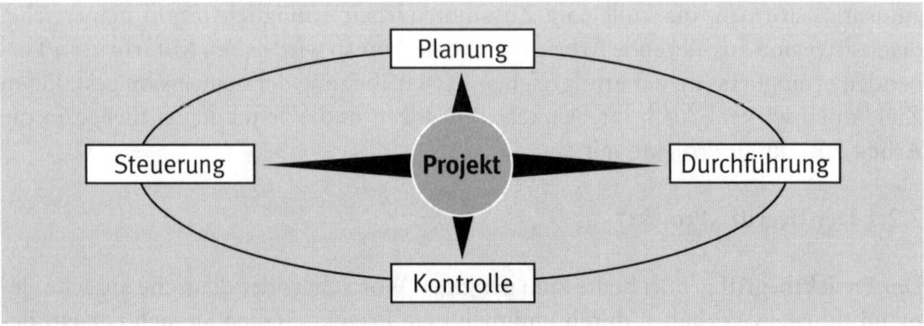

Abb 32 Projekt = Planung und Durchführung eines Vorhabens

Neben der fachlich-inhaltlichen und organisatorischen Abwicklung müssen Projekte wirtschaftlich-kaufmännisch begleitet werden.

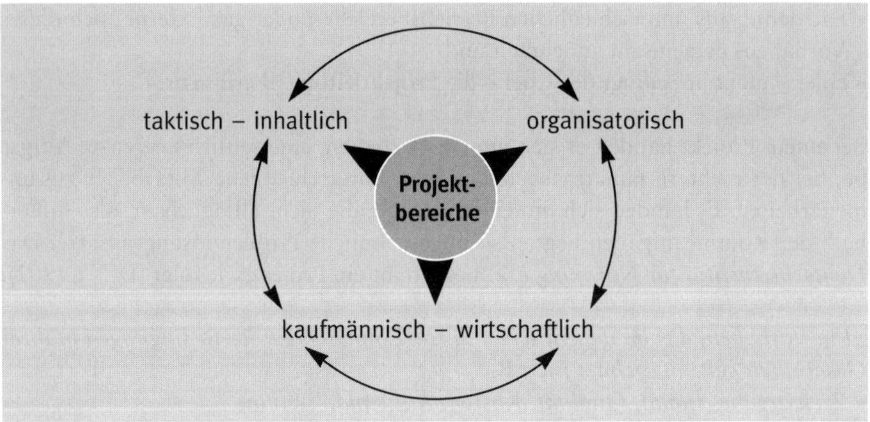

Abb 33 Die einzelnen Projektbereiche

Das Konzept und die Durchführung eines Projekts bedarf der Berücksichtigung aller drei Bereiche. Oft werden Projekte initiiert und durchgeführt, ohne auf die laufenden und die Folgekosten zu achten.

Projektmanagement

Bei einem Projekt, z.B. Gründung einer gemeinnützigen GmbH oder Vorbereitung einer Verkaufsaktion, handelt es sich um eine Vielzahl von Einzelaktivitäten, die koordiniert werden müssen. Dazu gehören z.B.:

- Festlegung eines Ziels,
- Verteilung und Dokumentation von Aufgaben und Kompetenz bis hin zur
- Steuerung und Überwachung von Aufgaben.

Dazu braucht man ein Projektmanagement.

Projektmanagement (nach DIN 69901) ist die Gesamtheit von Führungsaufgaben, -organisation, -techniken und -mitteln für die Abwicklung eines Projekts.

Das Projektmanagement umfaßt also eine systematische Vorgehensweise bzw. Projektführung zur Koordination der einzelnen Prozesse innerhalb des Projekts. Das setzt beim Projektmanager folgende Führungsqualifikationen voraus:

- Menschenführung und Sachgestaltung,
- Planungs- und Organisationsentwicklung,
- Methoden- und Prozeßgestaltung,
- Konfliktsteuerung,
- fächerübergreifendes Koordinieren.

7.2.2 Projektarten

Jedes Projekt besitzt sein eigenes Design. Ein erster Versuch, Projekte zu unterscheiden, erfolgt aufgrund von Sekundärmerkmalen. Projekte unterscheiden sich aufgrund des Umfangs, der Komplexität des zu lösenden Problems, der Rahmenbedingungen und des finanziellen Aufwands.

Besser für eine Unterscheidung von Projektarten eignen sich andere Merkmale, z.B. nach inhaltlichen Objektaufgaben:

- Bei ***Investitionsprojekten*** handelt es sich um die Errichtung, Beschaffung oder Herstellung von Investitionsvorhaben (z.B. neue Fahrzeuge, Geräte, EDV-Anlagen). Es geht dabei um die Finanzplanung bzw. die Überführung von finanziellen Mitteln in Sachanlagen.
- Bei ***Entwicklungsprojekten*** geht es mehr um geistige, kreative und experimentelle Arbeiten, z.B. um Organisationsentwicklung, um Kostenentwicklung von Geräten, um die Einführung einer Kostenstellenrechnung bzw. um betriebswirtschaftliche Umstellungen. Man könnte solche Projekte auch Fortschritts- bzw. Veränderungsprojekte nennen.
- Bei den ***sozialen Projekten*** geht es um Veränderungen im sozialen Bereich, z.B. um die Verbesserung des Betriebsklimas, der Mitarbeiterführung, der Unternehmenskultur.
- Bei ***Bauprojekten*** handelt es sich oft um komplexe Projekte, z.B. bei Erstellung eines neuen Altenheimes.

- ***Marktprojekte*** sind Vorhaben, die auf die Marktgestaltung, Markterkundung, Kundenbefragungen, Sortimentsgestaltung u.a. gerichtet sind.
- Bei den ***Bildungs- bzw. Lernprojekten*** handelt es sich um Vorhaben wie Qualifizierung von Mitarbeitergruppen, Entwicklung eines neuen Weiterbildungskonzepts sowie um Projekte, an denen theoretisch gelerntes Wissen angewandt wird, also Transferprojekte. Darauf wird im folgenden noch näher eingegangen.

Projekte lassen sich auch nach stärker formalen Gesichtspunkten einteilen, z.B. nach dem

- Koordinationsumfang (***Koordinationsprojekte***),
- Neuheitsgrad (***Neuerungsprojekte***),
- Organisationsumfang (***Organisationsprojekte***).

Müssen z.B. im Sozialbetrieb durchgängig in allen Bereichen die Kosten reduziert, oder bei einem Bauvorhaben die verschiedenen internen und externen Bedingungen beachtet werden, so entsteht ein hoher Koordinationsaufwand. Soll ein völlig neues Projekt oder ein Gerät entwickelt oder eine völlig neue Idee umgesetzt werden, so spricht man von einem Neuerungsprojekt. Handelt es sich um ein reines Organisationsverhalten, z.B. ein Tag der offenen Tür wird geplant, oder ein gekauftes EDV-Programm wird „installiert", so könnte man von einem Organisationsprojekt sprechen.

Projekte lassen sich ferner unterscheiden nach externen und internen Projekten:

- ***Externe Projekte*** werden von außen, z.B. von Beraterfirmen an den Betrieb herangetragen, z.B. Erstellung eines Gutachtens über Dienstplangestaltung und erste Umsetzung.
- ***Interne Projekte*** werden im Betrieb, z.B. in einer Schule, selber durchgeführt.

Projekte in Bildungsarbeit und Studium

Bei solchen Projekten handelt es sich um Bildungs- bzw. Lernprojekte, um eine Studien- bzw. Bildungsmethode, eine Form lernender Betätigung.
Entscheidend ist dabei,

- daß die Lernenden sich für ein Vorhaben, ein Betätigungsgebiet entscheiden und
- einzeln (Einzelprojekt) oder als Gruppe, als Klasse (Gruppenprojekt) dieses Projekt planen und entwickeln und Aktivitäten im Betätigungsbereich durchführen, so daß oft ein vorzeigbares, praktikables Ergebnis bzw. Produkt entsteht.

Hierauf trifft die ursprüngliche Bedeutung des Wortes Projekt zu, das aus dem Lateinischen kommt (*projicere*):
Projekt = Vorausdenken, entwerfen, planen, sich vornehmen.

Projektarbeit bzw. Projektmethode meint also *„den Weg, den Lehrende und Lernende gehen, wenn sie sich bilden wollen“* (Karl Frey, Die Projektmethode).
Karl Frey zitiert drei typische Ablaufbeispiele für Lernprojekte, die in Abbildung 34 wiedergegeben werden.

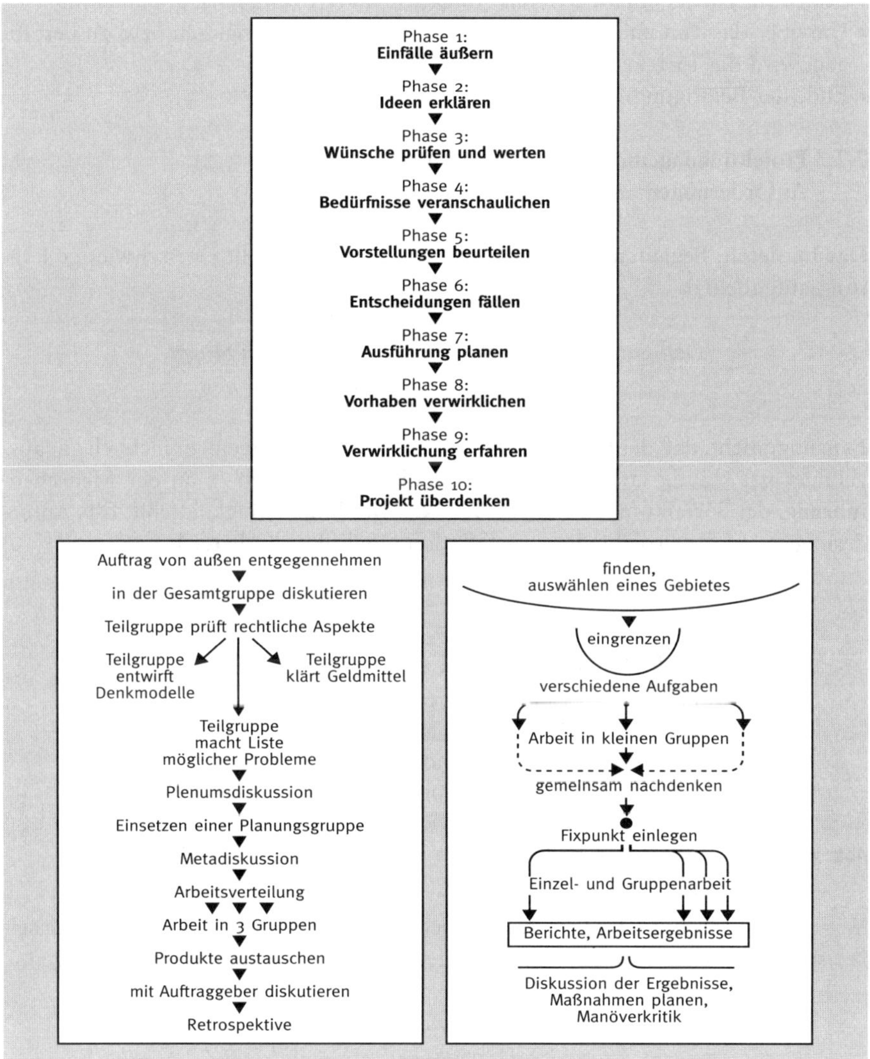

Abb. 34 Ablaufbeispiele für Lernprojekte *(nach: Karl Frey, a.a.O.)*

Gemeinsamkeiten dieser Ablaufbeispiele:

- Der Ausgangspunkt ist eine Projektinitiative.
- Projektmitglieder beraten über diese Initiative und verständigen sich über das, was sie tun wollen.
- Projektmitglieder entwickeln das Aufgabenfeld (z.B. eingrenzen, planen).
- Um über das Tun nachzudenken, Entwicklungen zu korrigieren bzw. zu bestätigen, wird die Tätigkeit manchmal unterbrochen.
- Ende der Betätigung.

7.2.3 Projektmanagement als Führungsaufgabe: Anforderungen an den Projektmanager

Das Initiieren, Begleiten und Auswerten von Projekten stellt eine schwierige Führungsaufgabe dar.

Den guten Steuermann erkennt man erst im Sturm.
(Seneca)

Es genügt nicht, daß der Projektleiter bzw. das Projektmanagement fachlich gut ausgebildet ist. Häufig laufen Projekte deshalb schlecht, weil es an der Menschenführung, der Sozialkompetenz, aber auch der Methodenfähigkeit fehlt. Das Anforderungsprofil des Projektleiters umfaßt drei Qualifikationsbereiche:

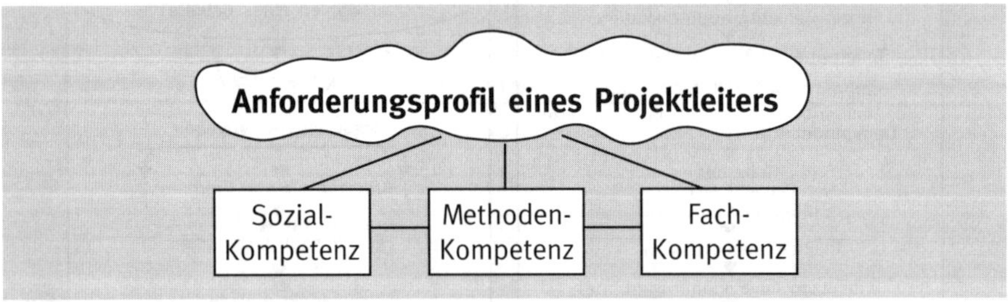

Abb. 35 Qualifikationsbereiche des Projektleiters

Wie ein Dirigent muß der Projektleiter bei seiner Arbeit nicht alle Instrumente selber spielen können. Er muß vor allem Methoden und Sozialkompetenz besitzen.

Führer können eine Gruppe machen oder sie kaputtmachen.
(Thomas Gordon)

- *Teamführung*

Ein wichtiger Aufgabenbereich des Projektleiters ist die Führung des Projektteams. Es kommt wesentlich auf sein Führungsverhalten und sein Konfliktmanagement an, d.h. seine Fähigkeit, mit Konflikten umzugehen und Widerstände gering zu halten bzw. abzubauen.

- *Widerstände managen*

Jeder Betrieb, jede Organisation und Gruppe entwickelt ihr Eigenleben. Werden nun an solchen sozialen Systemen, z.B. durch Projektmanagement, Veränderungen vorgenommen, so ist Widerstand nicht auszuschließen.

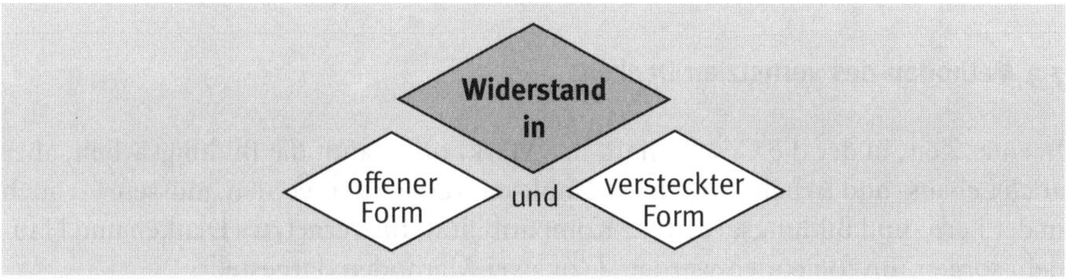

Abb. 36 Widerstand gegen Projekte

Ein solcher Widerstand ist nicht grundsätzlich negativ. Er kann auch dazu beitragen, die richtige Lösung zu finden. Widerstände gehören einfach zum natürlichen Entwicklungsprozeß, besonders bei Veränderungen. Vielfach entstehen Widerstände in der Einführungsphase:

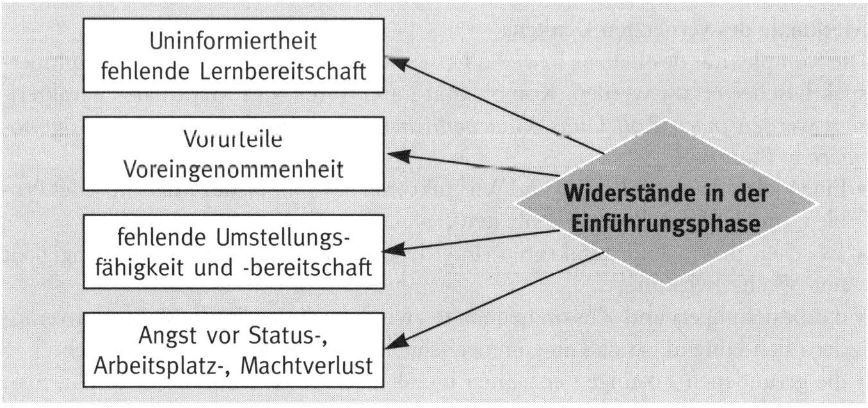

Abb. 37 Widerstände bei der Einführung von Projekten

Je besser der Projektleiter eine Gruppe moderieren und Organisationsentwicklung betreiben kann, Widerstände ernst nimmt und sie gemeinsam mit den Betroffenen aufarbeitet, um so besser.
Oft sind Widerstände auch in der fehlenden Lernbereitschaft und -fähigkeit zu finden. Projektarbeit läuft immer mit Lernentwicklung und Qualifizierung parallel. Auch Widerstände können „weggelernt“ werden.

- ***Projektsteuerung und Methodenkompetenz***

Der Erfolg der Projektarbeit hängt aber auch wesentlich von der Methodenkompetenz des Projektmanagements ab, d.h. von der Fähigkeit, die entsprechenden Methoden zu kennen und richtig einzusetzen.

7.3 Methoden des vernetzten Denkens

In einer Zeit, in der die Gesellschaft, der Markt und damit die Bildungsarbeit, aber auch Lebens- und Arbeitsvorgänge komplexer, verzahnter werden, müssen wir auch in der Lern- und Bildungsarbeit für Kompatibilität, für vernetztes Denken und Handeln sorgen. Im folgenden werden dazu zwei Methoden dargestellt.

7.3.1 Zielgerichtete Netzwerkmethode

Bei der zielgerichteten Netzwerkmethode handelt es sich um ein Lernverfahren des vernetzten Denkens, das erstmals von *Frederic Vester* entwickelt und später für pädagogische Zwecke weiterentwickelt wurde.

Merkmale des vernetzten Denkens

Die Komplexität des Lebens bzw. des Lerngeschehens soll ganzheitlicher, multiperspektivischer erfaßt werden. Komplexität kann durch vier Merkmale charakterisiert werden *(nach Rolf Dubs, Ganzheitliches Lernen und Denken in der ökonomischen Bildung):*

- Eine Vielzahl von Einflüssen und Wirkfaktoren bestimmt jede Situation, jedes Problem (multifaktorelle Gegebenheiten),
- zwischen diesen Einflußfaktoren (Interdependenzen) besteht eine Abhängigkeit und Wechselwirkung,
- die Beziehungen und Zusammenhänge zwischen diesen Einflußfaktoren verändern sich laufend, so daß eine immer schneller werdende Dynamik entsteht,
- die gefundenen Lösungen enthalten immer häufiger Zielkonflikte, so daß man nicht mehr von richtigen oder falschen Lösungen sprechen kann. Entscheidungen lassen sich also nicht mehr nach richtig oder falsch treffen, sondern werden nach

dem Abwägen von Vor- und Nachteilen nach anderen Gesichtspunkten gefällt, z.B. im Sinne einer optimalen Lösung.

Das vorherrschende lineare Denken reicht in unserer komplexen Welt nicht mehr aus, weil es
- zu wenige Einflußfaktoren berücksichtigt,
- nur nach Ursache-Wirkung, Entweder-Oder, Richtig-Falsch vorgeht und z.B. Nebenwirkungen oder sekundäre Ursachen vernachlässigt,
- die Vernetzungen und Entwicklungen nicht berücksichtigt, d.h. nur statisch betrachtet und laufende Veränderungen von Situationen, Gegebenheiten kaum berücksichtigt.

Das vernetzte Denken und Handeln wird in einer komplexen und dynamischen Zeit zu einer wichtigen Schlüsselfähigkeit. Wie kann diese aber erlernt werden? Die zielgerichtete Netzwerkmethode kann dabei helfen. Mit ihrer Hilfe können Abhängigkeiten und Wechselwirkungen zwischen einer Vielzahl von Einflußgrößen, Faktoren dargestellt bzw. herausgefunden werden. Man geht von einem Problem bzw. der damit verbundenen Zielvorstellung sowie einer möglichen Maßnahme aus und untersucht, welche weiteren Variablen bzw. Elemente von dieser Maßnahme betroffen sind, wie diese Maßnahmen sich auf die Zielvorstellungen auswirken.
Rolf Dubs schlägt vor, die positiven Auswirkungen im Hinblick auf das Ziel mit einem Pluszeichen (+) und eine negative Auswirkung mit einem Minuszeichen (–) darzustellen. Auf diese Weise lassen sich
- Abhängigkeiten und Wechselwirkungen darstellen,
- größere Zusammenhänge und
- die Dynamik von Systemen verdeutlichen.

Evolutionäre Prozesse, Abläufe und fließende Zusammenhänge lassen sich auf diese Weise darstellen. Die Abbildung 38 auf S. 164 zum Thema Tourismus gibt ein Beispiel.

Für den Lernenden ist es wichtig, daß er das zielgerichtete Netzwerk entwickelt (inhaltlicher Aspekt) und zugleich über die Verfahrens- bzw. Methodenfähigkeiten zur Erstellung eines solchen Netzwerkes verfügt bzw. sie erlernt.
Wie kann ein solches zielgerichtetes Netzwerk erstellt werden?

Wenn in der Lehr-Lernsituation ein Netzwerk erstellt wurde, so kann festgehalten werden, wie man bei der Erstellung vorgegangen ist. Rolf Dubs nennt folgende fünf Schritte zur Erarbeitung eines zielgerichteten Netzwerks:

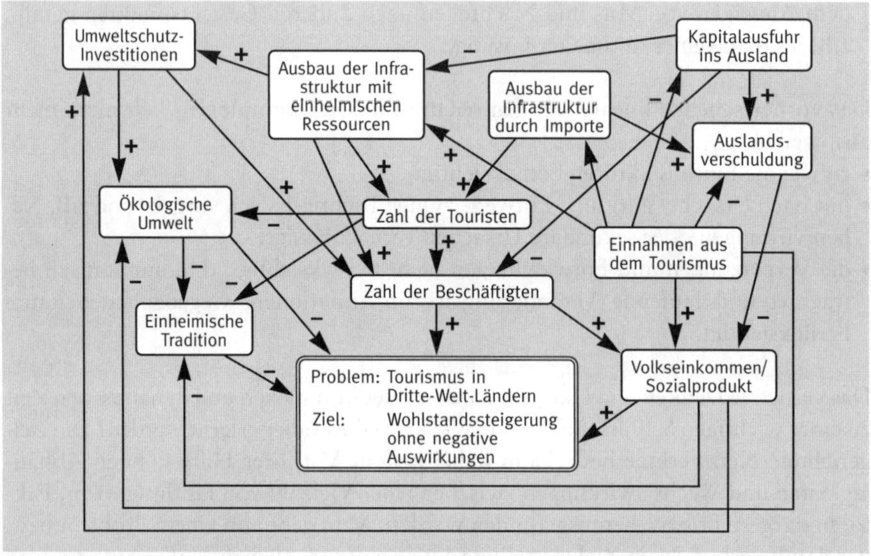

Abb. 38 Zielgerichtetes Netzwerk zum Thema Tourismus in Dritte-Welt-Ländern

1. Klärung des Problems und Formulierung des Ziels. Festlegung der zu verfolgenden Idee bzw. der geeigneten Maßnahmen.
2. Bestimmung der wesentlichen Variablen.
3. Festlegen der positiven und negativen Auswirkungen, des Wirkgefüges.
4. Weitere Variablen werden festgelegt und darüber entschieden, wie stark das System ausgeweitet, d.h. welche Variablen noch in die Betrachtung aufgenommen werden sollen.
5. Das ganze zielgerichtete Netzwerk wird beurteilt und ausgewertet. Die Schwierigkeit bei der Erstellung eines solchen Netzwerks besteht darin, daß die Lernenden bereits über einen großen Wissenszusammenhang verfügen und mit logisch-abstrahierendem Denken ein solches Netzwerk erstellen müssen.

Sicherlich wird es didaktisch-methodisch möglich sein, als Variante zur Erstellung eines solchen Netzwerks dieses nur teilweise zu erstellen oder ein fertiges auswerten zu lassen. Hier liegt jedoch der Grad des selbständigen Lernens niedriger. In Anlehnung an Dubs läßt sich sagen:
Zielgerichtete Netzwerke bzw. vernetztes Denken lassen sich aufgrund der hohen kognitiven Komplexität, und weil die Wissensgrundlagen vorausgesetzt werden müssen, nur in Anwendungs- bzw. Transferphasen verwenden.

7.3.2 Feedback-Diagramm

Auch hierbei handelt es sich um eine Methode des vernetzten Denkens. Feedback-Diagramme stellen Kreisläufe dar, die sich selbst positiv und negativ verstärken. Diese Kreislauf-Bilder verdeutlichen, ob

- sich das entsprechende System selbst stabilisiert, wie es in der lebenden Natur der Fall ist, oder ob
- das System aus dem Gleichgewicht kommt (überschießt bzw. abfällt).

In zielgerichteten Netzwerken lassen sich Kreisläufe, die sich in ihren Wirkungen selbst verstärken, nicht darstellen. Feedback-Diagramme stellen jedoch solche Ablaufprozesse dar. Sie sind in der Regel überschaubarer und intellektuell weniger anspruchsvoll. *Rolf Dubs* bringt ein Beispiel für ein solches Feedback-Diagramm *(Abb. 40, folgende Seite)*.

Durch ein solches Feedback-Diagramm lassen sich Verhaltens- bzw. Interventionsmöglichkeiten erkennen bzw. entwickeln und ganze Systeme in ihrem Wirkungsgefüge darstellen. Die Betrachtung wird komplexer.

Für die Erstellung eines Feedback-Diagramms empfiehlt Dubs folgende Schritte, nach denen die Lernenden die Verfahrensweisen entweder lernen bzw., wenn sie das Diagramm selbständig erstellen, diese Verfahrenskompetenz bereits besitzen:

1. Erkennen und Bestimmen der Ausgangssituation, die in ihrer Entwicklung, ihren Wirkungen und Zusammenhängen untersucht werden soll.
2. Erstellen des Feedback-Diagramms.
3. Erfassen, Besprechen und Auswerten des dargestellten Wirkungsgefüges. Dabei unterscheidet Dubs zwei Kreisläufe: einen positiven und einen negativen:

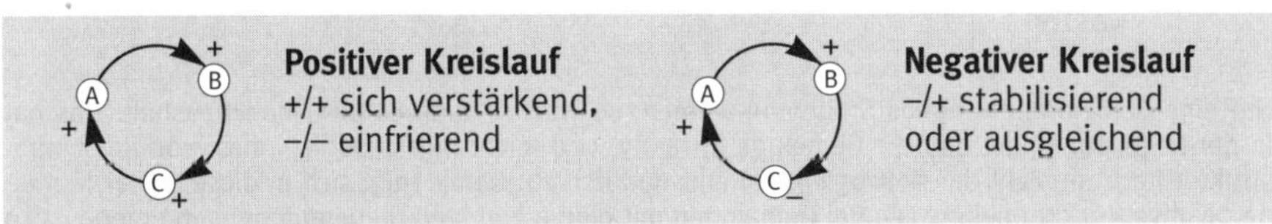

Abb. 39 Positiver und negativer Kreislauf nach R. Dubs

4. Die zeitliche Dynamik wird erfaßt.
5. Auswertung, Interpretation der Zusammenhänge, Prozesse und Maßnahmen, um so reale Möglichkeiten der Beeinflussung und Veränderung des Kreislaufes zu erkennen und zu lernen.

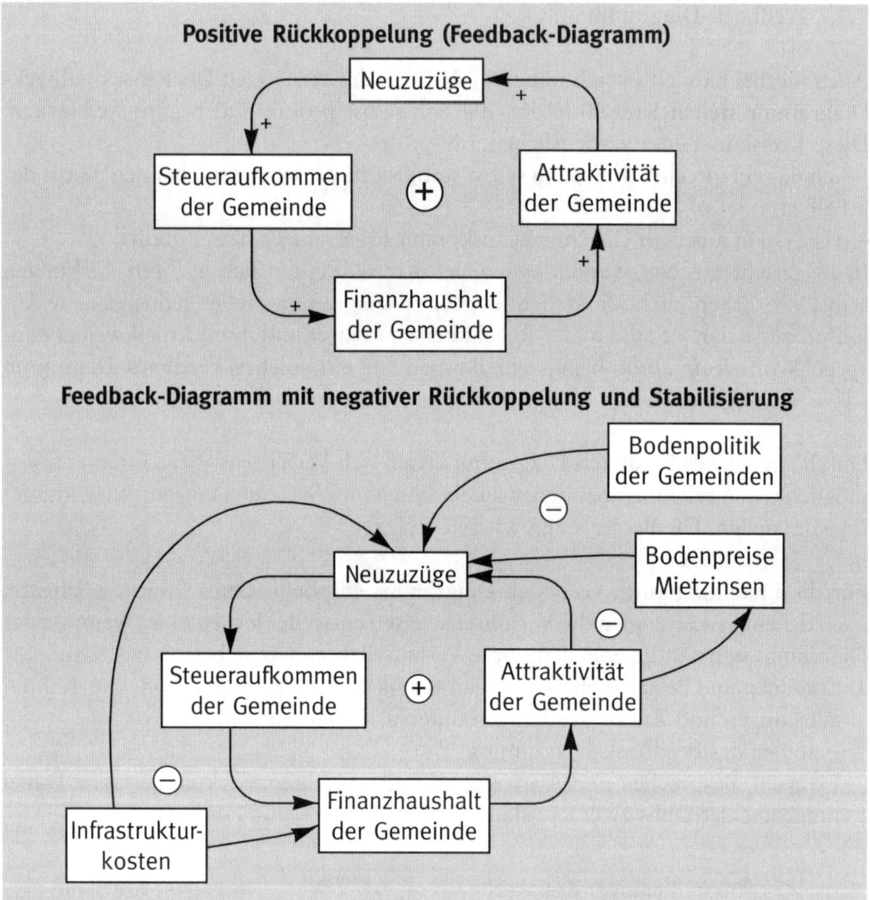

Hat eine Gemeinde ein hohes Steueraufkommen, so wächst dadurch der Finanzhaushalt. Das hat in der Regel zur Folge, daß die Gemeinde attraktiv wird (nicht nur steuerlich, auch von ihrer Infrastruktur her), die Zahl der Neuzugänge nimmt dadurch zu. Damit zeigt sich in diesem Kreislauf eine positive Rückkoppelung (+). Bei Gemeinden mit einem geringen Steueraufkommen ergeben sich negative Rückkoppelungen (–). Trotzdem kann sich das System stabilisieren, und zwar durch entsprechende politische Entscheidungen und Interventionen (z.B. Bodenpreise und Mieten). Solche Maßnahmen wirken sich wieder auf die anderen Faktoren des Kreislaufes aus (z.B. Neuzugänge). So kann man Entwicklungen entgegenwirken oder verstärken.

Abb. 40 Beispiel für Feedback-Diagramm: Positive und negative Rückkoppelung *(nach R. Dubs)*

7.4 Zukunftswerkstatt

In einer Zeit, in der traditionelle Antworten und Wege nicht mehr passen, geht es verstärkt darum, eine Vorwärtsstrategie für das Lernen zu geben, neue Antworten zu finden bzw. Zukunftswege zu erfinden und zu sichern. Bildungs- und Lernarbeit muß zukunftsorientierter, prospektiver werden. Bei vielen Menschen – bei denen sich oft ein Unbehagen am Bestehenden einstellt – löst eine solche Beschäftigung mit ihrer eigenen Zukunft, der ihres Arbeitsplatzes oder der Gesellschaft häufig eine Motivation aus.
Zukunftsorientiertes Lernen ist besonders dann motivationsfördernd, wenn die Bildungsarbeit sich nach den Bedürfnissen, Interessen, Erfahrungen und Erwartungen der Lernenden bzw. Betroffenen ausrichtet und im Verlauf des Lernprozesses die vielfältigen subjektiven Sichtweisen und Ansprüche zusammengetragen und strukturiert werden. Dabei handelt es sich in erster Linie um eine methodische Frage. Die Zukunfswerkstatt als Methode kann solche Ziele bzw. Ansprüche realisieren.

Bei der Zukunftswerkstatt handelt es sich um eine Methode der Problemlösung, bei der Gruppen in Phasen eine Lösung für gegenwärtige und zukünftige Wege, Strukturen und Aufgaben entwickeln, in der innovativ-kreatives wie kritisches Denken und Handeln von großer Bedeutung sind. Man kann so die Zukunft nach eigenen Vorstellungen und Interessen phantasievoll gestalten, bzw. erfinden *(vgl. Lernen in Zukunftswerkstätten. In: Zeitschrift Pädagogik: Schwerpunktheft Phasen und Kreativität, 6/92)*.
Die Zukunftswerkstatt wurde vom Zukunftsforscher *Robert Jungk* entwickelt. Der Verlauf einer Zukunftswerkstatt läßt sich im Anschluß an Jungk in folgende Phasen einteilen:

1. Vorbereitungs-/Einstimmungsphase
Sie dient der Einstimmung in die Werkstattarbeit und der Vorbereitung der Problemlösung. Das Konzept und der Verlaufsplan werden vorgestellt. Diese Phase dient auch dem Kennenlernen der anderen Teilnehmer und ihrer Vorstellungen vom Problem.

2. Kritikphase
Hierbei handelt es sich um den eigentlichen Einstieg in das Thema, die Zukunftsaufgabe bzw. Problemlösung. Alle kritischen Punkte zum Thema werden gesammelt und systematisch geordnet. Das kann geschehen durch Brainstorming, aber auch durch Metaplan- bzw. Kärtchenabfrage und Gruppenarbeit. Kärtchen werden auf einer Pinwand gesammelt und zugeordnet.

3. Phantasie-/Utopiephase
In dieser Phase werden die Kritikpunkte nach den Wünschen und Interessen der Teilnehmer konstruktiv verändert. Es kommt dann zu einem idealtypischen Entwurf eines neuen Zukunftszustandes, der ohne jegliche Tabus und pragmatische Grenzen entwickelt wird (Utopiecharakter).

4. Umsetzungsphase
Solche Utopielösungen lassen sich natürlich nur selten in die Praxis umsetzen. Deshalb wird in dieser Phase der realistische Kern der Phantasielösung herausgearbeitet:
- Was ist realisierbar?
- Was kann jeder von uns tun?
- Welche Forderungen können formuliert werden?
- Welche Schritte können wir unternehmen, um möglichst viel von der Lösung zu realisieren?

5. Permanente Werkstatt-/Projektarbeit
Wenn klar ist, was realisiert werden kann, kann sich in dieser Phase eine Gruppe als permanente Werkstatt bzw. eine Projektgruppe bilden, welche im Rahmen einer Projektarbeit versucht, die Ergebnisse der Zukunftswerkstatt kontinuierlich umzusetzen. Projektarbeit ist also die konkrete Realisierung der erdachten und formulierten Zukunft.

6. Schlußphase
Die Phase kann bereits nach der Umsetzungsphase, aber auch am Ende der Projektarbeit durchgeführt werden. Hier geht es um das Abfragen der Stimmung, z.B. durch Stimmungsbarometer, und um die Zufriedenheit mit den sachlichen Ergebnissen. Die Ergebnisse können auch als Collagen mit Aufforderungscharakter dargestellt werden.

✔ Verlaufsplan der Zukunftswerkstatt

1. Vorbereitungs-/Einstimmungsphase
- Kennenlernen des Konzepts der Zukunftswerkstatt und des Themas.
- Kennenlernen der anderen Teilnehmer durch verschiedene Methoden (z.B. Vorstellungsrunde, Namensspiel, Stimmungsbarometer).
- Abfrage von Erwartungen und Befürchtungen in bezug auf die Werkstatt.
- Erste Vorstellungen zum Thema äußern. Beschreibung der Ist-Situation (z.B. am Arbeitsplatz).

2. Kritikphase
- Kritikpunkte zum Thema werden gesammelt (z.B. *„Was mißfällt mir an unserer Projektarbeit, an unserem Dienstplan?)* in Gruppenarbeit, durch Brainstorming, Kärtchenabfrage.
- Ergebnisse (Kritikpunkte) werden im Plenum gesammelt, formuliert und bewertet.
- Arbeitsgruppen für die Phantasiegruppe werden gebildet.

3. Phantasie-/Utopiephase
Die Phantasie anregen durch mentale Methoden wie
- Entspannungsmethode,
- Phantasiereise,
- kreativitätsfördernde Methoden,
- Lösungsentwürfe, Zukunftsutopien entwerfen (in Kleingruppen),
- Präsentation der Ergebnisse im Plenum.

4. Umsetzungsphase
- Welche Ideen sind aus der Phantasie?
- Welche Ideen wirken realistisch, sollen weiterverfolgt werden? (Erarbeiten durch Bewerten von Kärtchenaussagen oder durch erneute Kärtchenabfrage, durch Gespräch),
- Aufstellung eines Forderungskatalogs (*„Wir wollen ... “*),
- und eines Plans mit konkreten Handlungsmöglichkeiten (*“Wir werden ... “*).

5. Permanente Werkstatt-/Projektarbeit
- Bildung einer Projektgruppe,
- Umsetzung der Ergebnisse der Zukunftswerkstatt in Projektarbeit.

6. Schlußphase
Abfrage der Zufriedenheit mit den Ergebnissen und der Stimmung, z.B. durch Stimmungsbarometer und durch Feedback, oder durch „Blitzlicht“ zum Thema *„Was war gut an dieser Werkstatt – was nicht?“*

7.5 Regeln zur Verbesserung der Lernfähigkeit

Früher hielt die Wissenschaft die Lernfähigkeit für eine unabänderliche Größe. Heute wissen wir, sie ist bis ins hohe Alter trainierbar und bestimmte Praktiken bzw. Methoden helfen uns, unsere Lernfähigkeit zu verbessern. Deshalb im folgenden einige Methoden:

1. Zuerst entspannen und Belastendes loslassen, frei werden

Nervosität, körperliches und seelisches Abgespanntsein belasten die Leistungs- und Lernfähigkeit des Menschen. Aber auch der anspannende Arbeitsalltag liegt noch in Kopf, Körper und Psyche und verhindert eine Neuaufnahme von Lernstoff. Streß und Belastungen also zuerst abbauen, alles, was bedrückt, loslassen. Der Lernende muß frei sein für die Lernaufgabe.

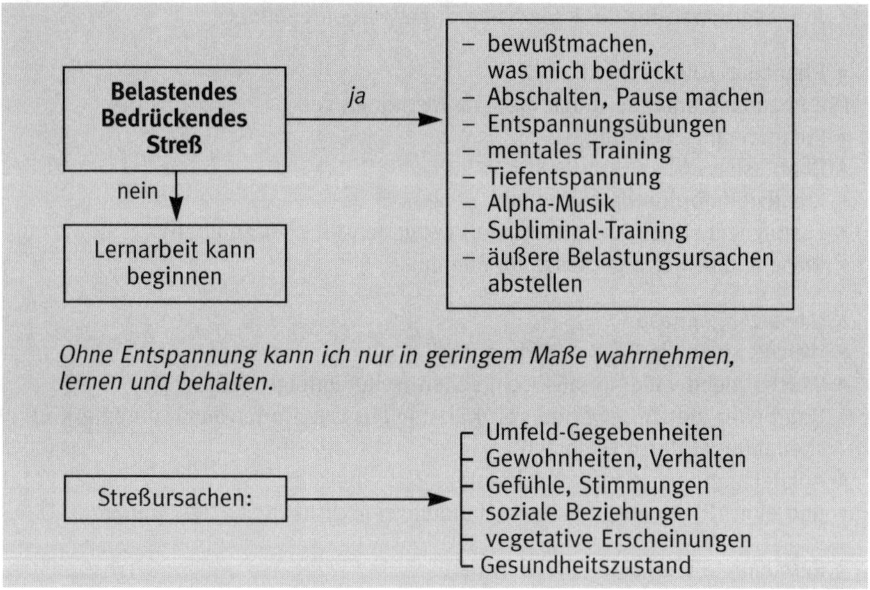

Abb. 41 Streß und Belastungen schränken die Lernfähigkeit ein

2. Verstärken Sie Ihre Motivation

Motivation ist die Energie, die das Lernen fördert und aktiviert. Versuchen Sie, diese zu stärken. Machen Sie sich selbst bewußt, warum Sie die Lernarbeit machen wollen:

- *Was sind Ihre Ziele, Zwecke?*
- *Was können Sie damit erreichen?*
- *Was bringt die Lernarbeit Ihnen persönlich?* (z.B. Erfolgserlebnis, berufliches Weiterkommen, mehr Sicherheit u.a.)

Wecken Sie die positiven Kräfte in sich und konzentrieren Sie diese auf die Lernarbeit:

- *Dieses Erarbeiten macht Spaß.*
- *Ich werde es erfolgreich durcharbeiten.*

- *Ich konzentriere mich voll darauf.*
- *Ich lenke meine Interessen, Motive, Wünsche auf dieses Lernthema, diesen Bildungsgang.*

Motivation läßt sich durch erste Erfolgserlebnisse verstärken. Suchen Sie deshalb zu Anfang – aber auch später – Lernerfolge, wenn es Ihnen wichtig und möglich erscheint.

Versuchen Sie, Motivationsblockaden, Barrieren auszuschalten, z.B. zu viel Information, zu viele Aufgaben auf einmal. Besser Schritt für Schritt vorgehen. Barrieren können
- innere (z.B. Angst, Unsicherheit, Resignation, Bedrücktheit),
- körperliche (z.B. Kopfschmerzen, Migräne, Kreislaufprobleme),
- aber auch äußere Barrieren sein (Lärm, Witterungseinfluß, Ergonomie, Raumökologie, Ablenkungen u.a.).

Hindernisse, die sich der Motivation in den Weg stellen, müssen beseitigt werden, sonst steuern sie unser Verhalten und Denken negativ. Wir brauchen dann zu viel Motivationsenergien und erreichen weniger. Wenn die Energien nicht ausreichen, die Erfolgserlebnisse ausbleiben, stellen sich leicht Resignation, Aggression und Mißerfolg ein.

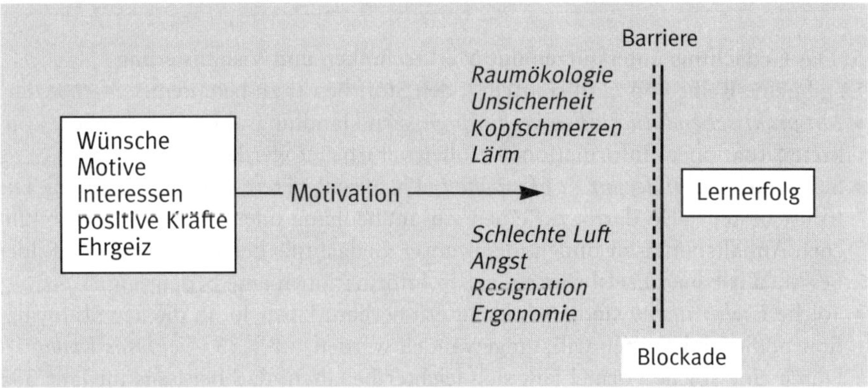

Abb. 42 Motivationsblockaden gegen den Lernerfolg

3. Zuerst einen Überblick über die Lernaufgabe verschaffen

Nicht Hals über Kopf in die Lernarbeit stürzen.
- Überfliegen Sie den Text, den Sie durcharbeiten wollen, zuerst einmal.
- Werfen Sie einen Blick auf Überschriften, Zwischentitel, Bilder, Karikaturen und ihre Unterschriften.

- Lesen Sie bei Büchern Gliederung oder Inhaltsverzeichnis.

Diese Vorabinformationen tragen zu einem besseren Verständnis und zu einem besseren Behalten bei. Der Zusammenhang wird klarer.

4. Langsam lesen und den Text verarbeiten

Lerntexte muß man kauen, verdauen. Deshalb den Text langsam lesen. Weniger anspruchsvolle Lektüre kann man vielleicht schnell lesen. Folgende Verhaltensweisen unterscheiden gute von schlechten Lernern:

Gute Lerner

- sprechen Gelesenes mit bzw. nach.
- geben es mit eigenen Worten wieder, in Gedanken oder laut, d.h. sie verarbeiten den Text und beteiligen möglichst viele Sinne.
- achten auf jedes Wort und kauen den Text langsam durch.
- verlieren auch schon mal den Faden beim Lesen. Sie gehen dann aber so weit im Text zurück, bis sie den inhaltlichen Zusammenhang wieder verstehen.
- gehen nicht einfach über das, was sie nicht verstehen, hinweg.
- nehmen alles aktiv auf. Sie denken darüber nach, übertragen es in ihren Horizont, ihre Berufspraxis, verknüpfen es mit bereits Gelerntem.
- prüfen es kritisch, reflektieren es, d.h. denken darüber nach und notieren sich am Rand vielleicht noch Fragen oder Bemerkungen.

5. Das Gedächtnis unterstützen mit Merktechniken und Visualisierung

Es gibt eine Reihe von „Hilfsmitteln“, den Stoff besser zu behalten:

- *Mit praktischen Situationen verknüpfen*, sich Handlungsabläufe vorstellen, konkrete Situationen. Informationen wollen verarbeitet werden.
- Sich vom Text *Bilder im Kopf machen*, d.h. Visualisieren, mentales Training. Die Kunst besteht also darin, für einen Zusammenhang oder ein Wort einen bildlichen Anhaltspunkt zu finden, denn unser Gedächtnis behält interessante Bilder besser. Wir bauen Eselsbrücken, geben Informationen eine Bedeutung.
- Solche *Eselsbrücken* sind auch leicht erinnerbare Formeln, in die neue Informationen, die ich behalten will, umgewandelt werden, z.B. *„333 bei Issus Keilerei“*. Durch eine solche Formel läßt sich leichter behalten, daß bei Issus im Jahr 333 eine Schlacht stattfand. Eine solche Mnemotechnik und entsprechende Übung können die Gedächtnisleistung steigern – bis ins hohe Alter.
- Behaltsicherheit erreichen wir durch *Wiederholungen*. Die Behaltquote wird um so größer, je mehr Sinne angesprochen werden.

1. Wiederholung nach etwa	15 Minuten
2. Wiederholung nach etwa	2 Stunden
3. Wiederholung nach etwa	12 Stunden
4. Wiederholung nach etwa	2 Tagen
5. Wiederholung nach etwa	1 Woche
6. Wiederholung nach etwa	2 Wochen

Abb. 43 Der günstigste Wiederholungsrhythmus *(nach: T. Werneck/C. Heidack, Gedächtnistraining)*

Behalten haben wir etwas, wenn wir vom Kurzzeitgedächtnis in unser Langzeitgedächtnis hineingearbeitet haben:

- Kurzzeitgedächtnis: hält 30 bis 60 Sekunden vor. Beispiel: *Aus dem Telefonbuch suchen wir eine Nummer, wählen und vergessen sie wieder.*
- Langzeitgedächtnis: behält Informationen lebenslang.

Sie müssen nur mit bestehenden Infos, die dort schon lagern, verknüpft werden. Mnemotechnik, Visualisierung und Umarbeiten in die Praxis übertragen, helfen dabei. Unser Gedächtnis ist wie ein Muskel. Je mehr man ihn gebraucht, desto stärker wird er. Informationen, die wir behalten wollen, verlangen nach Aufmerksamkeit (z.B. eine Uhr, die ich weglege), wollen Bedeutung erlangen, aufgewertet, beachtet werden. So behält man sie. Das kann auch durch Unterstreichen und Markieren (mit Marker) geschehen.

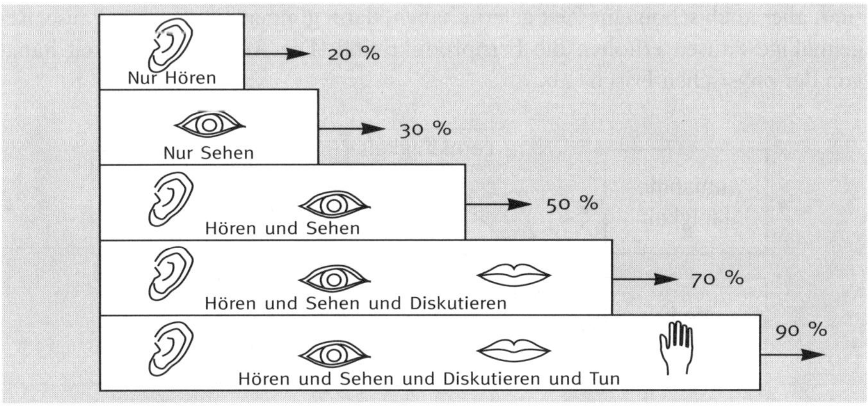

Abb. 44 Behaltensquoten

6. Informationen, Texte strukturieren

Wir sollten die Vielzahl der Wörter, den Text in einen bildhaften, gegliederten Zusammenhang bringen, z.B.

– durch die Darstellung eines Schaubilds oder
– durch Gliedern, Ordnen.

Man verarbeitet, lernt und behält einen Stoff besser, wenn man ihn analysiert und in „bekömmliche Portionen" aufteilt.

7. Konzentrieren Sie sich, bündeln Sie Aufmerksamkeit

Mit folgenden Methoden können Sie Ihre Aufmerksamkeit und Konzentration erhöhen:

- Legen Sie Zeit und Ort für das Lernen, Bearbeiten fest. Sorgen Sie für einen ungestörten Lernort mit guten Arbeitsbedingungen. Stellen Sie sich auf die Lernarbeit innerlich ein.
- Schützen Sie sich vor Ablenkung, z.B. Tür verschließen, Schild: „Bitte nicht stören." Einen ruhigen, freundlichen Ort aufsuchen.
- Probieren Sie, welche Lernmethoden für Sie die besten sind: Auszüge machen, Diagramme erstellen, auf Tonband sprechen, Fragestellungen bearbeiten, Karteikarten anlegen. Alles das steigert auch die Konzentration. Es ist besser als bloßes Lesen.
- Wer fleißig ist, muß nicht unbedingt produktiv sein. Deshalb kontrollieren Sie Ihre Lernfortschritte. Prüfen Sie: *Was haben Sie behalten? Kommen Sie Ihrem Lernziel näher?*

8. Gönnen Sie sich Pausen

Wenn Sie nicht vorankommen, nichts in Ihren Kopf geht, Sie müde und abgespannt sind, aber auch schon eine Zeit gelernt haben, dann gönnen Sie sich eine Pause. Regelmäßige Pausen erhöhen die Lernproduktivität. Die Aufnahmefähigkeit hängt von der physischen Frische ab.

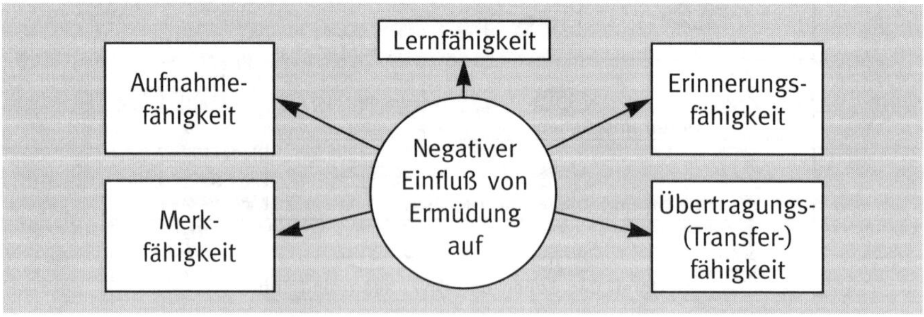

Abb. 45 Ermüdung verhindert Lernerfolg

Mit jeder Pause nimmt der Wirkungsgrad von Lernen und Behalten wieder zu. Auch der Grad des Behaltens nimmt mit der Ermüdung ab, das Vergessen jedoch zu. Am besten zuerst erholen (Entspannung), dann wiederholen. Den günstigsten Wiederholungsrhythmus zeigt die folgende „Vergessenskurve“:

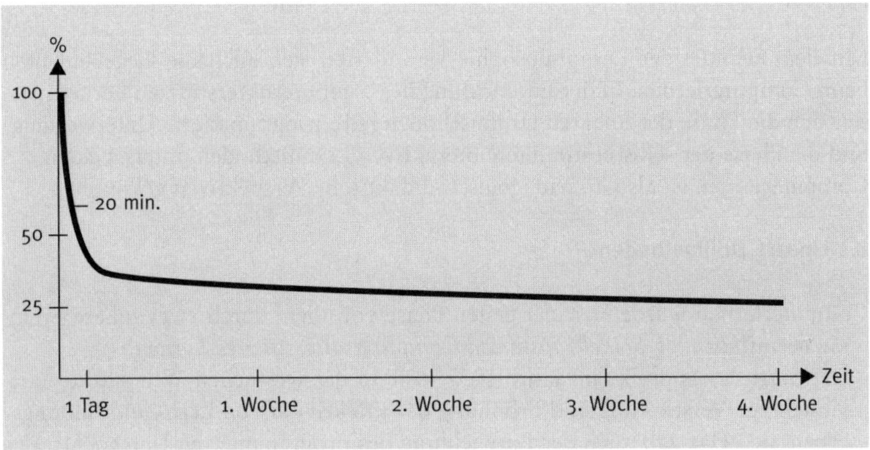

Abb. 46 Vergessenskurve

9. Entdecken Sie Ihren persönlichen Lernstil

Die Art, wie wir uns mit dem Lernstoff auseinandersetzen, bezeichnet man als den Lernstil. Er ist individuell verschieden. Erkennen wir den uns gemäßen Stil und praktizieren ihn, so haben wir den Schlüssel zum Lernerfolg.

- Was besagt Ihr Lernstil?
- Lernen Sie eher durch praktische Erfahrung oder abstraktes Begreifen?
- Können Sie sich morgens oder abends besser konzentrieren, unter welchen Arbeitsbedingungen lernen Sie am besten?

Ihr Lernstil wird Ihnen helfen, effektiver zu lernen.

Lernen ist wie Rudern gegen den Strom.
Sobald man aufhört, treibt man zurück.
(Benjamin Britten)

Die Kunst des Lernens liegt in der Wiederholung.
(Heinrich Pestalozzi)

8 Computerunterstützte Lernmethoden

Das Lernen mit dem Computer wird vor allem bestimmt von den technischen Möglichkeiten, dem Stand der Computertechnik und von der vorherrschenden Lernphilosophie, d.h. von den zu erwartenden Schlüsselfähigkeiten der Lernenden.

Mit dem Wandel der Lernphilosophie veränderten sich auch die Gegebenheiten beim Computerlernen. In der Entwicklung des computerunterstützten Lernens lassen sich die Phase der linearen Drillmethoden (z.B. programmierte Unterweisung) und die Phase der selbstbestimmten interaktiven Lernmethoden unterscheiden. Computerlernen ist also an pädagogisch-didaktische Perspektiven geknüpft.

8.1 Lineare Drillmethoden

Computerlernen wurde in seiner ersten Phase vor allem durch zwei äußere Ereignisse beeinflußt (*vgl. Seidel/Lipsmeier, Computerunterstütztes Lernen):*

- Der Start des Sputniks im Jahre 1957 löste in der westlichen Welt starke Aktivitäten zur Verstärkung und Erhöhung der Effektivität von Lern- und Bildungsarbeit aus. Das gab auch der Entwicklung des programmierten Unterrichts, des linearen, nachvollziehenden Computerlernens wichtige Impulse.
- Die Energiekrise 1973 zog eine Sparwelle in Wirtschaft und Bildungsarbeit nach sich. Die Ausstattung von Schulen, Betrieben, Hochschulen wurde nicht weiter betrieben. In der Theorie wurden zwar Begründungen, Perspektiven und Modelle für das computerunterstützte Lernen entwickelt, ebenfalls zahlreiche Computer-Lernprogramme, z.B. in Form der programmierten Unterweisung, aber diese Entwicklungen erreichten nur wenig die Praxis in den Betrieben und erst recht nicht in den Schulen, zumal die Hardware vielerorts fehlte.

Für das Lernen mit dem Computer werden in Literatur und Praxis unterschiedliche Begriffe verwandt, z.B. „computergestützte Unterweisung (CUU)", „computergestützter Unterricht (CGU)", „Computer Based Training (CBT)", „Computer Aided Instruction (CAI)", „Computer Managed Learning (CML)" bzw. „Computer Assisted Learning (CAL)".
Bei all diesen Begriffen geht es darum, es dem Lernenden mit Hilfe des Computers leichter zu machen. Der Computer ist also ein Hilfsmittel, um die Qualität des Lernens zu verbessern, und das auf unterschiedlichen methodischen Wegen.

Im folgenden sollen einige ausgewählte Methoden des linearen, nachvollziehenden Lernens dargestellt werden.

8.1.1 Programmierter Unterricht

Der programmierte Unterricht oder auch die programmierte Unterweisung bzw. programmiertes Lernen stellt eine konsequente Anwendung der Skinnerschen bzw. behavioristischen Verhaltensforschung im pädagogisch-didaktischen Bereich dar. Es handelt sich dabei um eine Form des Selbstlernunterrichts, auf die viele Experten Mitte der 60er, Anfang der 70er Jahre, als diese Methode aufkam, große Hoffnungen setzten.
Die behavioristische Lernphilosophie basiert auf mechanistischem Black-box-Denken, Maschinendenken. Psychologische und methodische Fragen aus der Black box spielten eine untergeordnete Rolle. Nur Input und Output waren von Bedeutung.

So wie Skinner das Verhalten seiner Versuchstiere durch gezielte und systematische Verstärkungsprogramme steuerte, so glaubte man bei Programmiertem Unterricht, jede gewünschte Verhaltensweise beim Lernenden zu erreichen,

- wenn die Lernschritte klein genug gewählt würden, führten sie in logischer Folge sicher zum Ziel,
- wenn genau beschrieben würde, welches Verhalten bzw. Wissen der Lernende am Ende des Programms gelernt haben soll und
- wenn der Lernende die Möglichkeit zur Erfolgskontrolle erhielt.

Jeder Lernschritt bestand also aus

- einer sorgfältig strukturierten Information,
- einer Aufgabenstellung, welche zur aktiven Verarbeitung der Information veranlaßte und
- einer Erfolgskontrolle, damit der Lernende seinen Lernerfolg feststellen kann. Das kann z.B. in Form einer Frage geschehen, die beantwortet werden muß.

In Deutschland entstanden ab Ende der 60er Jahre eine Fülle solcher Lernprogramme für die schulische und betriebliche Bildungsarbeit. Zahlreiche Betriebe stellten ihre Weiterbildung auf Lernprogramme um. Die Lernprogramme wurden den Lernenden in Buchform zur Verfügung gestellt oder liefen über Lerngeräte, z.B. Computer.
Solche Lernprogramme

- ermöglichten ein individuelles Lerntempo beim Lernenden,
- vermittelten Erfolgserlebnisse mit Lernverstärkung,
- ermöglichten kontrollierbares Lernen und vorausgeplante Reaktionen der Lernenden.

Defizite der Lernprogramme

- Es fehlten jedoch die soziale Seite des Lernens und die Kommunikation zwischen Lernenden und Lehrenden.

- Die Selbständigkeit des Lernenden war relativ gering. Er wurde eng geführt, seine Reaktionen waren vorausgeplant, oft schablonenhaft. Selbständiges Denken, Kreativität, Problemlösungsfähigkeiten wurden nicht verlangt. Die Lernenden waren an den vorgegebenen Lernstoff, an die vorhandenen Lernprogramme gebunden. Didaktisches und methodisches Prinzip dabei war „drill and kill", welches sich aus dem stupiden Frage-Antwort-Spiel ergab.

- Pädagogische Fragestellungen waren überwiegend ausgeklammert. Eine Förderung, Begleitung und pädagogische Führung durch den Lehrenden, vor allem der persönlichen Entwicklung, war ausgeschlossen. Programmierter Unterricht war primär stofforientiert, nicht sozial- und persönlichkeitsfördernd. Er zwang zu monotonem Pauken.

8.1.2 Computergestütztes Training (CBT)

Beim computergestützten Training (CBT) handelt es sich um ein Lernen mit interaktiven Lernprogrammen am Computer. Der programmierte Unterricht wurde vorwiegend noch als „Buchprogramm" durchgeführt, da die Hardware vielfach fehlte. Ferner bestand die Interaktion hier in vorausgeplanten Reaktionen, war also keine offene Interaktion.

Beim computergestützten Training (CBT) – auch Bild- und Bildplattendialog genannt – werden Informationen, Lerninhalte visualisiert und interaktiv am Computer vermittelt. Das Lernprogramm kann die Lerninhalte durch bewegte Grafiken veranschaulichen und Vorgänge simulieren.

Der Lernende arbeitet mit dem Programm. Er macht Eingaben, gibt Antworten auf Fragen ein, zeichnet, klickt mit der Maus einen bestimmten Bereich einer Bildschirmgrafik an *(vgl. Dieter Leeser, Computer based training. In: Heinz Arzberger u.a. (Hg.), Methoden aktuell)*. Das Lernprogramm reagiert auf das, was der Lernende eingibt. Es entsteht so ein „Quasi-Dialog" zwischen Lernenden und Programm.

Beispiel

Ein CBT-Programmm, das in der kurzen Geschichte dieser Methode weite Verbreitung fand, ist das Trainingsprogramm „Exploring the IBM Personal Computer". Das Programm befindet sich auf einer Diskette, die jedem verkauften IBM-PC beigefügt ist. In jeder Lektion sind Informationen über den Computer enthalten. Der Benutzer wird aufgefordert, Befehle für unterschiedliche Funktionen einzugeben. „Die richtige Reaktion wird sofort positiv verstärkt, indem der Lernende eine Bestätigung erhält, z.B.: Gut! Sie haben jetzt identische Dateien auf jeder Diskette." *(Kenneth Wexley, Ressourcen in Organisationen).* Gibt der Lernende eine falsche Antwort, erscheinen zusätzliche Informationen. Der Lernende erhält erneut die Möglichkeit, die richtige Reaktion zu üben. Wir haben also auch hier das Verstärkerprinzip integriert.

Ziel solchen computergestützten Trainings ist die Verbesserung von fachlichen Fähigkeiten und die Vermittlung von Wissen. Das CBT-Lernen bietet die Vorteile, die auch schon der programmierte Unterricht besaß:

- Der Lernende bestimmt selbst, wann er lernt.
- Er bestimmt sein individuelles Lerntempo sowie
- die Zeit, die er für ein Thema ansetzen will.

Dazu führen die Computerarbeit und der „Quasi-Dialog" oft zur Lernmotivation.

Bedeutung des CBT

Die Lernprogramme lassen sich überall dort einsetzen, wo entsprechende Computer vorhanden sind, in Schulen, am Arbeitsplatz und auch im Privatbereich. Solche Trainings unterstützen und ergänzen die Bildungsarbeit, z.B. die zentrale Bildungsarbeit im Betrieb und den Klassenunterricht durch dezentrale CBT- Arbeit. Betriebe und auch private Bildungsträger besitzen Lernstudios mit PC-Lernplätzen, an denen mit verschiedenen Lernprogrammen gearbeitet werden kann. Auch die Effizienz von Seminaren kann damit erhöht werden, indem die Teilnehmer vorab Lernprogramme zugesandt bekommen, die über die erforderlichen Voraussetzungen informieren.

Solche CBT-Programme werden heute erfolgreich für die Entwicklung fachlicher Fähigkeiten eingesetzt. Z.B. lernen Wartungstechniker per CBT-Programm, wie sie defekte Geräte schneller und besser reparieren können. Kaufmännische Mitarbeiter erhalten Hilfen für das Bearbeiten von Versicherungsanfragen. Verkäufer werden in effizienten Kundengesprächen geschult.

Es gibt auch Lernprogramme zu Themen wie Zeitmanagement und Gedächtnistraining. Hier werden Wissen und Verhaltenstechniken in kürzester Zeit kostensparend vermittelt. Große Betriebe können im Rahmen von Anpassungsweiterbildung an Mitarbeiter in Außenstellen und dezentralen Betriebseinheiten einfach Disketten verschicken, anstatt diese Personen in der zentralen Bildungseinrichtung zu schulen. Das spart Kosten und Zeit.

8.1.3 Multimediales Distanzlernen

Der rasante technische und sozial-ökonomische Wandel und die zunehmende Veränderung im Arbeitsumfeld machen verstärkte Anpassungsweiterbildungen notwendig. Traditionelle Lernmethoden stoßen zunehmend an personelle und wirtschaftliche Grenzen. „*Langjährige Erfahrungen im Umgang mit klassischem Computer Based Training haben gezeigt: CBT allein ist nicht das Allheilmittel, und ganz ohne Trainer geht es auf Dauer nicht.*“ (Irmgard Hausmann, Malibu. In: Arzberger u.a. [Hg.], Methoden aktuell). Multimediales Distanzlernen, das Anfang der 90er Jahre entwickelt wurde, will hier neue Lösungswege gehen.

Im Rahmen eines von der Europäischen Union geförderten Pilotprojekts unter dem Kürzel „Malibu“ (Multimedia and Distance Learning in Banking and Business Environments) wurde erstmals bei Siemens/Nixdorf ein Pilotversuch „Distance Learning mit Multimedia-Unterstützung“ durchgeführt. „Distance Learning“ ist mehr als herkömmlicher Fernunterricht und eine neue Dimension für Trainingsorganisation und Trainer. Im System ist eine Vielzahl unterschiedlicher Lernmaterialien integriert, wie die folgende Abbildung zeigt:

MALIBU Pilot-Projekt SETT
Selbstlernen und TeleTutoring im SNI TC
Womit? 3 Klassen von Lernwerkzeugen

Lokale Lernmaterialien
- CBI
- Lernvideos
- Benutzerhandbuch
- Wartungsunterlagen

Lokale Hilfsmittel
- Elektronischer Notizblock
- Drucker
- Meckerecke

Remote tutoring tool
- Verbale Hilfe durch den Tutor
- Gemeinsames Bearbeiten von Dokumenten
- Online-Übertragung von Notizen, Standbildern, Graphiken, usw.
- Elektronische Post
- Datenaktualisierung

Abb. 47 Lernmaterialien des EU-Pilotprojekts „Malibu“

Der Lernende kann das für ihn adäquate Medium auswählen, z.B.
- CBT-Lernprogramm,
- Lern-Video,
- Auszüge aus Wartungshandbüchern usw.

Diese Lernmaterialien erscheinen in mehreren Fenstern (windows) am Bildschirm.

Bei Bedarf kann der Lernende durch die automatische Wahl eine ISDN-Verbindung mit einem räumlich entfernten Tutor herstellen. Lernender und Tutor können über Kopfhörer und Mikrofon miteinander sprechen, sich aber auch über beliebige Fensterinhalte austauschen. Beide sehen dieselben Fensterinhalte über die Distanz, können diese auch verändern, d.h. gemeinsam daran arbeiten, Notizen austauschen, Skizzen aufzeichnen oder Dokumente gemeinsam bearbeiten und ausdrucken. Schlagworte dafür sind „Joint-Viewing“ und „Joint-Working“.

Bedeutung des multimedialen Distanzlernens

Diese Art der Tele-Kooperation ergänzt das traditionelle Selbststudium, weil der Lernende, falls Schwierigkeiten auftreten und Beratungsbedarf anfällt, sich mit dem Tutor kurzschließen kann. Die Form des „Window“-Sharings besitzt gegenüber der bloßen Telefonberatung Vorteile. Auch die unterschiedlich lernenden Teilnehmer können auf diese Weise miteinander kommunizieren und sich austauschen. Denkbar sind auch bei entsprechender Technik Live-Video-Übertragungen. Der Lernende könnte dann den Tutor in einem Window sehen, oder der Tutor Handhabungen, die er demonstriert, dem Lernenden überspielen.

Ein solches multimediales Distanzlernsystem stellt neue Anforderungen an die Qualifikation des Bildungsmanagers und macht neue Tutorstrategien notwendig. – Lehrende entwickeln sich immer mehr zu Bildungsmanagern und pädagogischen Führungskräften, welche autonomes Lernen der Teilnehmer begleiten und unterstützend betreuen. Mit der Entwicklung dieser multimedialen Lernmethode vollzieht sich der Übergang in eine neue Lernkultur.

8.2 Selbstbestimmte interaktive Methoden

Mit der Entwicklung der elektronischen Medien, des Internets, der Telekommunikation, der Datennetze und dem Zugang zu solchen Informationsquellen durch den Computer in der Schule, am Arbeitsplatz, im Lernstudio oder im Privatbereich entsteht eine neue elektronische Lernkultur.

Beispiel

Die Beispiele für selbstbestimmtes, interaktives Lernen sind vielfältig, so z.B. das Planspiel „Sim City"(vgl. Fokus vom 24.1.94). Hier wird berichtet über den elfjährigen Schüler Marcus, der als Bürgermeister von „Sim City" Straßen plant, Kraftwerke baut, einen Park und Kinderspielplätze anlegt. Er entwirft ein Hilfsprogramm gegen Drogenkriminalität. Ganz nebenbei lernt Marcus mit seinem Videospiel über die virtuelle Stadt wirtschaftliche, gesellschaftliche und ökologische Zusammenhänge verstehen. Alles das im Spiel, im Projekt sozusagen. Grundlage ist das interaktive Spiel „Sim City", von dem in vier Jahren fast zwei Millionen Exemplare verkauft wurden und das als pädagogisch wertvoll gilt.

Diese Verbindung von Unterhaltung und Bildung drückt der Begriff „Edutainment" aus. Eine solche neue Lernkultur löst Begeisterung bei Kindern und Jugendlichen aus, auch bei solchen, die bisher nur wenig Motivation für Schule und Lernen besaßen: Sie verbringen täglich mehrere Stunden am Computer, um in solchen elektronischen Situationen zu arbeiten und zu lernen. „Marcus" und seine Generation haben eine weltweite Diskussion in Gang gesetzt: Ist unser heutiges Schulsystem angesichts der rasanten Entwicklung des Wissens und der Kommunikationstechnologie ein Auslaufmodell?

Schule und Lernen befinden sich in einem großen Umbruch. Lernende werden sich in Zukunft online mit den Datennetzen, den virtuellen Welten selbstbestimmt auseinandersetzen. *„Bisher war die Schule ein Ort zur Weitergabe gesicherten Wissens. Das machte Sinn, solange die Welt der Enkel identisch war mit der Welt der Großväter" (O. Herz, GEW; in: Focus 4/1994)*. Die Schule muß sich der Welt, der Gesellschaft, der Arbeitswelt mit ihren Entwicklungen öffnen. Computer, Datennetze und Telekommunikation spielen dabei eine große Rolle. Damit werden auch das mechanische Pauken (z.B. auch durch den programmierten Unterricht) und der Frontalunterricht abgelöst. Schüler werden zu Spielern, zu Lernenden, die sich aus eigenem Antrieb Informationen besorgen, aus aller Welt, projektartig. Probleme lösen und das spielerisch, mit Spaß, über den Computer. So entsteht eine neue Lerngesellschaft. *J. Perelman*, Autor des Buches *„Schools out"* bezeichnet dieses elektronische Lernen als „Hyperlearning": Wissen kann man mit dem Computer weltweit „Just in time" abrufen. Einüben müsse man dann nur die mentalen und technischen Fähigkeiten, die Informationsträger zur Recherche einzusetzen.

Neuere Studien untermauern die Motivation und Effektivität eines solchen selbstbestimmten, interaktiven Lernens: Eine Untersuchung des New Jersey Institute of Technology ermittelte, daß eine Online-Klasse um 50 Prozent bessere Lernergebnisse erzielte als eine herkömmliche Vergleichsklasse. Vielleicht findet die eigentliche Wissensvermittlung und fachliche Problemlösung in Zukunft irgendwann ausschließlich in einem „virtuellen Klassenzimmer" statt.

„Ohne Computer ist der Wissens- und Informationsdschungel nicht mehr zu durchdringen. Die traditionelle Schule ist überholt, sie paßt nicht mehr in die moderne Informationsgesellschaft", sagt der amerikanische Bildungsforscher *Seymour Papert*, pädagogischer Vordenker für die schöne neue Welt im Klassenzimmer. *„Wir brauchen eine neue Lernkultur"*.

Interaktive, projektorientierte und -bestimmte Computerarbeit, die Spaß macht, fördert kreatives Denken und Lernen. Pädagogik bekommt nach Papert eine neue Qualität: Die Maschine, richtig eingesetzt, diene den Kindern als Instrument, mit dessen Hilfe sie selbstbestimmt Informationen verarbeiten und Erkenntnisse gewinnen können.
Entsprechend ist also das Konzept des Computerlernens: Geschlossene Programme nach dem Motto „drill and kill" sind out. Moderne, selbstbestimmte, offene, interaktive Computer-Arbeit ist angesagt. Schüler, Aus- und Weiterzubildende nutzen die weltweiten Datennetze, aber auch CD-ROM, um Daten zusammenzutragen, Erfahrungen auszutauschen, Problemlösungen zu erarbeiten und zu vergleichen. Aufgabe von Lehrern ist es dann, die notwendigen Schlüsselqualifikationen (Teamwork, Mindfitness, Kommunikationsfähigkeit, Informationsverarbeitung usw.) erarbeiten zu lassen.

Interaktives, elektronisches Online-Lernen an Beispielen
Es gibt eine Fülle von Beispielen für elektronisches Online-Lernen.

Beispiel

- Die Berlitz-Sprachschule arbeitet im Rahmen des Delta-Projekts der Europäischen Kommission an einer „Multimedia-Teleschool". Dabei können Lernende aus ganz Europa vom Arbeitsplatz oder von zu Hause aus per Computer teilnehmen.
- Die Universität von Phoenix, Arizona, bietet für Berufstätige ein Online-Studienprogramm, bei dem sich Studierende aus aller Welt ausschließlich über Elektronik-Mail mit den Lehrern unterhalten.

→

- In San Francisco soll schon die erste „Virtuelle Universität“ auf Sendung gehen. Die Studenten können von zu Hause das komplette Lehrmaterial per Telefonleitung und Computer anfordern. (Man nennt es „Education on Demand“ = Bildung auf Abruf.)

Auch im schulischen Bereich gibt es mittlerweile viele selbstbestimmte, interaktive Computer-Lern-Projekte. Immer mehr Schulen „gehen ans Netz“, sind internetverbunden, holen sich dort Informationen oder kommunizieren per Mailbox mit Schülern anderer Schulen im In- und Ausland.

Beispiel

So schicken z.B. die Schüler einer deutschen Schule in Aurich im Englischunterricht elektronische Briefe per E-Mail nach New York, um sich mit den dortigen Schülern auszutauschen. Per Datennetz debattieren sie so über die unterschiedlichsten Themen. Solche elektronischen Begegnungen setzen sich an immer mehr deutschen Schulen in den unterschiedlichsten Fächern durch.

Ein weiteres Beispiel: Am Evangelisch Stiftischen Gymnasium in Gütersloh arbeiten bzw. lernen die Schüler dank einer guten technischen Ausstattung, die von der Bertelsmann-Stiftung finanziert wurde, in umfangreicher Weise mit dem Computer:

- Sie tragen z.B. täglich ihren eigenen Wetterbericht zusammen – als arbeiteten sie für die Tagesschau. Über eine Antennenschüssel auf dem Schuldach sind sie mit den Satelliten Meteosat und Noaa verbunden. Daten und Bilder speichern die Jugendlichen auf Videobändern, die sie mit dem Computer auswerten.

- In Physik steuern Schüler kleinere Roboter mit selbstgeschriebenen Programmen.
- In Wirtschaftslehre erschließen sie sich die Warenwirtschaft mit Hilfe von Simulations-Software.
- Sie benutzen im Fach Musik die CD-Rom „Mozarts dissonante Quartette". Die Schüler hören sich nicht nur die Musik an, sie können auch einzelne Instrumente herausfiltern sowie Notenblätter, Fotos und Dokumente zur Entstehungsgeschichte von der Speicherplatte abrufen.
- Auch die Schulbibliothek hat sich drastisch verändert. Zu einzelnen Stichworten werden Bücher, Videos und auf CD-Rom gespeicherte Computer-Programme angeboten. Ein Informationssystem, welches die Schüler programmiert haben, hilft beim Suchen.

Die elektronischen Medien liefern also eine Reihe von interaktiven Lernhilfen.

Lernende, Schüler nutzen also
- spezielle Datennetze, über die ihre Schulen zu günstigen Konditionen E-Mails austauschen und/oder
- greifen auf Datenbanken, auf elektronische Bibliotheken, z.B. auf das weltweite Geographie Kids Network, das AT & T Learning Network und das Internet zurück.

Oft stehen neben diesen „Wide Aerea Networks" auch „Lokal Aerea Networks (LAN)" (z.B. betriebliche oder schulinterne Serversysteme) für Lernende zur Verfügung, z.B. die eigene Bibliothek, CD-ROM-Archive und eigene Übungs- und Lern-Software. Doch die technische Entwicklung und damit die Möglichkeiten der Informationsübertragung,-speicherung und -verarbeitung sind noch nicht zu Ende:

Eng mit dem Vorwärtsdrängen der Mikroelektronik hängt auch die Entwicklung neuer Medien bzw. der Breitbandkommunikation zusammen. Nicht nur die Entwicklung einzelner Medien (z.B. Bildschirmtext, Videotext, Kabeltext, Kabelfernsehen) schreitet voran, sondern die Mikroelektronik mit ständig steigenden Integrationsgraden und sinkenden Preisen wird dafür sorgen, daß die heute noch weitgehend getrennten Übertragungsnetze (z.B. Telefon, Computer und Fernsehen) zu einem umfassenden Informationssystem zusammenwachsen.
Die Entwicklung von Breitbandnetzen, d.h. der Glasfasertechnik, bei der Informationen wie Sprache, Daten, Festbilder und bewegte Bilder optisch in Form von Lichtsignalen übertragen werden, ermöglicht
- große Entfernungen ohne Zwischenverstärker zu überbrücken und

– große Übertragungskapazitäten auf einer Leitung zur Verfügung zu stellen. Das Breitbandnetz mit Glasfaserkabel eröffnet völlig neue Möglichkeiten.

Die Einführung der Breitbandkommunikation wird zusammen mit digital arbeitenden Übertragungsnetzen praktisch unbegrenzte Kapazitäten und Geschwindigkeiten für die Signale (z.B. Ton, Text, Daten, Bild.) zur Verfügung stellen. So können Bilder in vielen Varianten angeboten und übertragen werden, z.B.:

- **Bildschirmtext:** die Verbindung des privaten Telefons mit privaten Fernsehgeräten und einem externen Rechner,
- **Telefax:** die Kopie eines Bildes mit Hilfe eines speziellen Geräts, dem Telefonanschluß und dem posteigenen Netz,
- **Kabelbilder**, die mit großer Geschwindigkeit ebenfalls über das posteigene Netz übertragen werden können.

Neben Bildern und Texten bringt die Breitbandkommunikation auch das Telefon und den Heim-Computer weiter voran. Videorecorder und Videoplatten für 45.000 Bilder und 500.000 DIN-A4-Seiten sind weitere Endgeräte, die nahezu schrankenlos einsetzbar sind. Die Breitbandkommunikation von Bildern, Texten, Ton und Daten wird sowohl im Betrieb bzw. Beruf, aber auch in der Unterhaltungsindustrie sowie beim Lernen und der Weiterbildung zu großen Veränderungen führen.
Das Lernen erhält einen projektartigen, interaktiven und selbstbestimmten Charakter und ist dadurch als Motivationshilfe unübertroffen. Durch ein solches Computer-Lernen wird sich die Bildungsarbeit bzw. die Schule grundlegend verändern. Aus der traditionellen Schulbank wird ein multifunktionaler und multimedialer Lernarbeitsplatz *(s. Abb. 48)*.

Lehrende werden sich mit einem völlig neuen Berufs- und Rollenverständnis vertraut machen müssen. Aus den Wissensvermittlern werden Prozeß- und High-touch-Experten. Denn High-tech-Lernen macht gleichzeitig auch High-touch-Lernen notwendig, nämlich soziale und persönliche Fähigkeiten, Schlüsselqualifikationen, Menschenführung, Veränderungsbereitschaft und -fähigkeit. Zu den neuen Fähigkeiten und Aufgaben der Lehrenden gehört aber auch eine moderne didaktische und methodische Kompetenz, denn moderne Computer-Schulen verzichten dann auch fast ganz auf herkömmliche Pauk-Software. Notwendig für modernes Computer-Lernen sind also eine neue Methodik und Didaktik, projektartig, interaktiv und selbstbestimmend. Computer allein ändern das Lehren und Lernen und die Schule noch nicht.

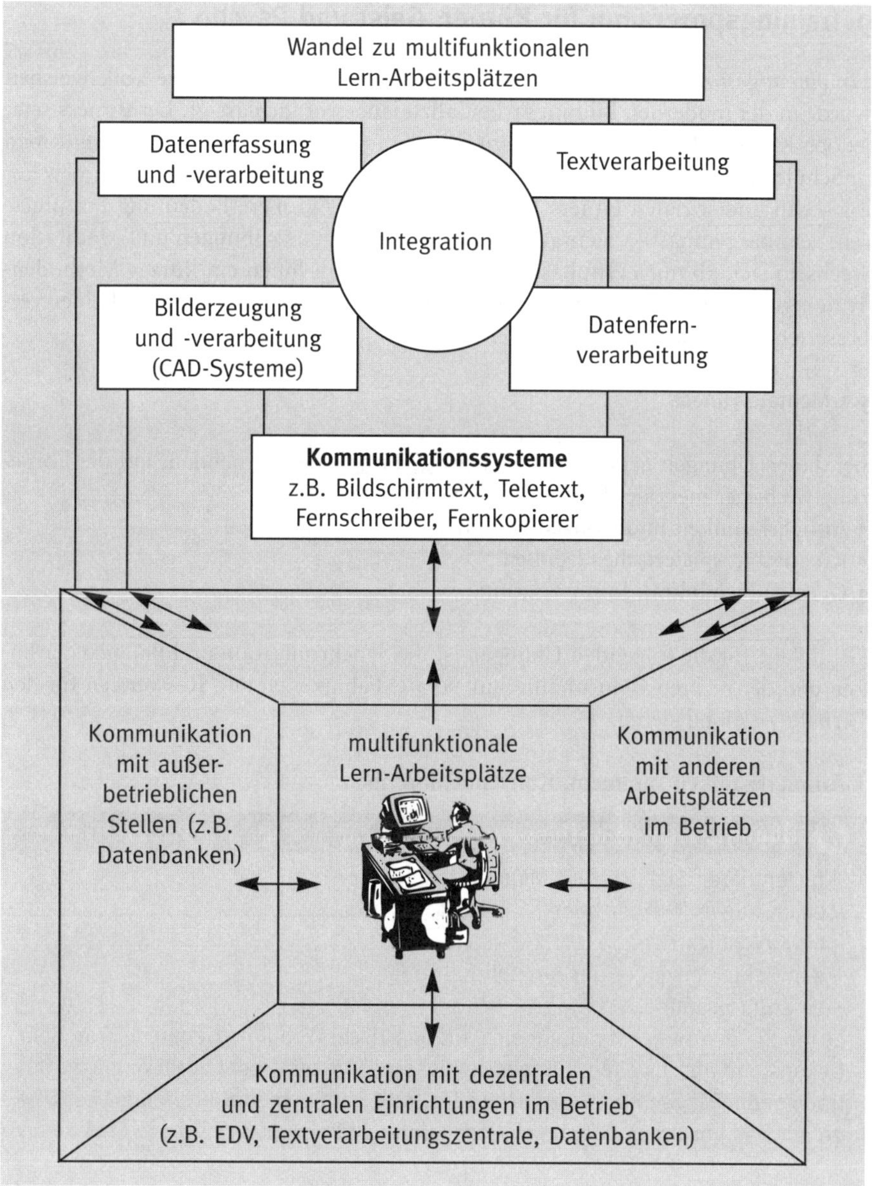

Abb. 48 Der multimediale Lern-Arbeitsplatz

9 Trainingsprogramm für Körper, Geist und Psyche

„In einem gesunden Körper wohnt auch ein gesunder Geist.“ Diese Volksweisheit wurde in der modernen Bildungsarbeit allzu lange vernachlässigt. Lernfitness setzt jedoch Körper-, Psycho- und Mindfitness voraus. Erst in letzter Zeit beginnt man in Schule, Betrieb und Erwachsenenbildung, der mentalen, körperlichen, psychologischen und sozialen Fitness beim Lernen wieder größere Bedeutung beizumessen. Seminargymnastik, mentale Übungen, Entspannungsübungen und Meditation wechseln sich ab mit Lernphasen. Im folgenden soll Ihnen ein kurzes Methoden-Trainingsprogramm für Körper-, Geist- und Psychofitness mit dem Ziel einer verbesserten Lernfitness vorgestellt werden.

9.1 Mentale Fitness

Bei diesen Übungen geht es um die geistige Fitness der Lernenden, um die Förderung wichtiger mentaler Schlüsselfähigkeiten wie

- Aufmerksamkeit und Konzentration,
- Kreativität, spielerisches Denken,
- Geistige Flexibilität, Improvisation.

Grundlage für die folgenden Übungen ist die Synchronisation und Balance der linken und der rechten Gehirnhälfte, um so alle Fähigkeiten und Ressourcen für den Lernakt zu mobilisieren.

- **Aufmerksamkeit sammeln, Konzentration üben**

Übung „Geistige Kaffeepause“

Konzentrieren Sie sich fünf Minuten lang auf
- einen Kugelschreiber oder
- ein Geldstück oder
- den Sekundenzeiger der Armbanduhr oder
- eine Büroklammer.

Legen Sie den Gegenstand vor sich auf den Tisch. Wenn die Gedanken von dem Gegenstand abschweifen, führen Sie diese behutsam wieder zurück zum zu betrachtenden Gegenstand. Versuchen Sie, sich immer wieder und möglichst lange auf den vor Ihnen liegenden Gegenstand zu konzentrieren.

Wie oft sind Sie in Gedanken von dem Gegenstand abgewichen? Auch das Sich-Konzentrieren will gelernt und geübt sein.

- Kreativität, spielerisches Denken

Übungen

Übung 1: Was wäre, wenn ...

Um die eigenen Gedanken in andere Bahnen zu lenken, stellt man sich die Frage: *Was wäre, wenn ...* und fügt einen ungewöhnlichen Zusammenhang hinzu, z.B. *(nach: Tom Wujec, Schneller schalten als andere):*

- *Was wäre, wenn der Himmel immer dunkel gewesen wäre? Wie hätten sich die Menschen dann entwickelt? Körper, Gehörsinn, Sehvermögen, Gefühle u.a.? Welche Bedeutung hätten Farben, z.B. in Mode, Werbung u.a.?*
- *Was wäre, wenn wir uns länger konzentrieren könnten? Wenn wir uns z.B. eine Stunde voll konzentrieren könnten, was wäre dann mit unserer Lernleistung, mit Werbespots im Fernsehen, mit der Versorgung mit Vitaminen und anderen Nahrungsmitteln? Würden wir uns dann mit langweiligen Menschen unterhalten wollen?*

Übung 2: Geistig flexibel sein

Oft reagieren wir in einer vorhersehbaren Weise. Versuchen Sie in den folgenden Situationen einmal ungewöhnlich zu reagieren, denken Sie genau das Gegenteil von dem, was Sie sonst denken, z.B.:

- Sie wurden entlassen. Zählen sie fünf positive Auswirkungen dieser Situation auf.
- Sie haben einen wichtigen Termin verpaßt, z.B. ein Vorstellungsgespräch. Was könnte daraus für Sie Gutes erwachsen?
- Durch einen Fernsehauftritt sind Sie berühmt geworden. Was für Nachteile hat das?
- Sie sind in der Aus- oder Weiterbildung erfolgreich. Wie beurteilen das Kollegen, Mit-Lerner?

Übung 3: Einen anderen Kontext sehen

Nennen Sie zahlreiche (möglichst 20) andere mögliche Verwendungszwecke, z.B. für eine Büroklammer, als die üblichen!

Übung 4: Improvisation lernen

- Entwickeln Sie einen Weg, Tätigkeiten, die Sie regelmäßig ausüben – wie Lernen, Kochen, sich bewegen – kreativer zu gestalten.
- Wie würden Sie z.B. den Körper des Menschen umarbeiten, Ihren Arbeitsplatz total verändern, Ihr Leben anders als bisher gestalten?
- Alltagskreativität:
  Verhalten Sie sich öfter ungewöhnlich.
  Verwenden Sie im Gespräch einmal ungewöhnliche Formulierungen.
  Denken Sie öfters neue Gedanken.
  Erfinden Sie neue Wörter und die dazu gehörige Bedeutung.

Kreativität läßt sich nicht willentlich oder gar durch Opfergaben abrufen. Sie scheint sich dann am ehesten einzustellen, wenn der Geist entspannt ist und die Phantasie frei umherschweifen kann.
(Morris Kline, Mathematiker)

Tips für Kreativität und geistiges Spiel *(nach Tom Wujec)*

1. Betrachten Sie die Dinge von mehreren Seiten, aus unterschiedlichen Perspektiven. Schauen Sie einmal zwischen Ihre Beine hindurch. Wie sieht die Sache dann aus?

2. Suchen Sie nach Ideen, Vorstellungen, Bildern, die ungewöhnlich, abwegig, schockierend, grotesk, komisch sind. Verwenden Sie diese Bilder öfter, wenn Sie sie brauchen.

3. Wenn Sie im Streß sind, sich unter Druck fühlen, alles zu ernst nehmen und dann geistig blockiert sind, dann machen Sie eine Pause, eine Entspannungsübung, lassen Sie alles los.

Es gibt einige Dinge, die so ernst sind, daß man über sie lachen muß.
(Niels Bohr, Physiker)

9.2 Einstimmen, Anwärmen, Kennenlernen

Bei den folgenden Methoden geht es um das körperliche, psycho-soziale Anwärmen und Einstimmen auf den Lernvorgang.

Partnerinterview

Damit eine Gruppe arbeiten kann, sollten sich die Mitglieder kennenlernen. Ein Weg dazu ist, daß sich zu Beginn des ersten Treffens jeder Teilnehmer selber bekannt macht bzw. vorstellt. Das kann auch durch einen Nachbarn geschehen. Beide Partner interviewen sich gegenseitig und stellen dann den anderen vor. Das kann z.B. durch folgende Fragestellungen geschehen (Abb. 49):

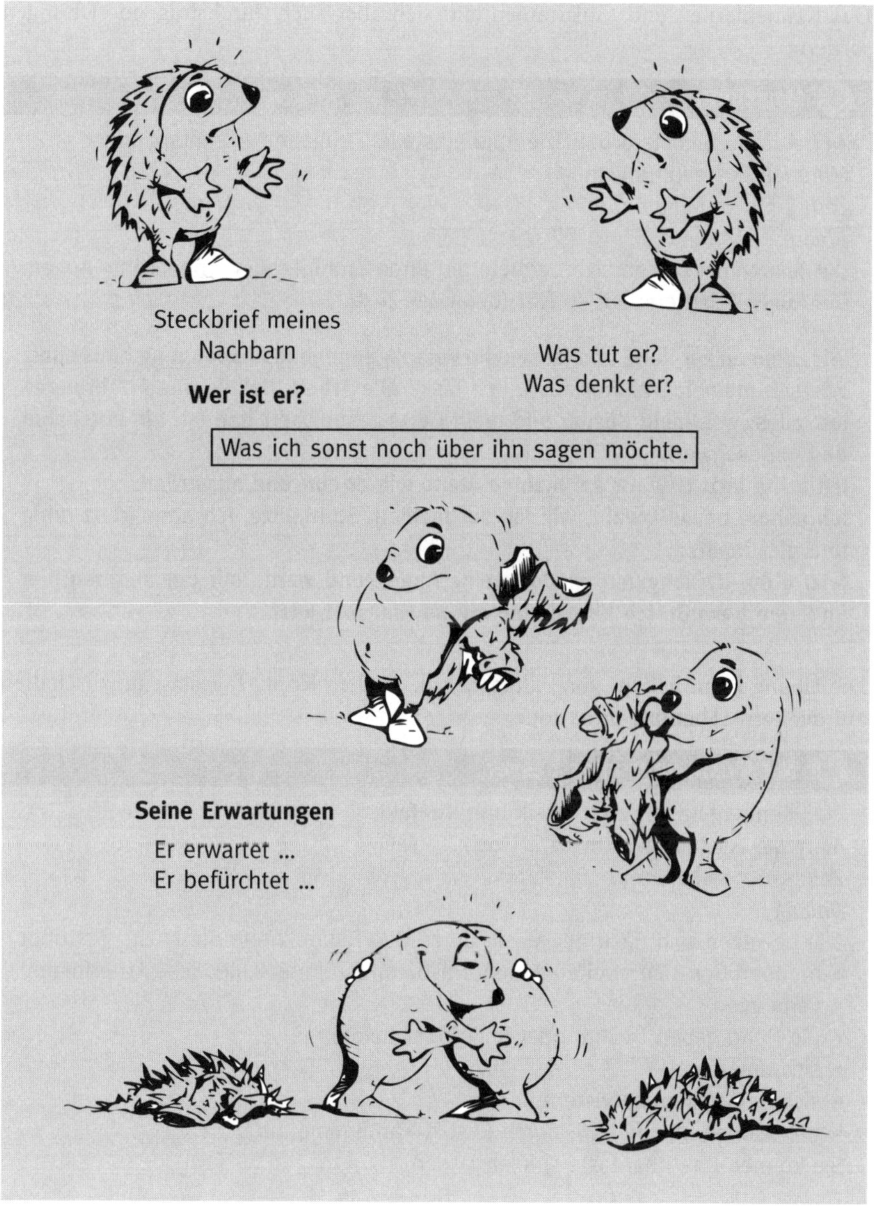

Abb. 49 Mögliche Fragestellungen im Partnerinterview

Das Kennenlernen und Einstimmen läßt sich aber auch durch folgende Übungen fördern:

Umschalten

Ziel: Auf die Seminararbeit/Therapie einstellen, einstimmen, entspannen.
Material: Entspannungsmusik.
Zeit: 5 bis 10 Minuten.
Ablauf:
Die Teilnehmer setzen sich bequem auf ihren Stuhl, schließen evtl. ihre Augen. Der Kursleiter/Therapeut spricht folgenden Text:

Wir kommen zur Ruhe und lassen die vorausgegangene Anspannung hinter uns. Wie sah mein Tag bisher aus ... Ich lasse alle Arbeit, Hektik, alle Erfahrungen los, alles, was mein Körper und mein Geist gespeichert hat. Ich bin entspannt und unbeschwert.
Ich achte jetzt bewußt auf meinen Atem, wie er ein- und ausströmt.
Ich nehme bewußt wahr, wie ich auf meinem Stuhl sitze. Ich atme ganz ruhig und gleichmäßig.
Jetzt öffne ich langsam wieder meine Augen und werde mir der anderen hier im Raum bewußt. Ich bin wieder voll im Hier und Jetzt.

Die Übung kann helfen, von Alltagshektik, vollem Kopf, Tageslast umzuschalten auf die Lern-/Therapie-Situation.

Mit Musik geht alles besser

Ziel: Kennenlernen durch Musik und Kontakt.
Material: Leichte, beschwingte Musik.
Zeit: 5 bis 10 Minuten.
Ablauf:
Alle bewegen sich nach der Musik durch den Raum. Wenn die Musik gestoppt wird, begrüßen sich zwei Personen. Das kann auf unterschiedliche Art erfolgen:
- verbeugen,
- die Hand geben (rechte oder linke oder beide),
- sich umarmen,
- sich den Namen zuflüstern,
- den Namen mimen (z.B. durch Gestik, Pantomime u.a.).

Sie können Ihre Phantasie spielen lassen.

9.3 Lockern, vom Druck befreien (Ausgleichsübungen)

Vor und besonders während der Lernarbeit kann es durch zu langes Sitzen, aber auch durch einseitige geistige Anstrengung zu Verspannungen, Blockaden und Streß kommen. Deshalb empfiehlt es sich, nach bestimmten Lernphasen (ca. 20 bis 45 Minuten) für einen Ausgleich zu sorgen. Die folgenden Übungen können dabei helfen:

Alles lockern

Ziel: Körper systematisch lockern, Spannung rauslassen.
Material: Möglichst afrikanische Trommelmusik.
Zeit: 5 bis 10 Minuten.
Ablauf:
Wir bewegen uns und schütteln den ganzen Körper systematisch durch: Die Hände, Arme, Beine, Füße, usw.

Anschließend empfiehlt sich eine kurze Entspannungs- oder Besinnungsübung. Es eignen sich hier auch Entspannungsübungen.

Vom Druck befreien

Ziel: Befreien vom Druck der Arbeit, von Sorgen, von zu vielen Eindrücken.
Zeit: 5 Minuten.
Ablauf:
- Die Arme hochstrecken (wie bei einer Kapitulation) und sich vorstellen, wie der Druck, die Anspannung weicht.
- Dann bewußt räkeln.
- Die Muskeln anspannen, die Hände zu Fäusten ballen und dann die Spannung wieder auflösen. Nachspüren. Wenn möglich herzhaft gähnen.

Lachen, Gähnen, Nießen sind nach *Heraklit* die „drei heiligen Handlungen".

Schüttel Dich fit (Gruppenübung)

Ziel: Akute Muskelspannung im Oberkörper abbauen und sich fit machen, um so neue Konzentration für die gemeinsame Arbeit zu gewinnen.
Zeit: 5 bis 10 Minuten.
Ablauf:
- Verteilen Sie sich im Raum und stellen Sie sich mit leicht gespreizten Beinen hin.

→

- Lassen Sie die Arme locker herabhängen und beginnen Sie langsam die Hände zu schütteln. Dabei zeigen die Handinnenflächen zum Körper (10 Sekunden).
- Jetzt schütteln Sie die Hände schneller. Lassen Sie dabei die Arme und Schultern kräftig und schnell vibrieren (30 Sekunden).
- Jetzt die Bewegung wieder langsamer werden lassen (5 Sekunden).
- Stopp. Fühlen Sie, wie Ihr ganzer Körper prickelt.
- Schütteln Sie nun das rechte Bein locker, dann das linke – wie bei den Händen.
- Nun gehen Sie langsam und ruhig auf Ihren Platz zurück. Fühlen Sie noch 10 Sekunden nach.

9.4 Energie tanken in Zwischenpausen

Es genügt nicht, Blockaden zu lösen. Wichtig ist auch, verbrauchte Energien durch neue zu ersetzen. Das kann auf vielfache Weise geschehen, z.B. durch vitalstoffreiche Ernährung in den Pausen wie durch Obst (Banane, Apfel), „Studentenfutter" (Mischung aus Nüssen, Mandeln, Rosinen und eventuell Haferflocken). Energie tanken läßt sich auch z.B. durch folgende Übungen:

Sauerstoff tanken

Ziel: Kopf und Körper erhalten neue Energie, werden frei.
Bedingung: Fenster weit öffnen oder nach draußen gehen.
Zeit: 5 Minuten.
Ablauf:
- Wir stellen uns locker und entspannt hin, schließen die Augen.
- Wir atmen durch die Nase (Mund geschlossen) zehnmal tief ein und aus.
- Wir öffnen die Augen und atmen zehnmal normal ein und aus, dabei legen wir die Hände leicht auf den Bauch, um den Atemvorgang zu spüren.

Energie herbeiklopfen

Ziel: Aktivierung und Energetisierung.
Bedingung: Fenster weit öffnen, evtl. mit Musik.
Zeit: 5 Minuten.
Ablauf:
- Wir stehen vor unseren Stühlen und klopfen mit geöffneten Augen unseren ganzen Körper locker mit den flachen Händen ab. Wir beginnen an der Schulter.

- Danach streichen wir unseren Körper sanft aus.
- Nun räkeln wir uns genüßlich nach allen Seiten.
- Abschließend mehrmals tief ein- und ausatmen (durch die Nase). Dabei werden die Arme beim Einatmen seitlich bis über den Kopf geführt und beim Ausatmen abgesenkt.

9.5 Gruppenklima und Beziehungen verbessern

Auch die Sozialfitness besitzt beim Lernen in der Gruppe eine große Bedeutung. Frei von sozialen Konflikten sein und soziale Unterstützung erfahren, der Gruppenzusammenhalt und eine anregende Kommunikation stellen eine psycho-soziale Lernförderung dar. Die folgenden Übungen eignen sich, diese Sozialfitness zu fördern:

Anerkennen, Wertschätzen

Ziel: Den anderen anerkennen, ihm Feedback, Selbstvertrauen geben.
Zeit: Je nach Gruppengröße.
Ablauf: Alle Teilnehmer begeben sich in den Raum. Jeder wendet sich einem Partner zu, verneigt sich vor ihm und sagt: *„Mir gefällt an dir ...* " Dabei wird keine negative Kritik geäußert, nur Positives. Dann spricht der andere Partner. Anschließend geht man weiter und sucht einen neuen Partner.

Die Übung eignet sich besonders nach der Hälfte des Kursprogramms, da sich die Teilnehmer schon kennen sollten. Es sollten auch alle einverstanden sein, Feedback zu geben bzw. zu erhalten.

Was wünsche ich mir von der Gruppe?

Ziel: Gruppenzusammenhalt und -klima fördern; Integration in die Gruppe.
Material: Leichte, entspannende Musik.
Zeit: 10 Minuten.
Ablauf: Die Gruppenmitglieder bewegen sich im Raum, während die Musik läuft. Trifft man den ersten Partner, so diskutiert man miteinander die Frage: Was wünsche ich mir von der Gruppe, damit dieses Seminar für mich positiv verläuft und sich möglichst alle wohl fühlen? Nach dem Austauch mit dem ersten Partner geht man weiter zum zweiten und zum dritten.

Die Gruppe wächst zusammen, wenn man seine Wünsche äußern und die eigenen Erwartungen mit denen anderer vergleichen kann. Dabei entsteht leichter die Vorstellung, daß jeder für einen positiven Seminarverlauf mitverantwortlich ist.

Literaturverzeichnis

Arzberger, Heinz u.a. (Hrsg.): Methoden aktuell. Siemens. München 1993 darin besonders Beiträge von: Irmgard Hausmann, Dieter Leeser, Francois Lemaire.

Besser-Siegmund, Cora: Magic Words. Der minutenschnelle Abbau von Blockaden. Düsseldorf 1993.

Birkenbihl, Vera: Stroh im Kopf? Speyer 1997.

Brüggebors, Gela: Mehr vom Leben durch Mentales Training. München 1991.

Coué, Emile: Autosuggestion. Zürich 1997.

Czichos, Reiner: Coaching, Leistung durch Führung. München 1991.

Decker, Franz: Alles beginnt im Kopf – Mindfitness für jedermann. Würzburg 1999.

Decker, Albert/Decker, Franz: Ausgelernt gibt's nicht. Würzburg 1998.

Decker, Franz: Bildungsmanagement für eine neue Praxis. München 1995.

Decker, Franz: Den Streß im Griff. Würzburg 1999.

Decker, Franz: Teamworking. Würzburg 1998.

Dennison, Paul: Befreite Bahnen. Lernen durch Bewegung. Freiburg 1996.

Dennison, Paul: Lehrerhandbuch Brain Gym. Freiburg 1998.

Dennison, Paul und Gail: Brain Gym. Freiburg 1998.

Dennison, Paul und Gail: EK für Kinder. Das Handbuch der EDU-Kinästhetik für Eltern, Lehrer und Kinder jeden Alters. Freiburg 1996.

Dilts, Robert: Die Veränderung von Glaubenssystemen. Paderborn 1993.

Eggetsberger, Gerhard: Kopftraining macht gesund. Wien 1992.

Frey, Karl: Die Projektmethode. Weinheim 1998.

Fischer, Bernd/Lehrl, Siegfried: Gehirn-Jogging. Selbstdenken macht fit. Wehrheim 1994.

Fuchs, Helmut/Graichen, Winfried: Bessere Lernmethoden. München 1994.

Gerlach, K./Müler-Spude, G.: Mind Machines und Kreatives Chaos. 1989.

Harman, Willis: Bewußt-Sein im Wandel. Freiburg 1989.

Hartz, Peter: Jeder Arbeitsplatz hat ein Gesicht. Die Volkswagen-Lösung, Frankfurt/M. 1994.

Herkert, Rolf: Die 90-Sekunden-Pause, Wessobrunn 1998.

Herman, Ned: The Creativ Brain.
In: **Fuchs, H./Graichen, W.K.:** Bessere Lernmethoden. München 1994.

Holler, Johannes: Das neue Gehirn. Südergellersen 1996.

Jungk, Robert/Müller, Norbert: Zukunftswerkstätten. München 1989.

Kirckhoff, Mogens: Mind Mapping. Offenbach 1998.

Krechevsky, Mara: Multiple Intelligenz.
In: **Gerd Gerken/R. Kapellner (Hrsg.):** Wie der Geist überlegen wird. Paderborn 1993.
Lozanov, Georg: Suggestology and Outlines of Suggestopedy. 1979.
Nagel, Kurt u.a.: Megateaching. Freiburg 1982.
Ostrander, Nancy/Ostrander, Sheila/Schroeder, Lynn: Leichter lernen ohne Streß. Superlearning. Gütersloh 1988.
Plessen, Ulf/Kaatz, S.: Supervision in Beratung und Therapie. Salzburg 1985.
Robbins, Anthony: Grenzenlose Energie. Das Power Prinzip. Bonn 1998.
Rückle, Horst: Coaching. Düsseldorf 1991.
Scheitlin, Victor: Kreativität, das Handbuch für die Praxis. Zürich 1993.
Seidel, Christoph/Lipsmeier, Antonius: Computerunterstütztes Lernen. Stuttgart 1989.
Sokes, Gordon/Whiteside, D.: One Brain. Freiburg 1997.
Spinola, Roland/Peschanel, F.: Das Hirn-Dominanz-Instrument. Speyer 1991.
Stumme, Erich/Reinhardt, K.: Supertraining. Düsseldorf 1988.
Tepperwein, Kurt: Die Kunst des mühelosen Lernens. München 1992.
Tourelle, Maggie la/Contenay, A.: Was ist angewandte Kinesiologie? Freiburg 1992.
Vester, Frederic: Denken, Lernen, Vergessen. München 1998.
Vester, Frederic: Unsere Welt – ein vernetztes System. München 1994.
Wexley, Kenneth/Latham, Gary: Ressourcen in Organisationen. Stuttgart 1994.
Wohlgemuth, André (Hrsg.): Moderation in Organisationen. Bern/Stuttgart 1995.
Wujec, Tom: Schneller schalten als andere, Genf 1991.
Zuboff Shoshana: In the Age of the Smart Machine. New York 1993.

Zeitschriften:
Pädagogik: Schwerpunktheft Phantasie und Kreativität, Lernen in Zukunftswerkstätten, Heft 6/1992.
NLP aktuell, Heft 2/1994.

Stichwortverzeichnis

A

B

C

D

E

F

G

H

I, K

L

M

N

O, P

Q, R

S

T

U

V

W

Z

Notizen

Notizen